Maîtriser Linux

Maîtriser Linux

Michael Hausenblas

FIRST INTERACTIVE

O'REILLY

Maîtriser Linux

Traduction française publiée et vendue avec l'autorisation de O'Reilly Media, Inc. de *Learning Modern Linux* ISBN 9781098108946 © 2022 Michael Hausenblas.

92 avenue de France
75013 Paris – France
Tél. : 01 44 16 09 00
Fax : 01 44 16 09 01

Courriel : firstinfo@efirst.com
Site Internet : editionsfirst.fr

ISBN : 978-2-412-08624-7
Dépôt légal : mars 2023
Imprimé en Italie

Traduction de l'anglais : Olivier Engler
Mise en page : Pierre Brandeis

Table des matières

Préface

Bienvenue dans ce livre ! Il s'adresse en particulier à ceux qui ont déjà pratiqué Linux mais qui cherchent une approche structurée et pratique pour s'y plonger plus profondément, et à ceux qui désirent se doter de trucs et astuces pour améliorer leur façon de travailler sous Linux, par exemple, dans une configuration professionnelle de développement ou d'exploitation.

Nous nous concentrerons sur les techniques d'utilisation de Linux pour répondre à vos besoins quotidiens, aussi bien en développement que pour les tâches de gestion courantes, plutôt que sur l'administration du système. Nous nous focaliserons sur les outils sur ligne de commande, donc en mode texte, et pas sur les interfaces utilisateurs graphiques pilotées par événements. Depuis le début de la décennie 2020, Linux est de plus en plus adopté comme système pour ordinateurs personnels des postes de travail individuels (« desktop »), mais nous allons continuer à privilégier le terminal en mode texte comme moyen d'interagir avec le système Linux. Cela présente un avantage supplémentaire : vous pourrez appliquer vos savoir-faire dans de nombreuses configurations différentes, d'une carte à microcontrôleur Raspberry Pi à 20 euros à une batterie de machines virtuelles dans un centre de calcul en infonuage (cloud).

Mais avant de commencer, quelques mots sur mon propre parcours : ma première expérience pratique avec un système d'exploitation n'a pas été avec Linux, mais avec AmigaOS (à la fin des années 1980). Après cela, j'ai principalement utilisé au lycée le DOS de Microsoft et le tout nouveau Microsoft Windows, en m'intéressant surtout au système de gestion des événements et à l'interface utilisateur. Pendant mes études universitaires, vers la fin des années 1990, j'ai principalement utilisé des mini-ordinateurs Solaris et Silicon Graphics basés Unix. Je ne me suis vraiment intéressé à Linux qu'au milieu des années 2000 dans le contexte du big data, puis lorsque j'ai commencé à travailler avec des conteneurs, d'abord en 2015 dans le contexte d'Apache Mesos (en travaillant à Mesosphere) puis de Kubernetes (initialement chez Red Hat au sein de l'équipe OpenShift, puis chez AWS dans l'équipe des services de conteneurs). C'est là que j'ai réalisé qu'il fallait apprendre à bien maîtriser Linux pour être efficace dans ce milieu. Linux est différent. Son historique, sa communauté mondiale d'utilisateurs, sa polyvalence et sa souplesse le rendent unique.

Linux est un écosystème intéressant, en constante évolution, réunissant des bénévoles et des salariés. Il fonctionne sur à peu près tout ce qui ressemble à un processeur, depuis les Raspberry Pi et les box Internet jusqu'aux serveurs des centres de calcul, en passant par les robots envoyés sur Mars. Après trente ans d'existence, Linux va probablement rester un composant essentiel pendant quelque temps. Le moment est donc venu d'approfondir encore vos connaissances à son sujet.

Commençons par établir quelques règles et attentes de base. Cette préface explique comment tirer le meilleur parti de ce livre et rappelle quelques conventions pour vous simplifier la lecture et la mise en pratique de mes exemples.

À propos de vous

Ce livre est destiné à ceux qui veulent ou doivent utiliser Linux dans une configuration professionnelle, tels que les développeurs de logiciels, les architectes logiciels, les ingénieurs de test qualité, les DevOps et responsables de fiabilité de sites SRE, et tous rôles similaires.

Si vous êtes un amateur et découvrez Linux à l'occasion d'une activité telle que l'impression 3D ou la rénovation d'un logement, je vais supposer que vous n'avez que peu ou pas de connaissances des systèmes d'exploitation en général, ni de Linux et Unix en particulier. Vous tirerez profit de ce livre si vous le parcourez du début à la fin, car les chapitres tendent à se compléter les uns les autres. Si vous êtes déjà familier avec Linux, vous pourrez vous en servir comme référence.

Comment utiliser le livre

L'objectif de cet ouvrage est de vous permettre d'utiliser Linux efficacement, et non d'apprendre à administrer un tel système. Il y a déjà assez de bons livres sur l'administration de Linux.

Il vous permettra de comprendre ce qu'est Linux et quels sont ses composants critiques. Vous serez en mesure d'énumérer et d'utiliser les mécanismes essentiels de contrôle d'accès. Vous connaîtrez également le rôle des systèmes de fichiers en tant qu'éléments fondamentaux de Linux et vous saurez ce que sont les applications Linux.

Vous aurez engrangé une expérience pratique avec la pile réseau et les outils associés. Vous saurez évaluer l'observabilité des systèmes d'exploitation modernes et comment en profiter pour gérer votre charge de travail.

Vous comprendrez comment exécuter des applications Linux de manière moderne en utilisant des conteneurs ainsi que des distributions immuables telles que Bottlerocket, et également comment communiquer, télécharger des fichiers et partager des données en toute sécurité à l'aide de Secure Shell (SSH) et d'outils avancés comme les mécanismes de synchronisation poste à poste et cloud.

Voici quelques suggestions pour mettre en pratique mes exemples. Je recommande fortement de pratiquer ; apprendre Linux, c'est comme apprendre une langue ou un instrument : il faut s'exercer sans relâche.

- Munissez-vous d'un ordinateur de bureau ou portable sous Linux. Vous pouvez même recycler une machine sous Windows sur laquelle il n'est plus rentable ou possible de faire la mise à jour, et y installer Linux.
- Pour tester un système d'exploitation (hôte) différent sur un MacBook ou un iMac, utilisez une machine virtuelle (VM). Par exemple, sous macOS vous pouvez adopter l'excellent outil Linux-on-Mac (`https://oreil.ly/bqVYG`).
- Choisissez un fournisseur d'infonuage cloud pour y créer une machine virtuelle sous Linux.
- Si vous aimez bricoler et que vous vouliez essayer une architecture de processeur différente d'Intel, par exemple ARM, procurez-vous un ordinateur monocarte tel que l'excellent Raspberry Pi (`https://www.raspberrypi.org`).

Dans tous les cas, ayez un environnement à portée de main et entraînez-vous beaucoup. Ne vous contentez pas de lire : essayez les commandes et expérimentez. Essayez de « casser » les choses, par exemple en fournissant des paramètres d'entrée absurdes ou délibérément étranges. Avant d'exécuter chaque commande, faites une hypothèse sur le résultat.

Autre conseil : demandez-vous toujours *pourquoi*. Lorsque vous voyez le message d'une commande ou un certain résultat, essayez de comprendre sa raison d'être et quel composant en est responsable.

Conventions

Des conventions typographiques précises sont appliquées dans ce livre.

Voici celles qui mettent en valeur certains mots ou expressions :

- `https://oreil.ly` Indique les adresses web.
- `bash` Indique le nom d'un outil, d'une commande ou d'une fonction.
- *Concept* Met en valeur un terme fondamental.
- `Ctrl + D` Indique un raccourci clavier.
- **`Fichier/Quitter`** Désigne le nom d'une commande dans un menu (rare dans ce livre).
- `NomFichier` Indique les noms de fichiers et de répertoires.
- *`Variable`* Police utilisée pour les noms des variables et paramètres librement choisis par le programmeur/l'utilisateur.

Voici celles qui mettent un ou plusieurs paragraphes entiers en exergue :

Ce paragraphe correspond à une astuce ou une suggestion.

Ce paragraphe contient une note technique.

Ce paragraphe signale un avertissement ou une mise en garde.

N.d.T : note du traducteur, donc spécifique à l'édition française.

Code source et pratique

La totalité du code source des exemples est fournie sous forme de fichiers de script au format texte. Le livre comporte un très petit nombre d'exemples s'étendant sur plus de deux ou trois lignes. Il n'est pas justifié de fournir des fichiers de scripts dans les exemples courts. Nous mettons à disposition les fichiers en version originale à cette adresse : `https://github.com/mhausenblas/modern-linux.info`

Ouvrez le sous-répertoire `code`. Vous y trouverez des exemples concernant plusieurs chapitres du livre.

Droits de réutilisation des exemples

Si vous devez, pour une raison ou une autre, vous resservir de parties de ce code pour votre propre usage, faites-le librement. En revanche, dans le cadre d'une publication, il vous est demandé de citer la source. C'est une question de respect du droit d'auteur en particulier, et du droit des auteurs en général. Voici un modèle de citation : *Maîtriser Linux*, Michael Hausenblas, ISBN 9782412086247.

Version anglaise des errata

La page suivante permet de consulter les éventuels errata signalés dans la version originale. Ceux antérieurs à 2023 ont été pris en compte dans cette version française :

`https://oreil.ly/learning-modern-linux`

Pour nous contacter

Veuillez adresser vos commentaires et questions concernant ce livre à l'éditeur : `firstinfo@efirst.com`

Remerciements de la version américaine

Tout d'abord, j'aimerais remercier les fabuleux critiques du livre : Chris Negus, John Bonesio et Pawel Krupa. Sans leurs commentaires, ce livre ne serait pas moitié aussi bon ou utile.

Je tiens à remercier mes parents, qui ont permis mon éducation et jeté les bases de ce que je suis et de ce que je fais aujourd'hui. Un grand bravo à ma grande sœur, Monika, qui m'a donné l'envie de me lancer dans la technologie dès le départ.

J'aimerais exprimer ma plus profonde gratitude à ma famille, qui est géniale et me soutient : mes enfants, Saphira, Ranya et Iannis ; ma femme Anneliese, intelligente et enjouée ; notre meilleur chien, Snoopy, et notre nouveau membre, Charlie le matou.

Dans le contexte de mon voyage dans Unix et Linux, il y a beaucoup trop de personnes qui ont influencé ma pensée et de qui j'ai beaucoup appris. J'ai eu le plaisir et le privilège de travailler ou d'interagir avec, y compris mais sans s'y limiter, Jérôme Petazzoni, Jessie Frazelle, Brendan Gregg, Justin Garrison, Michael Kerrisk et Douglas McIlroy.

J'aimerais enfin et surtout remercier l'équipe O'Reilly, en particulier mon éditeur de développement, Jeff Bleiel, pour m'avoir guidé tout au long du processus d'écriture de ce livre.

Remerciements de la version française

Je dédie ce projet d'adaptation à mes petits-neveux Eliès et Orianna de Prades en leur souhaitant une belle découverte de cet univers.

Terminologie française

Dans le domaine de la programmation informatique, la terminologie mérite un soin particulier. Voici nos principales décisions.

Terme utilisé	Terme anglais	Commentaires si nécessaire
Amorceur	*boot loader*	Petit code exécutable qui provoque, amorce, le démarrage du système en chargeant un exécutable.
Baquet	*bucket*	Terme utilisé dans AWS de Amazon. Certains parlent de « seau » alors que « baquet » est à l'origine du terme anglais.
Montage fusionnant	*bind mount*	Un montage fusionnant est en quelque sorte un alias pour une partie d'une arborescence de sous-répertoires. Le nouveau nom donne accès au même contenu que le premier et permet les mêmes opérations (naviguer, créer, modifier et supprimer).
Prétraitement local	*edge computing*	Stratégie d'optimisation réseau qui consiste à faire réaliser certains traitements des données le plus près possible des capteurs de ces données afin de réduire les besoins de bande passante. Les Anglais considèrent que les terminaisons que sont les capteurs sont les « bords » du système. Nous pensons que cette technique s'applique aussi au niveau central pour les données envoyées vers les « bords », d'où le choix de « local ».
Supervision	*monitoring*	Plusieurs termes se font concurrence pour désigner les opérations de surveillance proactive d'un système par collecte de métriques : monitorat, surveillance et supervision.
Télédisque	*network drive*	Tout support de stockage dont l'accès suppose une connexion réseau est un télésupport.
Tube	*pipe*	Certains parlent aussi de *tuyau* pour ce mécanisme d'interconnexion du flux de sortie d'un processus au point d'entrée d'un autre processus. Nous conservons « tube », terme très répandu bien que le mot *pipe* anglais vienne du français et existe toujours et pas que chez Magritte.

CHAPITRE 1

Introduction à Linux

Linux est le système d'exploitation informatique le plus répandu au monde. Utilisé dans tous les domaines, on le retrouve dans les plus petits appareils mobiles comme dans les mégacentres de calcul de l'infonuage cloud.

Vous n'êtes peut-être pas familier avec les concepts des systèmes d'exploitation ou bien vous utilisez habituellement un système d'exploitation pour utilisateur tel que Microsoft Windows et n'avez pas encore eu besoin de consacrer du temps à son fonctionnement. Ou bien vous faites vos premiers pas dans le monde de Linux. Pour vous mettre dans le bon état d'esprit, nous allons dans ce chapitre faire un tour d'horizon des systèmes d'exploitation et de Linux en particulier.

Nous allons d'abord discuter du choix du terme « moderne » dans le contexte de ce livre. Nous passerons ensuite rapidement en revue l'histoire de Linux, en examinant les événements importants de ces trente dernières années. Nous rappellerons le rôle d'un système d'exploitation en général et comment Linux remplit ce rôle, puis ce qu'est une distribution Linux et ce que signifie la visibilité des ressources.

Si vous êtes novice en matière de systèmes d'exploitation et de Linux, il est franchement conseillé de ne pas négliger ce chapitre. Si vous avez déjà de l'expérience avec Linux, vous voudrez peut-être sauter à la section de ce chapitre qui propose une vue d'avion du système ainsi qu'une brève description des chapitres du livre.

Avant d'entrer dans les détails techniques, prenons un peu de recul et concentrons-nous sur ce que nous voulons dire quand nous parlons de « Linux moderne ». Il s'agit, étonnamment, d'une question non triviale.

Qu'est-ce qu'un environnement moderne ?

Ce livre emploie le terme « moderne », mais qu'est-ce que cela signifie au juste ? Dans le contexte de ce livre, cela peut signifier n'importe quelle infrastructure, de la plus vaste (cloud) au microcontrôleur qui tient dans la poche (Raspberry Pi). En outre, l'essor récent de Docker et des innovations connexes en matière d'infrastructures a radicalement changé le paysage pour les développeurs et les opérateurs d'infrastructures.

Examinons de plus près certains de ces environnements modernes et le rôle prépondérant qu'y joue Linux.

Appareils mobiles

Lorsque je dis « téléphone mobile » à mes enfants, ils me répondent : « Pourquoi mobile ? Un téléphone, c'est mobile ! » Il est vrai que de nos jours, la majorité des téléphones (jusqu'à 80 % selon certaines sources) ainsi que la plupart des tablettes fonctionnent sous le système Android, qui est une déclinaison de Linux (`https://oreil.ly/bQ6yJ`). Ces environnements ont des contraintes fortes en matière d'économie d'énergie et de robustesse, et nous dépendons d'eux au quotidien. Si vous songez à développer des applications Android, visitez par exemple le site des développeurs Android (`https://oreil.ly/xf5kC`).

Informatique en nuage

Avec le cloud, nous observons à une plus vaste échelle le même mouvement que dans l'espace des appareils nomades et la micro-informatique. Apparaissent de nouvelles architectures de processeur à faible consommation d'énergie, puissantes et sécurisées. Le succès de l'offre AWS Graviton fondée sur l'architecture ARM (`https://oreil.ly/JzHzm`) en témoigne, tout comme l'externalisation des tâches de traitement lourds vers les propriétaires d'infonuages cloud, notamment dans le contexte des logiciels libres.

Internet des objets (intelligents)

Vous avez certainement vu ou entendu parler de projets et de produits concernant l'Internet des objets (IoT), des capteurs aux drones. Beaucoup d'entre nous ont déjà été en contact avec des appareils et de voitures intelligents. Ces environnements ont des exigences encore plus strictes en matière de consommation d'énergie que les appareils mobiles. En outre, certains peuvent ne pas réclamer de fonctionner en permanence et ne se réveiller qu'une fois par jour pour transmettre un lot de données. Un autre aspect important de ces environnements est leurs capacités temps réel (`https://oreil.ly/zBsRy`). Si vous envisagez d'utiliser Linux dans un contexte IoT, consultez le site AWS IoT EduKit (`https://oreil.ly/3x0uf`).

Diversité des architectures de processeurs

Depuis une trentaine d'années, Intel est le principal fabricant de microprocesseurs et domine l'espace des micro-ordinateurs et ordinateurs personnels. L'architecture x86 d'Intel était considérée comme l'étalon-or. L'approche ouverte adoptée par IBM (publier les spécifications en permettant aux autres de proposer des appareils compatibles) était prometteuse, et c'est ce qui a rendu possible la naissance de PC compatibles x86 qui utilisaient aussi des processeurs Intel, du moins au début.

Bien qu'Intel soit toujours largement utilisé dans les ordinateurs de bureau et les ordinateurs portables, avec l'essor des appareils mobiles, nous avons assisté à l'émergence d'une nouvelle génération de processeurs. De plus en plus d'appareils mobiles ont adopté des processeurs ARM (`https://oreil.ly/sioDd`) et, plus récemment, RISC-V (`https://oreil.ly/Tf0bb`). Simultanément sont apparus des langages de programmation et des outils multi-architectures, notamment Go et Rust, ce qui a engendré une profonde mutation du paysage technologique.

Tous ces environnements sont ce que j'appelle des environnements modernes. Et la plupart d'entre eux, si ce n'est tous, fonctionnent sous ou avec Linux sous une forme ou une autre.

Maintenant que nous savons à quoi correspond le concept de matériel moderne, vous vous demandez peut-être comment nous en sommes arrivés là et comment Linux a vu le jour.

L'histoire de Linux (jusqu'à présent)

Linux vient de de célébrer en 2021 son trentième anniversaire (`https://oreil.ly/fkMyT`). Avec des milliards d'utilisateurs (consciemment ou pas) et des milliers de développeurs, le projet Linux est, sans aucun doute, une réussite planétaire dans l'esprit open source. Comment tout cela a-t-il débuté, et comment en sommes-nous arrivés là ?

Début des années 1990

Le courriel de Linus Torvalds du 25 août 1991 destiné au groupe de discussion « comp.os.minix » peut être considéré comme marquant la naissance de l'aventure Linux, du moins selon les archives publiques. Ce projet de chambre d'étudiant a rapidement pris de l'ampleur, tant en termes de lignes de code (LOC) que d'adoption. Au bout de trois ans, Linus a rendu publique la version Linux 1.0.0 et elle comportait déjà plus de 176 000 lignes de code source (LOC). À ce moment-là, l'objectif initial de pouvoir exécuter la plupart des logiciels conçus pour le système Unix/GNU était déjà largement atteint. De même, la première offre commerciale, avec support technique et maintenance, est apparue dans les années 1990 : Red Hat Linux.

De 2000 à 2010

Pendant son adolescence, Linux ne s'est pas limité à un enrichissement en termes de fonctionnalités et de variété des matériels pris en charge. Il a rapidement dépassé ce qu'Unix permettait de faire. Au cours de cette période, on a assisté à l'adoption massive et croissante de Linux par les grands acteurs, c'est-à-dire IBM, Google, Amazon, *etc.* Cette décennie a par ailleurs été celle de la guerre entre les distributions (oreil.ly/l6X4Q), notamment entre celles orientées grand public (pour concurrencer Windows) et celles visant à équiper les grands centres de calcul.

Des années 2010 à aujourd'hui

Linux s'est imposé comme le cheval de bataille aux deux extrémités du spectre des puissances : dans les centres de calcul du cloud et dans les millions d'équipements terminaux que sont les telliphones et les objets connectés IoT. Dans un sens, on peut considérer que la guerre des distributions est terminée (aujourd'hui, la plupart des systèmes commerciaux sont basés sur Red Hat ou Debian). En un sens, l'essor des conteneurs (à partir de 2014) est responsable de cette évolution.

Après cette rapide revue historique, nécessaire pour établir le contexte et comprendre la raison d'être de ce livre, passons à une question apparemment innocente : pourquoi a-t-on besoin de Linux ou, plus généralement, d'un système d'exploitation ?

Pourquoi un système d'exploitation ?

Supposons que vous n'avez pas de système d'exploitation (OS) à disposition ou que vous ne pouvez pas en utiliser un pour une raison quelconque. Vous devrez alors faire à peu près tout vous-même : gérer la mémoire, gérer les interruptions, communiquer avec les périphériques d'entrée/sortie, gérer les fichiers, mettre en place puis gérer la pile réseau, et la liste est loin d'être close.

> Techniquement parlant, un système d'exploitation n'est pas strictement nécessaire. Il existe des appareils qui n'ont pas de système d'exploitation. Il s'agit généralement de systèmes embarqués avec une minuscule surface fonctionnelle, comme une balise GPS IoT. La partie matérielle n'offre tout simplement pas assez de ressources pour accueillir plus qu'un programme. Notons que le langage Rust permet de faire exécuter une application sur un matériel nu, donc sans système d'exploitation (*Bare Metal*), grâce à sa librairie Core Standard (`https://oreil.ly/zW4j7`).

Un système d'exploitation réalise tous les traitements génériques pour le compte des applications utilisatrices, les isolant ainsi de la délicate gestion détaillée des composants matériels. Le système définit une interface de programmation d'application API (*Application Programming Interface*) soigneusement conçue. Nous le verrons en abordant le noyau Linux Kernel dans le Chapitre 2.

Les points d'entrée fonctionnels qui constituent l'interface API vers le système d'exploitation sont nommés *appels système* ou *syscalls*. Les langages de programmation de haut niveau tels que Go, Rust, Python ou Java s'appuient sur ces syscalls en les exploitant depuis des routines prédéfinies et assemblées dans des librairies.

Cette standardisation permet de se concentrer sur la logique métier plutôt que de devoir gérer soi-même les ressources et jongler avec les différences entre les matériels sur lesquels on désire que l'application puisse fonctionner.

Voyons un exemple concret d'appel système. Nous voulons identifier (et afficher) l'identifiant ID de l'utilisateur actuel. Tout d'abord, voyons ce que l'aide locale nous dit à propos de l'outil Linux `getuid` en consultant la description à `getuid(2)` (`https://oreil.ly/md15Z`) :

```
...
getuid() Renvoie l'ID utilisateur réel du processus appelant.
...
```

(N.d.T. : Nous avons traduit le message ici.) Cet appel de fonction `getuid()` est défini dans une librairie de fonctions et peut être mentionné dans un programme. Nous verrons les appels système en détail dans la section correspondante du Chapitre 2.

> Vous vous demandez peut-être ce que signifie le chiffre 2 en paramètre dans `getuid(2)` ? Il s'agit d'une convention de l'utilitaire d'affichage de l'aide `man`. Ce numéro est celui de la section de la documentation qu'on désire voir. C'est un témoignage de l'héritage d'Unix ; l'origine se situe dans le document *Unix Programmer's Manual*, septième édition, volume 1 (`https://oreil.ly/DgDrF`) de 1979.

Sur la ligne de commande (shell), nous utiliserions la commande équivalente `id` qui utilise à son tour la commande `getuid` :

```
$ id --user
638114
```

Puisque nous avons maintenant une idée de la raison d'être d'un système d'exploitation, passons au sujet original des différentes distributions Linux.

Distributions Linux

Lorsque nous disons « Linux », ce qui est ainsi désigné n'est parfois pas toujours clair. Dans ce livre, nous parlerons de « noyau Linux », ou simplement de « noyau », lorsque nous parlerons de l'ensemble des appels système et des pilotes de périphériques. Lorsque nous faisons référence à une distribution (`https://oreil.ly/U9luq`), nous désignons un regroupement concret d'un noyau et d'un ensemble de composants connexes, notamment pour la gestion des paquetages d'installation, l'architecture du système de stockage des fichiers, le système d'amorçage `init` et l'interpréteur shell présélectionné.

Bien sûr, vous pouvez constituer vous-même votre distribution, un peu comme un bouquet : vous téléchargez et compilez le noyau, choisissez un gestionnaire de paquets, un interpréteur shell, et ainsi de suite (sans omettre les correctifs de sécurité). C'est ce que faisaient beaucoup de gens dans les premiers temps. Au fil des années, ils ont compris qu'il était plus judicieux de laisser ce travail de composition à des experts, bénévoles ou salariés, en choisissant ensuite la distribution Linux la plus appropriée à leurs besoins.

> Si vous êtes motivé pour créer votre propre distribution, peut-être parce que vous êtes un bricoleur ou parce que vous y êtes poussé par des contraintes commerciales ou techniques, je vous recommande de regarder de plus près Arch Linux (`https://oreil.ly/UBSHM`) qui vous donne tout contrôle et permet, moyennant quelques efforts, de créer une distribution Linux personnalisée.

Pour avoir une idée de la diversité de l'offre de distributions Linux, en commençant par les plus répandues (Ubuntu, Red Hat Enterprise Linux [RHEL], CentOS, *etc.*) ou les plus récentes (telles que Bottlerocket et Flatcar), jetez un coup d'œil à la page DistroWatch (`https://oreil.ly/DWmrr`).

Passons à un sujet totalement différent : la visibilité et la protection des ressources.

Visibilité des ressources

Linux a hérité, dans la bonne tradition UNIX, d'une vision globale par défaut des ressources. Mais que signifie cette vision globale (par opposition à quoi ?) et quelles sont ces ressources ?

> Pourquoi parlons-nous de visibilité des ressources dès maintenant ? La raison principale est de sensibiliser à ce sujet et de vous mettre dans le bon état d'esprit pour l'un des thèmes importants dans le contexte d'un Linux moderne : les conteneurs. Ne vous inquiétez pas si vous ne saisissez pas tous les détails maintenant ; nous y reviendrons tout au long du livre et plus particulièrement dans le Chapitre 6 qui traite en détail des conteneurs et de leurs constituants.

Vous avez peut-être entendu dire que sous Unix, et par extension sous Linux, tout était considéré comme fichier. Dans le contexte de ce livre, nous considérons les ressources comme tout ce qui peut être servir pendant le temps d'exécution d'un logiciel. Cela inclut le matériel et ses abstractions (telles que le processeur CPU et la mémoire vive RAM), les systèmes de fichiers, les disques durs et silicium (SSD), les processus, les éléments liés au réseau comme les périphériques et tables de routage et les informations d'identification représentant les utilisateurs.

> Toutes les ressources de Linux ne sont pas des fichiers ou représentées par une interface de fichier. Il existe des systèmes tels que Plan9 (`https://oreil.ly/5DkY8`) qui vont beaucoup plus loin.

Voyons un exemple concret d'interrogation des ressources de Linux. Tout d'abord, nous voulons connaître une propriété globale (le numéro de version de Linux) puis des informations matérielles spécifiques sur le ou les processeurs utilisés (l'affichage a été édité pour s'adapter à l'espace) :

```
$ cat /proc/version                                        ❶
Linux version 5.4.0-81-generic (buildd@lgw01-amd64-051)
(gcc version 7.5.0 (Ubuntu 7.5.0-3ubuntu1~18.04))
#91~18.04.1-Ubuntu SMP Fri Jul 23 13:36:29 UTC 2021

$ cat /proc/cpuinfo | grep "model name"                    ❷
model name : Intel(R) Core(TM) i7-8610QM CPU @ 3.30GHz
model name : Intel(R) Core(TM) i7-8610QM CPU @ 3.30GHz
model name : Intel(R) Core(TM) i7-8610QM CPU @ 3.30GHz
model name : Intel(R) Core(TM) i7-8610QM CPU @ 3.30GHz
```

❶ Affiche la version de Linux.

❷ Affiche les informations relatives au processeur, avec filtrage sur le nom de modèle.

Ces commandes nous apprennent que ce système possède quatre cœurs Intel i7. Si vous vous connectez avec un autre identifiant d'utilisateur, vous vous attendez à voir le même nombre de processeurs.

Considérons un autre type de ressources : les fichiers. Par exemple, si l'utilisateur *troy* crée un fichier dans `/tmp/myfile` avec des droits en exécution, est-ce qu'un autre utilisateur, nommé *worf*, pourra voir le fichier ou même le modifier ?

Prenons le cas d'un processus, c'est-à-dire d'un programme chargé en mémoire qui dispose de toutes les ressources nécessaires pour s'exécuter, comme la CPU et la mémoire. Linux identifie un processus grâce à son PID, son identifiant de processus :

```
$ cat /proc/$$/status | head -n6                 ❶
Name: bash
Umask:  0002
State:  S (sleeping)
Tgid: 2056
Ngid: 0
Pid: 2056
```

❶ Affiche l'état du processus, c'est-à-dire les détails du processus actuel. La sortie est limitée par head en ne montrant que les six premières lignes.

Qu'est-ce que cette notation $$?

Vous vous êtes peut-être demandé ce que signifiait le double signe `$$`. Il s'agit d'une variable spéciale qui fait référence au processus actuel (voir la section sur les variables du shell dans le Chapitre 3). Notez que dans le contexte d'un shell, ce symbole `$$` correspond à l'identifiant du processus de l'interpréteur (tel que bash) dans lequel vous avez tapé la commande.

Peut-on trouver plusieurs processus ayant le même PID sous Linux ? Cela peut sembler une question stupide et inutile ; en fait, elle s'avère déterminante dans le contexte des conteneurs (que nous aborderons dans le Chapitre 6). Il peut tout à fait exister plusieurs processus avec le même identifiant PID, chacun dans un contexte appelé *espace de noms différent*. Ce sera par exemple le cas dans une configuration conteneurisée, lorsque vous exécutez une application sous le contrôle de Docker ou de Kubernetes.

Chaque processus peut alors croire qu'il est privilégié et possède le PID 1, valeur qui est réservée dans une configuration classique au processus racine de l'arbre des processus dans l'espace utilisateur (voir l'amorçage de Linux dans le Chapitre 6).

Ce que nous pouvons déduire de ces observations est que vous pouvez avoir une vue globale d'une ressource (deux utilisateurs voient le même fichier exactement au même endroit) en même temps qu'une vue locale ou virtualisée, comme dans l'exemple précédent du processus. Cela soulève une question : est-ce que tout dans Linux est global par défaut ? Divulgâchons dans l'allégresse : ce n'est pas le cas. Voyons pourquoi.

Une partie de l'illusion d'avoir plusieurs utilisateurs ou processus fonctionnant en parallèle est la visibilité (restreinte) des ressources. Dans Linux, les vues locales sur les ressources se fondent sur les espaces de noms.

L'autre caractéristique est l'isolation. Lorsque j'utilise le terme *isolation*, je n'émets aucune hypothèse sur la façon dont les choses sont isolées. Par exemple, une mesure visant à isoler un processus consiste à limiter la consommation mémoire afin que le processus ne puisse pas consommer tout l'espace mémoire au détriment des autres processus. Supposons que j'attribue 1 Go d'espace à une application. Si elle cherche à en utiliser plus, elle est sanctionnée par un arrêt immédiat de type `kill` (`https://oreil.ly/kvklu`). Cela assure un certain niveau de protection. Sous Linux, on utilise une fonction du noyau appelée `cgroups` pour fournir ce genre d'isolation (nous y reviendrons dans le Chapitre 6).

Par ailleurs, un environnement totalement isolé donne l'impression que l'application est entièrement autonome. Une machine virtuelle peut fournir une isolation complète.

Linux vu d'avion

Nous sommes déjà allés assez loin dans certains rouages de Linux. Avant de poursuivre, respirons et revenons à une vue d'ensemble. La figure suivante propose une décomposition à haut niveau du fonctionnement du système Linux, en mettant en correspondance les thèmes et les chapitres du livre.

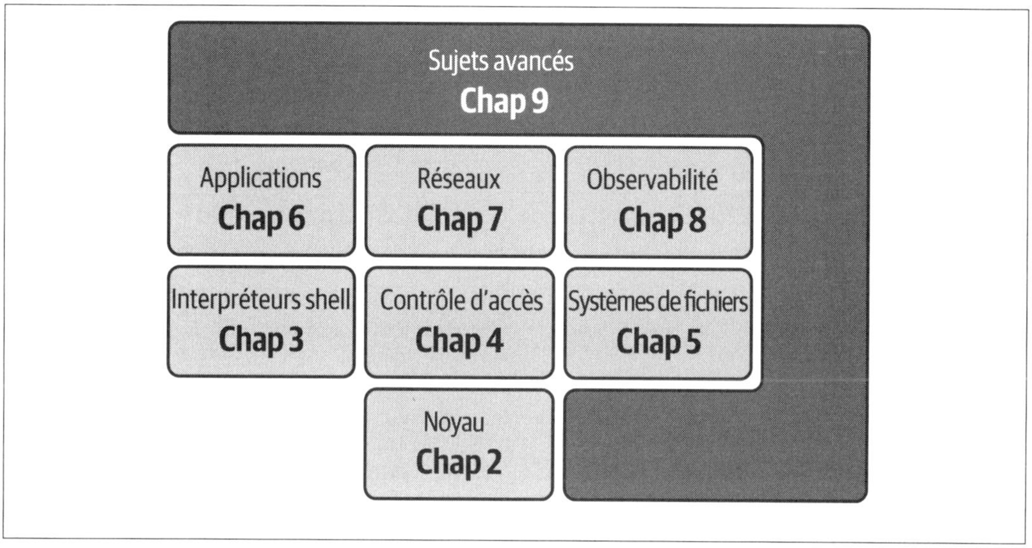

Figure 1.1 : Correspondances entre le système Linux et les chapitres du livre.

Au cœur de toute distribution Linux, on trouve le noyau (*kernel*) qui incorpore l'interface fonctionnelle API en fonction de laquelle est construit tout le reste du système. Autour du noyau, nous trouvons trois éléments fondamentaux : les fichiers, la connectivité réseau et l'observabilité que vous pouvez considérer comme les blocs de construction fondamentaux gravitant autour du noyau. Du point de vue de l'utilisation pure, vous verrez vite que vous aurez le plus souvent affaire à l'outil interpréteur de commandes shell et au contrôle d'accès aux ressources (Pourquoi cette application se plante-t-elle ? Ah, le répertoire est en lecture seule, d'accord !).

J'ai rassemblé quelques sujets intéressants, des machines virtuelles aux distributions modernes, dans le dernier chapitre. J'appelle ces sujets « avancés » principalement parce que je les considère comme facultatifs. C'est-à-dire que vous pourriez vous en sortir sans les apprendre. Mais si vous voulez vraiment, vraiment, vraiment, vraiment bénéficier de la pleine puissance que le Linux moderne peut vous apporter, je vous recommande fortement de lire ce chapitre. Vous aurez deviné que tous les chapitres avant ce dernier sont des chapitres essentiels que vous devez absolument étudier et dont vous devez appliquer le contenu au fur et à mesure.

Interface normalisée POSIX

Nous rencontrerons le terme POSIX (abréviation de *Portable Operating System Interface*) de temps en temps dans ce livre. Officiellement, POSIX est une norme IEEE qui définit des interfaces de service pour les systèmes d'exploitation Unix. Son but est de garantir la portabilité des applications entre les différentes variantes. Si vous voyez une mention du style « conforme POSIX », pensez à un ensemble de spécifications formelles assez touffues. Elles se justifient surtout dans le contexte des grands marchés d'informatisation publics, mais beaucoup moins au quotidien.

Linux a été conçu pour être conforme à POSIX ainsi qu'à la définition d'interface UNIX System V (SVID), ce qui lui donne une coloration plus proche des anciens systèmes UNIX AT&T que des systèmes de type BSD (*Berkeley Software Distribution*).

Pour en savoir plus sur POSIX, consultez le site POSIX Abstractions (`https://oreil.ly/D0O4h`) qui procure une excellente introduction et des commentaires sur l'adoption et les défis posés.

Conclusion

En choisissant le terme « moderne » pour ce livre, nous entendons par là l'adoption préférentielle de Linux dans l'énorme variété d'environnements actuelle, de la minuscule carte à microcontrôleur au centre de calcul d'infonuage en passant par nos téléphones portables.

Dans ce chapitre, j'ai présenté les grandes lignes de l'histoire de Linux. Nous avons rappelé le rôle d'un système d'exploitation en général : donner aux applications une relative indépendance par rapport au matériel sous-jacent et fournir un ensemble de fonctions élémentaires telles que la gestion des processus, de la mémoire, des fichiers et des communications réseau. Nous avons vu comment Linux s'acquitte de cette tâche, notamment en ce qui concerne la visibilité des ressources.

Voici quelques pistes (en anglais pour la plupart) qui vous aideront à approfondir les concepts abordés ici.

Livres de chez O'Reilly :

- *Linux en action* par Carla Schroder
- *Le Noyau Linux* par Daniel P. Bovet and Marco Cesati
- *Efficient Linux at the Command Line* par Daniel J. Barrett
- *Linux System Programming* par Robert Love

Autres lectures :

- "Advanced Programming in the UNIX Environment" (`https://oreil.ly/hS0G0`) fournit un cours d'introduction complet avec des exercices pratiques.
- "The Birth of UNIX" (`https://oreil.ly/MlQ0J`) par Brian Kernighan, pour comprendre la filiation de Linux et les concepts UNIX originels.

Et maintenant, sans plus tarder, commençons notre exploration du Linux moderne en entrant dans le vif, ou plutôt dans le noyau, du sujet !

CHAPITRE 2

Le noyau de Linux

Le précédent chapitre nous a rappelé que la fonction principale d'un système d'exploitation est de faire abstraction des différents matériels en fournissant aux applications une interface fonctionnelle, l'API. La programmation exploitant cette API permet de concevoir des applications sans avoir à se soucier des détails matériels qui varient d'un environnement d'exécution à un autre. Le noyau rend les programmes indépendants du matériel grâce à cette API (dans certaines limites).

Dans ce chapitre, nous allons découvrir ce qu'est le noyau Linux et comment vous devez le considérer de façon globale puis au niveau de ses principaux constituants. Nous verrons son architecture globale et le rôle essentiel que joue un noyau de système d'exploitation. L'une des principales conclusions du chapitre est que, même si le noyau fournit toutes les fonctionnalités de base, le système d'exploitation ne se limite pas à son noyau, qui n'en est que la portion centrale.

Commençons donc par une vue d'ensemble qui va montrer comment le noyau s'intègre et interagit avec le matériel qu'il contrôle. Nous verrons ensuite l'unité de traitement et donc les différentes architectures de processeur dans leurs relations avec le noyau. Nous verrons alors en détail les différents composants du noyau et discuterons de l'interface API que le noyau met à disposition des applications. Nous verrons enfin comment personnaliser et étendre le noyau Linux.

Le but du chapitre est de vous fournir la terminologie nécessaire, de vous faire prendre conscience de l'interface entre les programmes et le noyau, et de vous donner une idée de base de ses fonctionnalités. L'objectif n'est pas de faire de vous un concepteur de noyau de système ni même un administrateur système capable de configurer et de recompiler un noyau. Si vous souhaitez vous plonger dans ce domaine, j'ai prévu quelques liens à la fin du chapitre.

Entrons dans le vif du sujet : l'architecture de Linux et le rôle central du noyau dans cette architecture.

Architecture de Linux

Au plus haut niveau, Linux est structuré comme représenté dans la Figure 2.1 en trois couches : le matériel, le noyau et l'espace utilisateur.

- **Le matériel :** englobe le ou les processeurs, la mémoire centrale RAM, les supports de stockage (disques magnétiques et silicium), les interfaces réseau et les autres périphériques tels que les claviers et les écrans.
- **Le noyau :** il fait l'objet du reste de ce chapitre. Notez qu'un certain nombre de composants se situent entre le noyau et l'espace utilisateur, tels que le système `init` et les services système (réseau, etc.), sans faire partie du noyau au sens strict.
- **L'espace utilisateur :** c'est dans cet espace que la plupart des applications sont exécutées, y compris les outils du système d'exploitation tels que l'interpréteur de commandes shell (abordé dans le prochain chapitre), les utilitaires comme `ps` ou `ssh` et les interfaces utilisateur graphiques incarnant des bureaux et fondées sur le sous-système de gestion d'événements X Window.

Dans ce livre, nous nous intéressons aux deux couches supérieures de la figure, à savoir le noyau et l'espace utilisateur. Nous n'abordons la couche matérielle que dans ce chapitre et dans quelques autres lorsque le besoin s'en fait sentir.

Les interfaces entre ces couches sont bien définies et font partie de la définition du système d'exploitation Linux. Entre le noyau et l'utilisateur se trouve l'interface des appels système (*syscalls* en abrégé). Nous l'explorerons en détail dans ce chapitre.

Contrairement à celle des appels système, l'interface entre le matériel et le noyau n'est pas unique. Elle consiste en une collection d'interfaces individuelles, généralement regroupées par type de matériel :

- l'interface CPU ;
- l'interface avec la mémoire centrale ;
- les interfaces et pilotes réseau (filaires et sans fil) ;
- les interfaces des pilotes du système de fichiers et des périphériques en mode bloc ;
- les périphériques en mode caractère, les interruptions matérielles et les pilotes des périphériques d'entrée comme les claviers, les terminaux et les autres entrées/sorties.

Ces interfaces sont décrites dans la suite du chapitre.

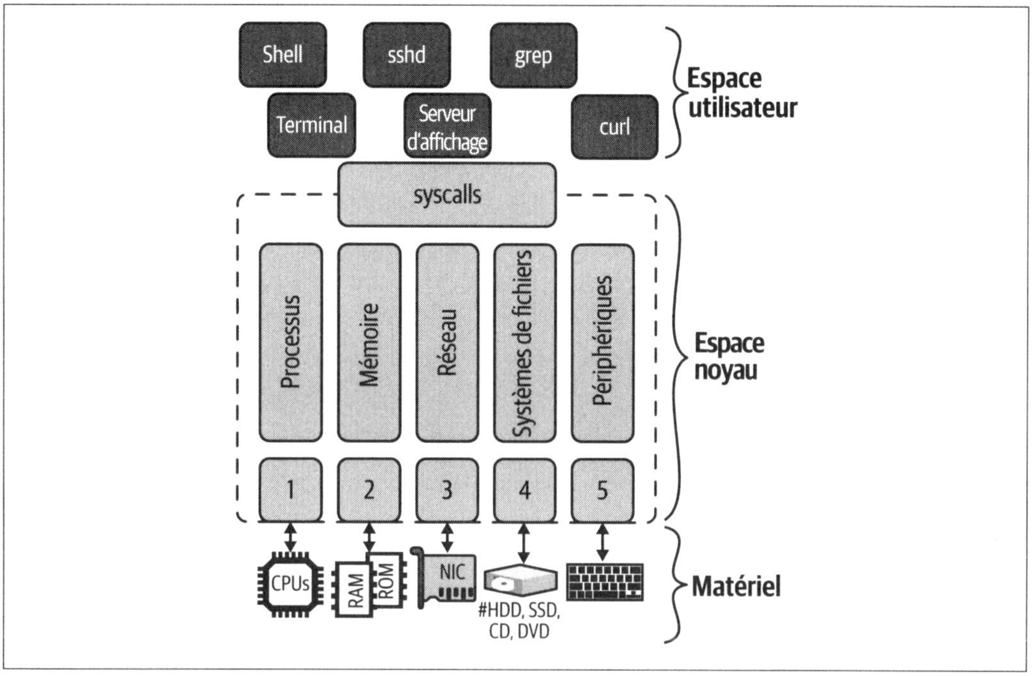

Figure 2.1 : Vue globale de l'architecture Linux.

On constate que plusieurs composants que l'on considère habituellement comme faisant partie du système d'exploitation Linux, en particulier l'interpréteur de commandes shell et les utilitaires tels que `grep`, `find` et `ping`, ne font en réalité pas partie du noyau. Un peu comme les applications des utilisateurs, ils font partie de l'espace utilisateur.

À propos de cet espace utilisateur, vous lirez ou entendrez souvent parler du mode utilisateur opposé au mode noyau (*kernel mode*). Cela fait effectivement référence à l'étendue des privilèges d'accès au matériel et à la limitation des abstractions disponibles.

En général, le mode noyau signifie une exécution rapide avec une abstraction limitée, tandis que le mode utilisateur signifie une exécution comparativement plus lente mais des abstractions plus sûres et plus pratiques. À moins que vous ne soyez un développeur de noyau, vous pouvez presque toujours ignorer le mode noyau, puisque vos applications s'exécuteront en mode utilisateur. En revanche, il est essentiel d'apprendre comment interagir avec le noyau, ce que nous allons voir.

En partant de cette vue d'ensemble de l'architecture Linux, débutons notre visite du système en commençant par la couche inférieure du matériel.

Processeurs (CPU)

Les unités centrales de traitement (*Central Processing Unit*) qui correspondent de nos jours à des microprocesseurs se distinguent entre elles d'après les choix d'architecture qui les structurent. Il en découle des familles de processeurs. Le fait que Linux puisse fonctionner sur un vaste nombre d'architectures de processeurs est sans doute l'une des raisons de sa popularité.

Le noyau de Linux contient séparément du code commun et des pilotes du code spécifique à chaque architecture. Cette séparation permet de porter Linux et de le rendre rapidement disponible sur de nouveaux matériels.

Voyons comment, en pratique, on peut savoir quel type de processeur est utilisé sur une machine sous Linux.

> ## BIOS et UEFI
>
> Traditionnellement, Unix et Linux utilisaient le Basic I/O System (BIOS) pour l'amorçage. Lorsque vous allumez votre ordinateur sous Linux, il est au départ entièrement contrôlé par le matériel qui est configuré pour exécuter le programme d'autotest au démarrage POST (*Power On Self Test*), qui fait partie du BIOS. Le POST s'assure que le matériel (RAM, *etc.*) fonctionne comme attendu. Nous entrerons dans les détails de cette mécanique dans le Chapitre 6.
>
> Dans les environnements modernes, les fonctions du BIOS ont été remplacées par la fonction UEFI (*Unified Extensible Firmware Interface*) (`https://oreil.ly/JBwSm`), une spécification publique qui définit une interface logicielle entre un système d'exploitation et le microprogramme de base d'une plate-forme matérielle. Lorsque vous rencontrerez dorénavant le terme BIOS dans la documentation et les articles, remplacez-le mentalement par UEFI.

L'outil dédié nommé `dmidecode` permet d'interroger le matériel en appelant le BIOS. Si cela ne donne pas de résultats, vous pouvez essayer `lscpu` (affichage abrégé) :

```
$ lscpu
Architecture:            x86_64                          ❶
CPU op-mode(s):          32-bit, 64-bit
Byte Order:              Little Endian
Address sizes:           40 bits physical, 48 bits virtual
CPU(s):                  4                               ❷
On-line CPU(s) list:     0-3
Thread(s) per core:      1
Core(s) per socket:      4
Socket(s):               1
NUMA node(s):            1
Vendor ID:               GenuineIntel
CPU family:              6
Model:                   60
```

```
Model name:                  Intel Core Processor (Haswell, no TSX, IBRS) ❸
Stepping:                    1
CPU MHz:                     2592.094
```

❶ L'architecture est la Intel x86 sur 64 bits.

❷ Il semble qu'il y ait quatre cœurs.

❸ Le nom du modèle de CPU est Intel Core Processor (Haswell).

Pour obtenir des informations encore plus détaillées sur l'architecture, utilisez la commande suivante :

```
cat /proc/cpuinfo
```

Si vous êtes seulement intéressé par le nom de la famille, émettez simplement `uname -m`.

Maintenant que nous savons comment récolter des informations à propos de l'architecture du ou des processeurs, voyons comment les décoder.

Architecture x86

Le jeu d'instructions x86 (`https://oreil.ly/PoQOT`) avait été initialement élaboré par Intel, puis cédé sous licence à son concurrent Advanced Micro Devices (AMD). Les processeurs étaient dotés d'un bus de données de 16 puis 32 bits de largeur. Lorsqu'il s'est agi de passer à une largeur de 64 bits, le suffixe `64` a été ajouté au radical `x86` des processeurs 32 bits. La mention `amd64` fait logiquement référence aux processeurs sur 64 bits d'AMD.

De nos jours, cette famille de processeurs x86 est utilisée principalement dans les ordinateurs de bureau et les ordinateurs portables, mais également dans les serveurs. D'ailleurs, les x86 constituent toujours la majorité des matériels de l'infonuage public, car c'est une architecture puissante et largement disponible. En revanche, elle n'est pas très économe en énergie. De plus, à cause de sa forte dépendance à l'exécution non séquentielle des instructions, elle a donné récemment lieu à de sérieux soucis de sécurité, en particulier la vulnérabilité Meltdown (`https://oreil.ly/nkEVB`).

Pour plus de détails, par exemple sur le protocole d'amorçage Linux sur x86 ou sur les spécificités Intel et AMD, voyez la documentation des noyaux (`https://oreil.ly/CBvRQ`).

Architecture ARM

Apparue voici plus de trente ans, ARM [`https://oreil.ly/E9HIN`] est une famille d'architectures à jeu d'instructions réduit (RISC, *Reduced Instruction Set Computing*). Le RISC réunit généralement de nombreux registres génériques dans l'unité centrale et un petit ensemble d'instructions pouvant être exécutées plus rapidement.

Dès l'origine, les concepteurs de la société Acorn – société à l'origine de ARM – ont cherché une consommation d'énergie minimale. C'est pourquoi vous trouverez des puces fondées sur ARM dans un grand nombre d'appareils nomades tels que les telliphones iPhone et Android et dans les systèmes embarqués utilisés pour l'Internet des objets (IdO , IoT), comme le Raspberry Pi.

Étant donné qu'elles sont rapides, bon marché et qu'elles dégagent moins de chaleur que les puces x86, vous ne devriez pas être surpris de trouver de plus en plus de CPU basées sur ARM, par exemple les Graviton AWS (`https://oreil.ly/JpgdQ`) qui équipent les centres de données.

Bien que plus simple que x86, l'architecture ARM n'est pas à l'abri des vulnérabilités telles que Spectre (`https://oreil.ly/M79Yu`). Pour plus de détails, voyez le site de la documentation du noyau spécifique à ARM (`https://oreil.ly/i7kj4`).

Architecture RISC-V

Acteur entrant dans le secteur, l'approche RISC-V (prononcez « Risk Faïve ») (`https://oreil.ly/wwnIA`) est un standard RISC ouvert développé à l'origine par l'Université de Berkeley en Californie. En 2021, un certain nombre d'implémentations sont apparues, allant d'Alibaba Group et Nvidia à des start-up telles que SiFive. Il s'agit de processeurs nouveaux et donc peu répandus pour l'instant. Pour vous faire une idée de ses points forts, vous pouvez faire une recherche sur les termes « Linux RISC-V ». Pour plus de détails, consultez la documentation du noyau RISC-V (`https://oreil.ly/LA1Oq`).

Composants du noyau

Maintenant que vous connaissez les bases des architectures de CPU, il est temps de nous concentrer sur le noyau. Le noyau Linux est monolithique, c'est-à-dire que tous ses composants font partie d'un seul et même binaire exécutable. Il existe des domaines fonctionnels dans la base de code que nous pouvons identifier pour leur attribuer des responsabilités spécifiques.

Comme vu dans le Chapitre 1, le noyau est positionné entre le matériel et les applications des utilisateurs. Rappelons les principaux blocs fonctionnels du noyau :

- gestion des processus, par exemple le démarrage d'un processus avec un fichier exécutable ;
- gestion de la mémoire, par exemple l'allocation de mémoire pour un processus ou le mappage d'un fichier en mémoire ;
- mise en réseau, par exemple la gestion des interfaces réseau ou la fourniture d'une pile réseau ;
- systèmes de fichiers, assurant la gestion des fichiers et prenant en charge la création et la suppression de fichiers ;
- gestion des périphériques en mode caractère et des pilotes de périphériques.

Ces composants fonctionnels étant par nature souvent dépendants les uns des autres, il n'est pas simple pour un développeur travaillant sur le noyau de Linux de respecter sans faillir la règle capitale suivante : jamais le code du noyau ne doit interférer dans l'espace d'exécution utilisateur.

Ceci étant posé, penchons-nous sur les composants du noyau.

Gestion des processus

Très logiquement, plusieurs composants du noyau sont liés à la gestion des processus. Certains prennent en charge des points spécifiques à l'architecture de processeur concernée (les interruptions, par exemple) alors que d'autres se concentrent sur le lancement et l'ordonnancement des applications.

Avant d'en venir aux spécificités de Linux, précisons la terminologie de la suite :

- Il est convenu que ce que l'on nomme *processus* est une unité d'exécution orientée utilisateur, basée sur un fichier exécutable (un « binaire »).
- En revanche, un *exétron* (thread) est une unité d'exécution dans le contexte d'un processus qui, *a priori*, est incarné pendant son exécution par plusieurs sous-processus qui sont autant d'exétrons. Vous avez peut-être rencontré le terme *multithread*, qui signifie que la charge de traitement demandée par un processus est réalisée par plusieurs fils d'exécution, potentiellement hébergés sur plusieurs processeurs.

En partant du plus haut niveau, Linux reconnaît les niveaux présentés dans les paragraphes suivants.

- **Session :** englobe un ou plusieurs groupes de processus et représente une unité de plus haut niveau pour un utilisateur avec un terminal `tty` rattaché. Le noyau identifie chaque session par son numéro SID (*Session ID*).
- **Groupe de processus :** réunit plusieurs processus. Un seul groupe de processus dans la même session est le groupe de premier plan. Le noyau identifie chaque groupe de processus par son numéro PGID (*Process Group ID*).
- **Processus :** entité englobant plusieurs ressources (un espace d'adresses mémoire, un ou plusieurs exétrons, des sockets réseau, *etc.*). Le noyau rend un processus visible et manipulable par l'intermédiaire de `/proc/self` pour le processus en cours. Le noyau identifie chaque processus par son numéro PID (*Process ID*).
- **Exétron (*thread*) :** chaque exétron est géré par le noyau comme un processus : il n'y a pas de structure de données distinguant le niveau de l'exétron de celui du processus. L'exétron est un processus qui partage certaines ressources (l'espace mémoire ou les gestionnaires de signaux) avec d'autres processus. Le noyau gère les exétrons avec des identifiants unitaires TID (*Thread ID*) et de groupe TGID (*Thread Group ID*). Lorsque plusieurs exétrons partagent le même TGID, cela signifie qu'ils incarnent un processus multi-exétrons (*mul-*

tithread). Ceci est valable dans l'espace d'exécution utilisateur ; il existe aussi des exétrons dans l'espace noyau, mais cela dépasse notre propos.

- **Tâche :** le noyau utilise une structure de données portant le nom `task_struct` et définie dans `sched.h` (`https://oreil.ly/nIgz8`) qui forme la base de l'implémentation des processus et des exétrons. Elle contient des informations liées à l'ordonnancement, les identifiants (tels que PID et TGID) et des données relatives aux gestionnaires de signaux, aux performances et à la sécurité. En bref, tous les niveaux supérieurs jusqu'à celui de la session sont fondés sur les tâches ; mais les tâches ne sont pas visibles en tant que telles en dehors de l'espace noyau.

Nous verrons les sessions et processus en action et apprendrons à les gérer en abordant les conteneurs dans le Chapitre 6, puis à nouveau dans le contexte des échanges interprocessus au Chapitre 9.

Voyons certains de ces concepts en pratique :

```
$ ps -j
PID   PGID  SID   TTY     TIME CMD
6756  6756  6756  pts/0   00:00:00 bash   ❶
6790  6790  6756  pts/0   00:00:00 ps     ❷
```

❶ Le processus shell `bash` a un PID, un PGID et un SID de 6756. Au moyen de la commande `ls -al /proc/6756/task/6756/`, nous pouvons recueillir des informations sur cette tâche.

❷ Le processus `ps` a le PID/PGID 6790 et le même SID que le shell `bash`.

Nous avons dit précédemment que la structure de données descriptive de tâche dans Linux contient des informations statuant sur l'ordonnancement. Cela signifie qu'un processus est à tout moment dans un état défini, comme indiqué dans la Figure 2.2.

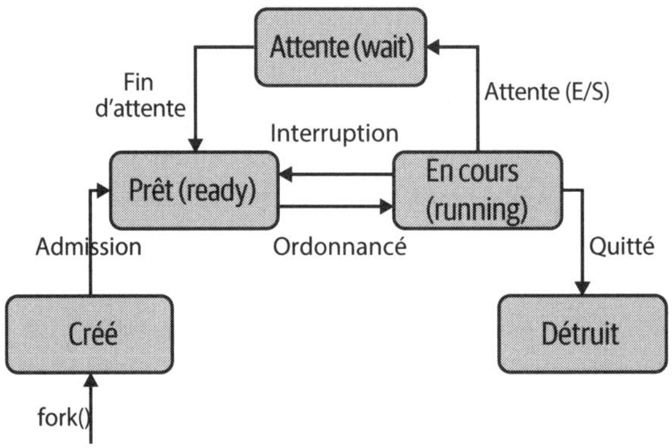

Figure 2.2 : États d'un processus Linux.

En réalité, il existe quelques autres états de processus ; Linux fait par exemple la distinction entre un sommeil interruptible et un sommeil profond, imperturbable. Il y a également un état zombie (dans lequel le processus a perdu son processus parent). Pour en savoir plus, consultez l'article Process States in Linux (`https://oreil.ly/XBXbU`).

Des événements provoquent des transitions d'état. Par exemple, un processus en cours d'exécution peut basculer dans l'état d'attente lorsqu'il demande une opération d'entrée/sortie (comme la lecture d'un fichier) et ne peut plus poursuivre son exécution tant que cette opération hors processeur n'est pas terminée.

La gestion des processus s'intéresse au temps ; voyons donc la gestion de l'espace, donc de la mémoire de travail.

Gestion mémoire

Le concept de mémoire virtuelle laisse croire à vos processus que le système possède plus de mémoire qu'il n'en a physiquement et chaque processus se voit octroyer beaucoup d'espace mémoire car on suppose qu'il ne demandera pas à accéder à la totalité de cet espace en même temps. Le principe est que la mémoire physique et la mémoire virtuelle sont toutes deux divisées en portions de longueur fixe que l'on appelle des *pages mémoire*.

La Figure 2.3 montre les espaces d'adresses virtuelles de deux processus, chacun avec sa propre table de pages. Ces tables de pages associent les pages virtuelles du processus à des pages physiques en mémoire principale (la RAM).

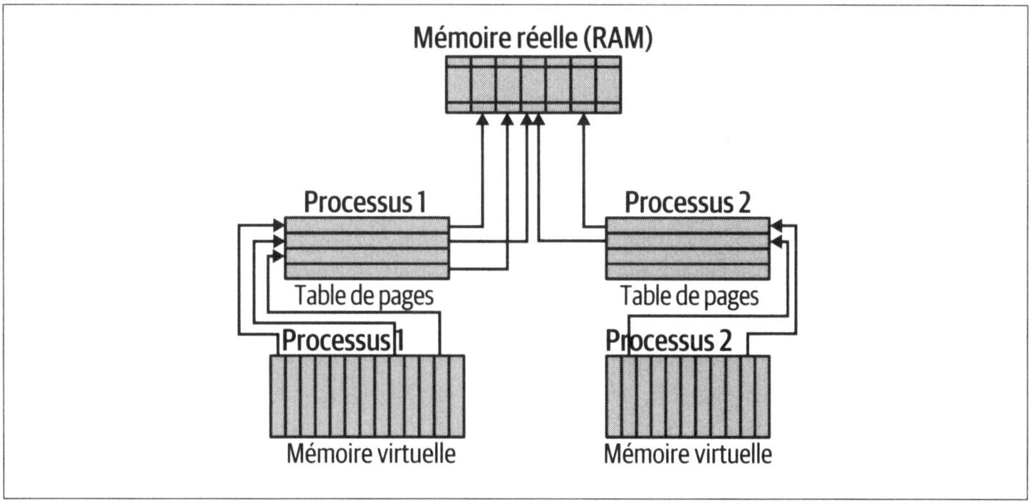

Figure 2.3 : Aperçu de la gestion de la mémoire virtuelle.

Plusieurs pages virtuelles peuvent pointer vers la même page physique *via* leurs tables de pages respectives au niveau du processus. C'est le mécanisme central de cette gestion de mémoire virtuelle : on laisse chaque processus croire que chacune de ses pages existe réellement en mémoire RAM tout en utilisant l'espace existant de manière optimale.

Chaque fois que le processeur accède à la page virtuelle d'un processus, il doit en principe convertir l'adresse virtuelle connue du processus en une adresse physique. Pour accélérer ce processus (qui peut être constitué de plusieurs niveaux et donc être lent), les architectures des processeurs modernes utilisent une recherche sur puce fondée sur un tampon TLB (*Translation Lookaside Buffer*) (`https://oreil.ly/y3xy0`). Le TLB est une petite zone mémoire qui, en cas d'échec (la page n'est pas présente en mémoire réelle), permet à l'unité centrale de passer par la table des pages de processus pour calculer l'adresse physique de la page et mettre à jour l'adresse dans le tampon TLB.

Historiquement, Linux exploitait une taille de page par défaut de 4 ko mais, depuis la version v2.6.3 du noyau, il supporte des tailles de page énormes (`https://oreil.ly/7rqLO`) afin de mieux répondre aux besoins des architectures et volumes de travail actuels. Par exemple, Linux 64 bits permet d'attribuer pour chaque par processus jusqu'à 128 To d'espace d'adressage virtuel (nombre théorique d'adresses mémoire exploitables) avec jusqu'à 64 To d'espace mémoire physique (donc de capacité incarnée par les barrettes mémoire RAM installées dans la machine).

Nous venons d'enchaîner un certain volume d'informations théoriques. Passons donc à une vision plus pratique. Un outil très utile pour statuer sur les informations relatives à la mémoire, comme la quantité de mémoire RAM installée, est le pseudo-fichier d'interface système `/proc/meminfo` :

```
$ grep MemTotal /proc/meminfo          ❶
MemTotal:        4014636 kB

$ grep VmallocTotal /proc/meminfo      ❷
VmallocTotal:   34359738367 kB

$ grep Huge /proc/meminfo              ❸
AnonHugePages:         0 kB
ShmemHugePages:        0 kB
FileHugePages:         0 kB
HugePages_Total:       0
HugePages_Free:        0
HugePages_Rsvd:        0
HugePages_Surp:        0
Hugepagesize:       2048 kB
Hugetlb:               0 kB
```

❶ Quantité d'espace mémoire physique (RAM), 4 Go ici.

❷ Quantité d'espace mémoire virtuelle, un peu plus de 34 To ici.

❸ Informations sur les grandes pages ; apparemment ici, la taille de page est de 2 Mo.

Le rôle principal suivant du noyau concerne les capacités de communication réseau.

Communications réseau

Une des fonctions importantes du noyau est de fournir une fonctionnalité réseau. Que vous souhaitiez naviguer sur le Web ou transférer des données vers un système distant, vous dépendez du réseau.

La pile réseau de Linux obéit à une architecture en couches.

- **Socket (« prise » réseau) :** entité d'abstraction d'une communication.
- **Protocoles TCP et UDP :** pour les communications orientées connexion (*Transmission Control Protocol*) et celles sans maintien de connexion (*User Datagram Protocol*), respectivement.
- **Protocole Internet (IP) :** mécanisme d'adressage pour identifier les machines dialoguant sur un réseau.

Ce sont les seules actions dont le noyau se charge. La couche des applications (HTTP ou SSH) est en général implémentée dans l'espace utilisateur.

Voici comment afficher un aperçu des interfaces réseau (sortie abrégée) :

```
$ ip link
1: lo: <LOOPBACK,UP,LOWER_UP> mtu 65536 qdisc noqueue state UNKNOWN mode
   DEFAULT group default qlen 1000 link/loopback 00:00:00:00:00:00
   brd 00:00:00:00:00:00
2: enp0s1: <BROADCAST,MULTICAST,UP,LOWER_UP> mtu 1500 qdisc fq_codel state
   UP mode DEFAULT group default qlen 1000 link/ether 52:54:00:12:34:56
   brd ff:ff:ff:ff:ff:ff
```

Pour des informations de routage, vous utiliserez `ip route`. Nous n'irons pas plus avant dans le sous-système réseau ici puisque nous allons lui consacrer le Chapitre 7 en entier.

Voyons donc le composant suivant du noyau : les périphériques en mode bloc et les systèmes de fichiers.

Systèmes de fichiers et stockage

Pour organiser les fichiers et les répertoires sur les périphériques de stockage tels que les disques durs (HDD) et les disques à état solide (SSD) ou la mémoire flash, Linux utilise un ou plusieurs systèmes de fichiers. Il en existe de nombreux types, par exemple `ext4`, `btrfs` et `NTFS`, et on peut avoir plusieurs instances du même système de fichiers en cours d'utilisation.

Le système de fichiers virtuel (VFS) a été introduit à l'origine pour prendre en charge plusieurs types et instances de systèmes de fichiers. La couche la plus élevée de VFS fournit une API commune pour les fonctions génériques telles que l'ouverture et la fermeture de fichier, et la lecture et l'écriture de données.

Dans le soubassement de VFS, on trouve des abstractions de systèmes de fichiers appelées *plug-ins*.

Nous entrerons plus en détail dans les systèmes de fichiers et les opérations fichiers dans le Chapitre 5.

Pilotes de périphériques

Un *pilote* (*driver*) est un bloc de code qui s'exécute dans l'espace noyau. Son rôle est de gérer l'utilisation d'un périphérique, qui peut être un matériel physique (clavier, souris ou disque dur) ou bien un pseudo-périphérique tel qu'un pseudo-terminal sous `/dev/pts/` (ce n'est pas un périphérique physique mais il peut être considéré comme tel par l'application).

Une autre classe intéressante de matériel est constituée des coprocesseurs graphiques GPU qui étaient au départ utilisés pour soulager le processeur central des lourds traitements géométriques des affichages graphiques. Ces dernières années, les coprocesseurs GPU ont trouvé un nouveau champ d'utilisation dans le contexte de l'apprentissage automatique (`https://oreil.ly/qrVcY`). Les GPU ne sont donc plus exclusivement utilisés dans les ordinateurs personnels dédiés aux travaux scientifiques ou aux jeux vidéo.

Les pilotes de périphériques peuvent être soit intégrés de manière statique dans le noyau, soit préparés sous la forme d'un module de noyau additionnel pouvant être chargé dynamiquement seulement en cas de besoin (nous présentons les modules en fin de chapitre).

> Si vous êtes intéressé par une manière interactive d'explorer les pilotes de périphériques et la façon dont les composants du noyau interagissent, consultez la carte du noyau Linux (`https://oreil.ly/voBtR`).

Le modèle des pilotes en espace noyau (`https://oreil.ly/Cb6mw`) est complexe et dépasse le cadre de ce livre. Voici néanmoins quelques conseils pour le solliciter, juste assez pour que vous sachiez où trouver quoi.

Pour une vue d'ensemble de tous les périphériques d'un système Linux, vous pouvez utiliser ce qui suit :

```
$ ls -al /sys/devices/
total 0
drwxr-xr-x 15 root root 0 Aug 17 15:53 .
dr-xr-xr-x 13 root root 0 Aug 17 15:53 ..
drwxr-xr-x  6 root root 0 Aug 17 15:53 LNXSYSTM:00
drwxr-xr-x  3 root root 0 Aug 17 15:53 breakpoint
drwxr-xr-x  3 root root 0 Aug 17 17:41 isa
drwxr-xr-x  4 root root 0 Aug 17 15:53 kprobe
drwxr-xr-x  5 root root 0 Aug 17 15:53 msr
drwxr-xr-x 15 root root 0 Aug 17 15:53 pci0000:00
drwxr-xr-x 14 root root 0 Aug 17 15:53 platform
drwxr-xr-x  8 root root 0 Aug 17 15:53 pnp0
```

```
drwxr-xr-x  3 root root 0 Aug 17 15:53 software
drwxr-xr-x 10 root root 0 Aug 17 15:53 system
drwxr-xr-x  3 root root 0 Aug 17 15:53 tracepoint
drwxr-xr-x  4 root root 0 Aug 17 15:53 uprobe
drwxr-xr-x 18 root root 0 Aug 17 15:53 virtual
```

La commande suivante permet de savoir quels périphériques sont actuellement montés :

```
$ mount
sysfs on /sys type sysfs (rw,nosuid,nodev,noexec,relatime)
proc on /proc type proc (rw,nosuid,nodev,noexec,relatime)
devpts on /dev/pts type devpts (rw,nosuid,noexec,relatime,gid=5,mode=620,ptmxmode=000)
...
tmpfs on /run/snapd/ns type tmpfs (rw,nosuid,nodev,noexec,relatime,
   size=401464k,mode=755,inode64)
nsfs on /run/snapd/ns/lxd.mnt type nsfs (rw)
```

Nous en avons terminé avec ce tour d'horizon des composants du noyau Linux. Passons à l'interface entre le noyau et l'espace utilisateur.

Appels système (syscalls)

Que vous soyez assis devant un terminal et que vous tapiez la simple commande de création à la volée d'un fichier texte par `touch test.txt` ou que l'une de vos applications demande à télécharger le contenu d'un fichier depuis un serveur, en fin de compte, vous demandez à Linux de transformer une instruction de haut niveau (« créer un fichier » ou « lire tous les octets de telle adresse ») en une séquence d'étapes concrètes et différentes selon l'architecture cible. En d'autres termes, le service que le noyau met à disposition des applications de l'espace utilisateur est l'ensemble des appels système ou *syscalls* (`https://oreil.ly/UF09U`).

Linux propose plusieurs centaines d'appels système, le nombre exact variant selon la famille de processeurs. Vos programmes ne les invoquent en général pas directement ; ils sollicitent la *librairie standard* du C qui enchâsse ces appels système dans des fonctions d'habillage (*wrapper*). Il existe plusieurs réalisations de la librairie standard, la plus connue étant `glibc` (`https://oreil.ly/mZPRy`) et la plus récente, `musl` (`https://oreil.ly/jnTCA`).

Ces librairies de sertissage remplissent une tâche importante. Elles se chargent en particulier de la gestion de bas niveau de l'exécution des appels système. Les appels système sont implémentés sous forme d'interruptions logicielles. Une telle interruption déclenche une exception qui transfère le contrôle à un gestionnaire d'exception. Un nombre variables d'étapes doit être réalisé à chaque invocation d'un appel système, ce que schématise la Figure 2.4.

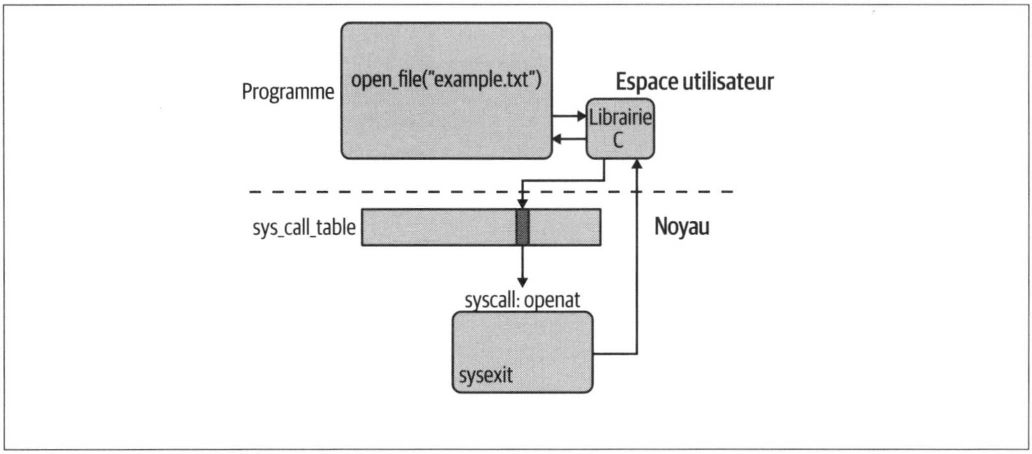

Figure 2.4 : Étapes d'exécution d'un appel système dans Linux.

1. Le noyau s'appuie sur une *table d'appels* syscall qui est définie dans le fichier `syscall.h` et dans plusieurs autres fichiers différents selon l'architecture. Cette table est en fait un tableau de pointeurs sur des fonctions en mémoire (tableau stocké dans la variable nommée *`sys_call_table`*). Ce tableau permet de garder trace de tous les appels système en cours et des gestionnaires d'exception correspondants.
2. La fonction `system_call()` joue le rôle de multiplexeur d'appels système ; elle commence par sauvegarder le contexte matériel sur la pile, puis effectue des vérifications (notamment pour voir si le traçage est demandé). Elle transfère ensuite la suite des opérations à la fonction pointée par le numéro d'index de l'appel concerné dans la table *`sys_call_table`*.
3. Une fois que l'appel système se termine sur `sysexit`, la librairie restaure le contexte matériel antérieur puis l'exécution du programme peut reprendre en espace utilisateur.

Un point important à retenir dans les étapes précédentes est le basculement entre mode noyau et mode utilisateur, une opération qui coûte du temps.

Après cette présentation un peu trop théorique, nous allons mieux apprécier les appels système avec un exemple concret. Nous utiliserons `strace` (`https://oreil.ly/ksV9B`) pour aller jeter un œil dans les coulisses. C'est un outil très utile pour le dépannage, par exemple, lorsque vous ne disposez pas du code source d'une application mais avez besoin de savoir ce qu'elle fait.

Supposons que vous vouliez savoir quels appels système sont réalisés lorsque vous lancez la commande basique d'affichage de rerssources `ls`. Voici comment faire en utilisant `strace` :

```
$ strace ls                                                             ❶
execve("/usr/bin/ls", ["ls"], 0x7ffe29254910 /* 24 vars */) = 0         ❷
brk(NULL)                            = 0x5596e5a3c000                   ❸
...
access("/etc/ld.so.preload", R_OK)  = -1 ENOENT (No such file or directory) ❹
```

```
openat(AT_FDCWD, "/etc/ld.so.cache", O_RDONLY|O_CLOEXEC) = 3                                    ❺
...
read(3, "\177ELF\2\1\1\0\0\0\0\0\0\0\0\0\3\0>\0\1\0\0\0 p\0\0\0\0\0\0"..., 832) = 832          ❻
```

❶ La commande `strace ls` demande à observer l'appel syscall sollicité par la commande `ls`. Vous remarquerez que j'ai abrégé le résultat affiché puisque cette action génère en réalité de l'ordre de 162 lignes sur ma machine (ce nombre varie notamment selon la distribution et l'architecture). De plus, la sortie montrée ici est celle reçue sur la sortie d'erreur standard `stderr`. Si vous voulez la rediriger, vous devez ajouter une mention `2>`. Vous en apprendrez plus à ce sujet dans le prochain chapitre.

❷ L'appel système `execve` (`https://oreil.ly/iasHW`) exécute le programme `/usr/bin/ls`, qui remplace le processus shell.

❸ L'appel système `brk` (`https://oreil.ly/HRuNj`) est une façon dépassée d'allouer (de réserver) de la mémoire ; il est plus sûr et plus portable d'utiliser `malloc`, fonction qui se sert de `mallocopt` pour décider si elle doit utiliser `brk` ou `mmap` en fonction de la quantité de mémoire requise.

❹ L'appel système `access` vérifie si le processus est autorisé à accéder au fichier spécifié.

❺ L'appel système `openat` ouvre le fichier `/etc/ld.so.cache` en relation avec un descripteur de sous-répertoire (ici, le premier paramètre *`AT_FDCWD`* qui représente le répertoire courant) et en utilisant les drapeaux O_RDONLY | O_CLOEXEC (dernier argument).

❻ L'appel syscall `read` lit à partir d'un descripteur de fichier (le premier argument, *3*) un volume de 832 octets (dernier argument) dans un tampon mémoire (deuxième argument).

L'outil `strace` est utile pour voir exactement quels appels système ont été faits, dans quel ordre et avec quels arguments, ce qui permet d'accéder en direct au flux d'événements entre utilisateur et noyau. L'outil est également utile pour les diagnostics de performances. Voyons où la commande `curl` passe la plupart de son temps (sortie abrégée) :

```
$ strace -c \                                                   ❶
        curl -s https://mhausenblas.info > /dev/null            ❷
% time     seconds  usecs/call     calls    errors syscall
------ ----------- ----------- --------- --------- ----------------
 26.75    0.031965         148       215           mmap
 17.52    0.020935         136       153         3 read
 10.15    0.012124         175        69           rt_sigaction
  8.00    0.009561         147        65         1 openat
  7.61    0.009098         126        72           close
 ...
  0.00    0.000000           0         1           prlimit64
------ ----------- ----------- --------- --------- ----------------
100.00    0.119476         141       843        11 total
```

❶ Utilise l'option `-c` pour générer des statistiques générales à propos des appels réalisés.

❷ Abandonne toutes les données en sortie de `curl`.

De manière intéressante, la commande `curl` passe ici presque la moitié de son temps dans les appels à `mmap` et à `read` ; l'appel à `connect` ne prend que 0,3 ms, ce qui n'est pas mauvais.

Pour vous aider à vous faire une idée de la richesse fonctionnelle de la librairie, je vous propose le Tableau 2.1 qui donne des exemples d'appels syscall largement utilisés dans les composants du noyau ou au niveau global du système. Vous pouvez obtenir des détails sur ces appels, avec les paramètres d'entrée et les valeurs renvoyées, en entrant dans la section 2 des pages de l'outil de documentation `man` (`https://oreil.ly/qLOA3`).

Tableau 2.1 : Quelques exemples d'appels syscall

Catégorie	Exemples d'appels
Gestion des processus	`clone, fork, execve, wait, exit, getpid, setuid, setns, getrusage, capset, ptrace`
Gestion mémoire	`brk, mmap, munmap, mremap, mlock, mincore`
Réseau	`socket, setsockopt, getsockopt, bind, listen, accept, connect, shutdown, recvfrom, recvmsg, sendto, sethostname, bpf`
Systèmes de fichiers	`open, openat, close, mknod, rename, truncate, mkdir, rmdir, getcwd, chdir, chroot, getdents, link, symlink, unlink, umask, stat, chmod, utime, access, ioctl, flock, read, write, lseek, sync, select, poll, mount`
Temps	`time, clock_settime, timer_create, alarm, nanosleep`
Signaux	`kill, pause, signalfd, eventfd`
Globaux	`uname, sysinfo, syslog, acct, _sysctl, iopl, reboot`

Il existe un joli tableau interactif des appels système en ligne avec des références de code source (`https://oreil.ly/HKu6Y` [syscall table).

Maintenant que nous avons une idée globale du noyau Linux, de ses principaux composants et de son interface fonctionnelle, voyons comment l'étendre.

Extensions du noyau

Cette section aborde les différentes façons d'étendre le noyau. Son contenu est de niveau avancé et reste facultatif, car vous n'en aurez normalement pas besoin au quotidien.

La configuration et la compilation de votre propre noyau Linux n'entrent pas dans le cadre de ce livre. Pour des informations sur la procédure, je recommande l'ouvrage Linux Kernel in a Nutshell (`https://oreil.ly/jzFCj`) de Greg Kroah-Hartman, un des principaux chefs de projet chargés de la maintenance de Linux. Il couvre l'ensemble des tâches, du téléchargement du code source aux étapes de configuration et d'installation, jusqu'aux options du noyau activées en temps d'exécution.

Commençons par quelque chose de simple : comment savoir quelle est la version du noyau que vous utilisez ? La commande suivante permet de le déterminer :

```
$ uname -srm
Linux 5.11.0-25-générique x86_64          ❶
```

❶ La réponse nous informe que j'utilise un noyau en version 5.11 sur une machine `x86_64`.

Maintenant que nous connaissons la version du noyau, voyons comment augmenter les capacités du noyau en extension de l'arbre, c'est-à-dire sans devoir ajouter des fonctionnalités au code source du noyau (qui oblige à le recompiler). Pour ce faire, nous pouvons utiliser des modules.

Modules

En un mot, un *module* est un programme complémentaire que vous pouvez, à la demande, faire charger dans un noyau. L'avantage des modules est que vous ne devez pas recompiler le noyau et/ou redémarrer la machine pour profiter de ce que le module ajoute au système. De nos jours, Linux détecte automatiquement la plupart des composants matériels, et charge automatiquement les modules nécessaires. Dans certains cas, vous voudrez ou devrez charger un module manuellement.

Considérons le cas suivant : le noyau détecte une carte vidéo et charge un module générique. Cependant, le fabricant de la carte vidéo a mis à disposition un autre module plus efficace (non disponible dans le noyau Linux). Vous pouvez choisir de l'utiliser à la place de l'autre.

Pour lister tous les modules disponibles (pas nécessairement chargés), exécutez la commande suivante (la sortie a été abrégée, car il y a plus de mille lignes sur mon système) :

```
$ find /lib/modules/$(uname -r) -type f -name '*.ko*''.
/lib/modules/5.11.0-25-generic/kernel/ubuntu/ubuntu-host/ubuntu-host.ko
/lib/modules/5.11.0-25-generic/kernel/fs/nls/nls_iso8859-1.ko
/lib/modules/5.11.0-25-generic/kernel/fs/ceph/ceph.ko
/lib/modules/5.11.0-25-generic/kernel/fs/nfsd/nfsd.ko
...
/lib/modules/5.11.0-25-generic/kernel/net/ipv6/esp6.ko
/lib/modules/5.11.0-25-generic/kernel/net/ipv6/ip6_vti.ko
/lib/modules/5.11.0-25-generic/kernel/net/sctp/sctp_diag.ko
/lib/modules/5.11.0-25-generic/kernel/net/sctp/sctp.ko
/lib/modules/5.11.0-25-generic/kernel/net/netrom/netrom.ko
```

Lesquels de ces modules sont effectivement chargés dans le noyau ? Jetons un coup d'œil (sortie abrégée) :

```
$ lsmod
Module                  Size  Used by
...
linear                 20480  0
crct10dif_pclmul       16384  1
crc32_pclmul           16384  0
ghash_clmulni_intel    16384  0
virtio_net             57344  0
net_failover           20480  1 virtio_net
ahci                   40960  0
aesni_intel           372736  0
crypto_simd            16384  1 aesni_intel
cryptd                 24576  2 crypto_simd,ghash_clmulni_intel
glue_helper            16384  1 aesni_intel
```

Notez que les informations précédentes sont disponibles *via* `/proc/modules`. Cela est dû au fait que le noyau expose ces informations par le biais d'une interface de pseudo-système de fichiers (nous y revenons dans le Chapitre 6).

Pour en savoir plus sur un module ou avoir un moyen agréable de manipuler les modules du noyau, adoptez l'outil `modprobe`. Voici comment lister les dépendances :

```
$ modprobe --show-depends async_memcpy
insmod /lib/modules/5.11.0-25-generic/kernel/crypto/async_tx/async_tx.ko
insmod /lib/modules/5.11.0-25-generic/kernel/crypto/async_tx/async_memcpy.ko
```

Découvrons maintenant une autre solution moderne pour enrichir le noyau.

eBPF, une façon moderne d'étendre le noyau

Une façon de plus en plus populaire d'étendre les fonctionnalités du noyau se nomme eBPF. Connue au départ sous le nom *Berkeley Packet Filter* (BPF), ce projet, et la technologie du noyau correspondante, est communément appelé *eBPF*.

Techniquement, eBPF est une fonctionnalité du noyau Linux, et vous aurez besoin de la version 3.15 ou supérieure du noyau Linux pour en bénéficier. Il vous permet d'étendre efficacement et en toute sécurité les fonctions du noyau Linux en utilisant l'appel système `bpf` (`https://oreil.ly/cltxg`).

eBPF est implémenté en tant que machine virtuelle dans le noyau qui utilise un jeu d'instructions RISC sur 64 bits spécifique.

> Pour en savoir plus sur ce qui est activé, et dans quelle version du noyau, pour eBPF, vous pouvez visiter le site de documentation iovisor/bcc sur GitHub (`https://oreil.ly/HtKO8`).

La Figure 2.5 donne un aperçu à haut niveau de eBPF (tiré du livre de Brendan Gregg *BPF Performance Tools: Linux System and Application Observability* (`https://oreil.ly/sfYKK`).

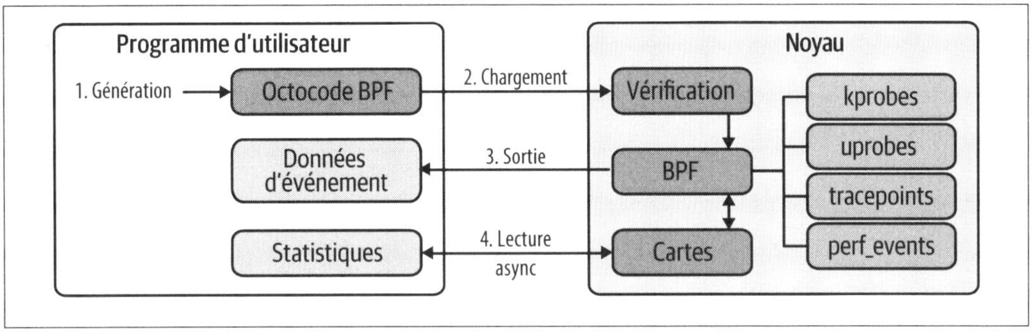

Figure 2.5 : L'extension eBPF positionnée dans le noyau Linux.

eBPF est déjà utilisé dans un certain nombre de domaines et pour des cas d'utilisation tels que les suivants.

- **En tant qu'enfichable (plug-in) CNI pour permettre la mise en réseau des pods dans Kubernetes :** par exemple, dans Cilium et Calico (`https://oreil.ly/BS0iz`), ainsi que pour faciliter l'évolutivité des services.
- **Pour l'observabilité :** pour le traçage d'exécution du noyau Linux, comme avec `iovisor/bpftrace` (`https://oreil.ly/0M0oV`), ainsi que dans une configuration Hubble (`https://oreil.ly/7yzhq`).
- **En tant que contrôle de sécurité :** par exemple, pour effectuer une analyse de temps d'exécution d'un conteneur comme avec des projets tels que CNCF Falco (`https://falco.org`).
- **Pour l'équilibrage de la charge du réseau :** comme dans la librairie L4 Katran de Facebook (`https://oreil.ly/HqMZg`)

À la mi-2021, la Fondation Linux a annoncé que Facebook, Google, Isovalent, Microsoft et Netflix se sont associés pour créer la fondation eBPF et donner ainsi au projet eBPF une légitimité impartiale. Pour rester à l'écoute des évolutions de ce projet, visitez `https://ebpf.io`.

Conclusion

Le noyau Linux est le cœur du système d'exploitation Linux. Quel que soit l'environnement ou la distribution que vous utilisez, vous devez avoir une idée de base de ses composants et de ses fonctionnalités.

Dans ce chapitre, nous avons passé en revue l'architecture globale de Linux, le rôle du noyau et ses interfaces. Le point essentiel est que le noyau fait abstraction des différences de matériel – architectures de processeurs et périphériques –, ce qui rend Linux très portable. L'interface la plus importante est l'interface des appels système syscall à travers laquelle le noyau permet d'exploiter ses fonctionnalités : ouvrir un fichier, allouer de la mémoire, afficher la liste des interfaces réseau, *etc.*

Nous avons examiné rapidement le fonctionnement interne du noyau, y compris les modules et l'extension eBPF. Si vous voulez étendre les fonctionnalités du noyau ou implémenter des tâches performantes dans le noyau contrôlées depuis l'espace utilisateur, vous pouvez utiliser eBPF.

Pour en savoir plus sur le noyau, puisez dans les ressources suivantes :

Généralités :

- *The Linux Programming Interface*, par Michael Kerrisk (No Starch Press) (`https://oreil.ly/HCLmX`).
- *Linux Kernel Teaching* fournit une bonne introduction avec des détails dans tous les domaines (`https://oreil.ly/lMzbW`).
- "Anatomy of the Linux Kernel" (`https://oreil.ly/it2jK`) donne une introduction rapide de haut niveau.
- "Operating Systems Kernels" (`https://oreil.ly/9d93Y`) donne une vue d'ensemble et une comparaison des approches de conception des noyaux.
- KernelNewbies (`https://oreil.ly/0SfbA`) est une excellente ressource pour approfondir des sujets pratiques.
- kernelstats (`https://oreil.ly/kSov7`) présente plusieurs distributions.
- *The Linux Kernel Map* (`https://oreil.ly/G55tF`) est une illustration des composants du noyau et de ses dépendances.

Gestion mémoire :

- *Understanding The Linux Virtual Memory Manager* (`https://oreil.ly/uKjtQ`).
- "The Slab Allocator in the Linux kernel" (`https://oreil.ly/dBLkt`).
- Documentation du noyau (`https://oreil.ly/sTBhM`).

Pilotes de périphériques :

- *Linux Device Drivers, Third Edition*, par Jonathan Corbet (`https://oreil.ly/Kn7CZ`).
- "How to install a device driver on Linux" (`https://oreil.ly/a0ch0`).
- "Character device drivers" (`https://oreil.ly/EGXIh`).
- "Linux Device Drivers: Tutorial for Linux Driver Development" (`https://oreil.ly/jkiwB`).

Appels système syscalls :

- "Linux Interrupts: The Basic Concepts" (`https://oreil.ly/yCdTi`).
- "System Calls" (`https://oreil.ly/A3XMT`).
- Tableau des appels système Linux (`https://oreil.ly/mezjr`).
- Code source *syscalls.h* (`https ://oreil.ly/tf6CW`).
- Liste syscall pour x86 et x86_64 (`https ://oreil.ly/K7Zid`).

eBPF :

- "Introduction to eBPF", par Matt Oswalt (`https://oreil.ly/Afdsx`).
- Documentation des cartes eBPF (`https://oreil.ly/Fnj5t`).

Munis de ces connaissances, nous sommes prêts à monter d'un niveau dans l'échelle d'abstraction et passer à l'outil de dialogue principal que nous considérons dans ce livre : l'interpréteur shell, aussi bien en utilisation manuelle qu'en automatisation par des scripts.

CHAPITRE 3

Shells et scripts

Dans ce chapitre, nous allons nous concentrer sur les techniques d'interaction avec Linux avec un terminal, c'est-à-dire *via* l'interpréteur shell qui expose une interface de ligne de commande (CLI), donc en mode texte. Il est d'une importance vitale de savoir utiliser l'interpréteur de commandes de manière efficace pour accomplir vos tâches quotidiennes. C'est pourquoi nous allons mettre l'accent sur la facilité d'utilisation.

Après quelques précisions de terminologie, une courte et très digeste introduction présentera les principes d'un interpréteur de commandes. Nous continuerons en visitant les outils shell modernes et conviviaux, comme l'interpréteur Fish. Nous examinerons ensuite la configuration et les tâches courantes dans l'interpréteur de commandes puis verrons comment travailler efficacement dans cette interface CLI en ayant recours à un multiplexeur de terminaux, qui permet de travailler avec plusieurs sessions, locales ou distantes.

Dans la dernière section du chapitre, nous accélérerons en abordant l'automatisation des tâches d'un interpréteur de commandes à l'aide de scripts. Nous citerons les bonnes pratiques d'écriture de scripts sûrs, sécurisés et portables, ainsi que la manière de valider et tester les scripts.

Il existe deux façons principales d'interagir avec Linux, du point de vue de l'interface en mode texte.

La première est manuelle, c'est-à-dire qu'un humain s'assied devant le terminal (physique ou en fenêtre), tape interactivement des commandes et exploite les résultats en sortie. Cette interaction est possible pour la plupart des actions que vous voulez faire dans un interpréteur de commandes au quotidien, notamment les suivantes :

- dresser une liste de répertoires, trouver des fichiers ou rechercher du contenu dans des fichiers ;
- copier des fichiers entre répertoires ou vers une machine distante ;
- lire des courriels ou des nouvelles ou envoyer un message Tweet.

Nous verrons comment travailler de manière pratique et efficace avec plusieurs sessions en même temps.

L'autre mode de fonctionnement consiste à exécuter en rafale toute une série de commandes lues dans un fichier texte de format particulier que le shell lit et exécute ligne après ligne. Ce mode est généralement appelé *script shell.*

Vous avez intérêt à créer un script dès que vous sentez que vous aurez à répéter manuellement les mêmes séries de tâches. Les scripts sont par ailleurs utilisés dans de nombreux mécanismes de configuration et d'installation.

Les scripts sont très pratiques, mais utilisés sans précautions, ils peuvent représenter un danger. Chaque fois que vous envisagez d'écrire un script, souvenez-vous du dessin présentée dans la Figure 3.1.

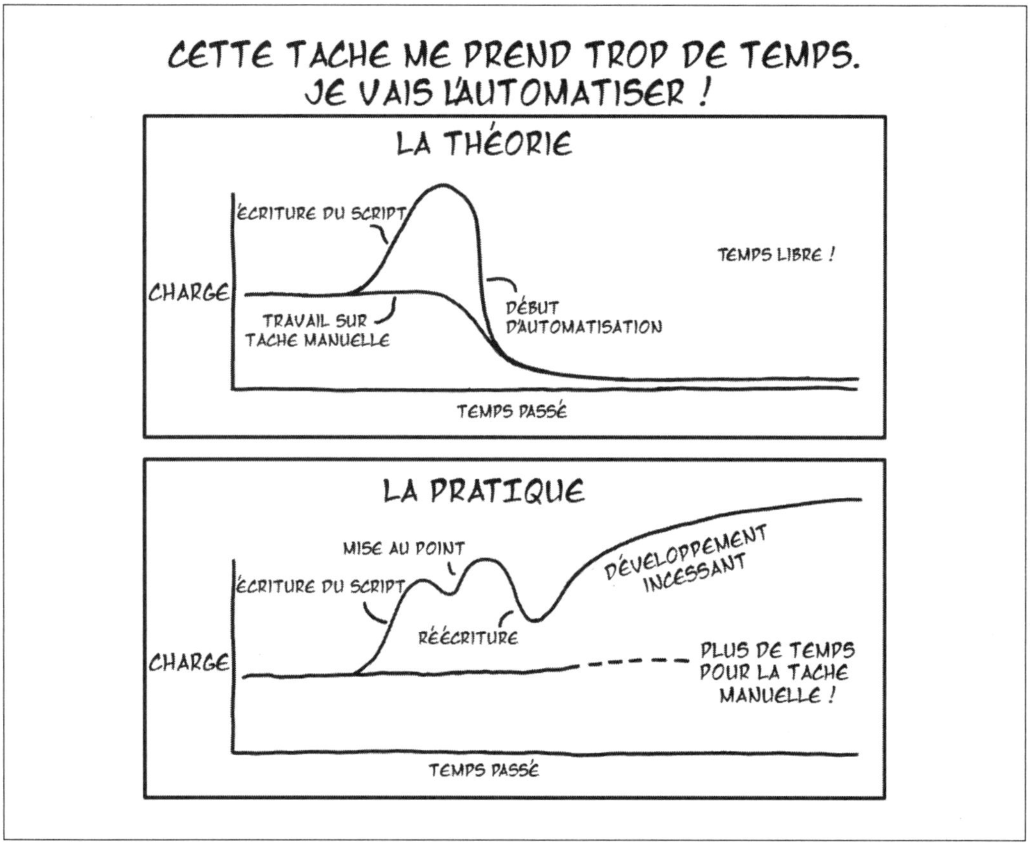

Figure 3.1 : XKCD à propos d'automatisation (Randall Munroe).

Je vous conseille fortement d'avoir dès maintenant un environnement Linux sous la main pour pouvoir essayer les exemples. Vous êtes prêt à interagir avec votre machine ? Si oui, commençons par un peu de terminologie avant d'évoquer les grands principes d'usage d'un interpréteur shell.

Principes du shell

Avant d'entrer dans les différentes options et configurations, concentrons-nous sur quelques termes de base tels que *terminal* et *shell*.

Terminaux

Nous commençons par le concept de *terminal*, qui correspond de nos jours à un logiciel interactif présentant une fenêtre en mode texte dans un environnement par ailleurs en mode graphique. Dans tous les cas, il s'agit d'un programme qui se met au service de l'utilisateur en lui permettant d'agir sur le système. Un terminal reçoit des données et des commandes sous forme de caractères saisis sur un clavier et envoie les données qu'il produit sur un écran (plein écran ou fenêtré). Des années 1950 aux années 1980, les terminaux étaient de véritables appareils combinant un tube cathodique pour l'affichage et un clavier pour la saisie. De nos jours, un terminal est un logiciel dédié.

En plus de l'entrée et de la sortie de type caractères, les terminaux prennent en charge ce que l'on appelle des *séquences d'échappement* (`https://oreil.ly/AT5qC`) (l'échappement signifie que les caractères concernés sont considérés comme des noms de commandes et échappent à leur rôle normal de texte littéral). Ces séquences servent notamment à gérer le mode de saisie, la position du curseur et éventuellement la couleur du texte.

Par exemple, le raccourci clavier `Ctrl + H` provoque un retour en arrière d'une position, ce qui supprime le caractère à gauche du curseur (en général, le dernier à avoir été saisi).

La variable d'environnement nommée *`TERM`* contient le nom de l'émulateur de terminal utilisé. Sa configuration est disponible par la commande `infocmp` de la manière suivante (la sortie a été abrégée) :

```
$ infocmp                                    ❶
#       Reconstructed via infocmp from file: /lib/terminfo/s/screen-256color
  screen-256color|GNU Screen with 256 colors,
        am, km, mir, msgr, xenl,
        colors#0x100, cols#80, it#8, lines#24, pairs#0x10000,
        acsc=++\,\,--..00''aaffgghhiijjkkllmmnnooppqqrrssttuuvvwwxxyyzz{{||}}~~,
        bel=^G, blink=\E[5m, bold=\E[1m, cbt=\E[Z, civis=\E[?25l,
        clear=\E[H\E[J, cnorm=\E[34h\E[?25h, cr=\r,
        ...
```

❶ La sortie de `infocmp` n'est pas facile à lire. Pour connaître en détail les capacités du terminal concerné, vous consulterez la base *terminfo* (`https://oreil.ly/qjwiv`). Dans mon exemple, le terminal supporte 80 colonnes de texte (`cols#80`) et 24 lignes (`lines#24`) et 256 couleurs (**colors#0x100**, soit 256 en base hexadécimale).

Les modèles de terminaux englobent les classiques `xterm`, `rxvt` et le terminateur de Gnome, mais aussi la nouvelle génération qui tire profit du GPU : `Alacritty` (`https://oreil.ly/zm9M9`), `kitty` (`https://oreil.ly/oxyMn`) et `warp` (`https://oreil.ly/WBG9S`).

Nous reviendrons au thème du terminal dans la section des multiplexeurs de terminaux.

Interpréteurs shell

Le prochain élément à considérer est le shell, un programme qui s'exécute à l'intérieur du terminal pour interpréter les commandes saisies par l'utilisateur sur la ligne de commande. Le shell gère ses entrées et ses sorties de données sous forme de flux, il autorise l'emploi de variables, possède une série de commandes, gère l'exécution des commandes et leur statut. Généralement, le shell prend en charge aussi bien l'utilisation interactive que l'utilisation en mode automatisé avec des scripts.

> (N.d.T) Comme son nom le suggère, le *shell* est une coquille qui entoure le système. Il joue un rôle d'entremetteur entre l'utilisateur et le système. Dans la suite, nous parlerons indifféremment de shell ou d'interpréteur.

Le shell est défini dans l'outil `sh` ((`https://oreil.ly/ISxwU`). Vous rencontrerez souvent le terme « shell POSIX » (`https://oreil.ly/rkfqG`), nuance dont l'importance apparaîtra dans le contexte des scripts et de la portabilité.

Le shell Bourne `sh` (nommé d'après son créateur) est de nos jours remplacé généralement par le shell bash (`https://oreil.ly/C9coL`).

> Le nom « bash » est un jeu de mots qui rend hommage à la version originale : « Bourne Again SHell ».
>
> Si vous êtes curieux de savoir quel interpréteur est en place sur votre système, utilisez la commande suivante :

```
file -h /bin/sh
```

Si cela échoue, essayez `echo $0` ou, plus précis, `echo $SHELL`.

> Nous supposons dans cette section que le shell en vigueur est `bash`, sauf mention contraire.

Il existe de nombreuses autres implémentations du shell ainsi que des variantes telles que le shell Korn, `ksh`, et le shell C, `csh`, qui sont peu utilisés aujourd'hui. Nous présenterons cependant les compétiteurs modernes de bash dans ce chapitre.

Commençons la présentation du shell par deux caractéristiques fondamentales : les flux et les variables.

Flux (streams)

Le shell est un logiciel classique au sens où il attend des données en entrée et produit des données en sortie. Ces deux déplacements de données sont incarnés par des *flux* (*streams*) d'entrée/sortie E/S (I/O en anglais, pour *Input/Output*). Comment alimenter un programme en entrée ? Comment contrôler la destination des données en sortie d'un programme ? On peut notamment les afficher sur le terminal ou les envoyer dans un fichier.

L'interpréteur dote chaque processus incarnant une commande de trois identifiants logiques qui sont des *descripteurs de fichiers* (FD, *File Descriptor*) pour l'entrée et la sortie :

- `stdin` (FD 0), le flux d'entrée standard ;
- `stdout` (FD 1), le flux de sortie standard ;
- `stderr` (FD 2), le flux de sortie des messages d'erreur.

Ces descripteurs FD sont *a priori* associés au clavier pour les entrées, et à l'écran (ou à la fenêtre de terminal) pour les sorties (voir Figure 3.2).

En d'autres termes, à moins que vous en décidiez autrement par une redirection, la commande que vous saisissez dans le shell prendra ses données d'entrée (`stdin`) du clavier et enverra ses données de sortie (`stdout`) vers l'écran.

L'interaction suivante du shell démontre ce comportement par défaut (en gras, ce qui est saisi) :

```
$ cat
Voici du texte que je tape au clavier et peux lire sur l'écran^C
Voici du texte que je tape au clavier et peux lire sur l'écran
```

Cet exemple minimal utilisant l'outil `cat` ne spécifie ni d'où viennent les données d'entrée, ni où envoyer le résultat. Vous voyez les valeurs par défaut en action. Le raccourci clavier `Ctrl + C` (affiché comme `^C`) sert à interrompre la commande.

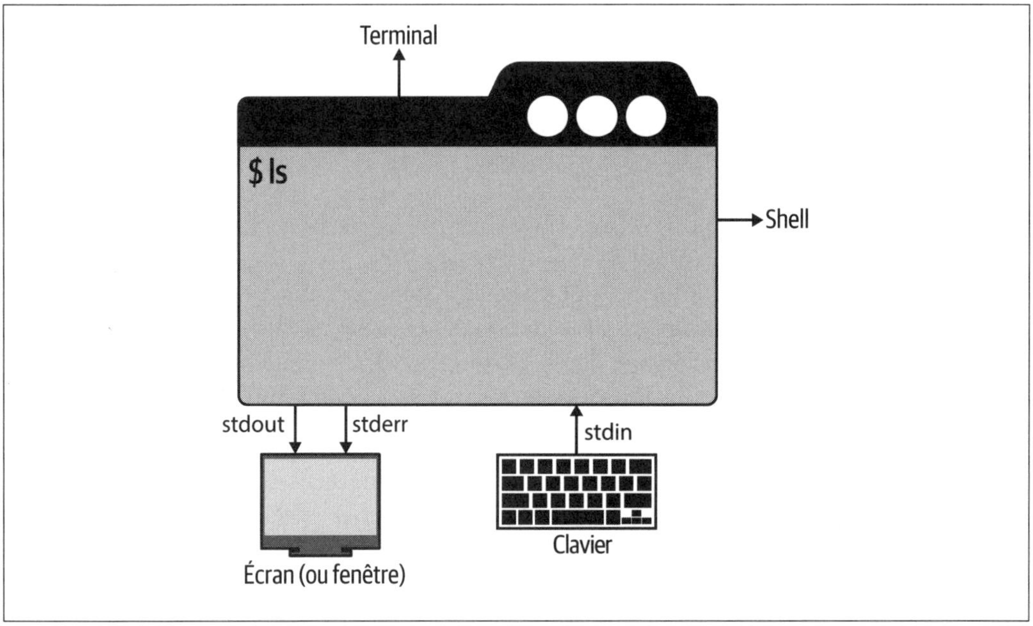

Figure 3.2 : Les flux de données par défaut de l'interpréteur shell.

Vous pouvez aisément modifier le « câblage » des flux. Par exemple, vous aimerez sans doute que les messages d'erreur soient non pas affichés mais consignés dans un fichier pour être étudiés plus tard. Il suffit de rediriger le flux `stderr`.

Pour rediriger le flux de sortie d'un processus, vous utilisez la syntaxe `$FD>` et `<$FD`, la mention `$FD` étant à remplacer par le numéro du flux. Le flux 1 correspond à `stdout` et le flux 2, à `stderr`. Notez qu'écrire `1>` et `>` revient au même puisque le flux `stdout` est la valeur utilisée par défaut. Pour rediriger à la fois `stdout` et `stderr`, utilisez la notation `&>`. Lorsque vous n'avez pas besoin des données produites en sortie, vous mentionnez `/dev/null`, ce qui les envoie dans un « trou noir ».

Voyons comment cela fonctionne en pratique. Nous téléchargeons un contenu HTML avec l'outil `curl` :

```
$ curl https://example.com &> /dev/null                              ❶

$ curl https://example.com > /tmp/content.txt  2> /tmp/curl-status   ❷
$ head -3 /tmp/content.txt
<!doctype html>
<html>
<head>
$ cat /tmp/curl-status
  % Total    % Received % Xferd  Average Speed   Time    Time     Time  Current
                                 Dload  Upload   Total   Spent    Left  Speed
100  1256  100  1256    0     0   3885      0 --:--:-- --:--:-- --:--:--  3903
```

```
$ cat > /tmp/interactive-input.txt                        ❸

$ tr < /tmp/curl-status [A-Z] [a-z]                       ❹
  % Total    % Received % Xferd  Average Speed   Time    Time     Time  Current
                                 Dload  Upload   Total   Spent    Left  Speed
100  1256  100  1256    0     0  3885      0 --:--:-- --:--:-- --:--:--  3903
```

❶ Abandon de toutes les données de sortie en redirigeant à la fois `stdout` et `stderr` vers `/dev/null`.

❷ Redirection de la sortie et des erreurs vers deux fichiers différents.

❸ Saisie interactive des données d'entrée et stockage dans un fichier ; le raccourci `Ctrl + D` provoque la fin de saisie et l'enregistrement du contenu.

❹ Forçage de tous les mots en minuscules, en utilisant la commande `tr` qui est alimentée par `stdin`.

Tous les interpréteurs attribuent normalement une signification spéciale à quelques caractères :

`&` *(esperluette ou ET commercial)*

Placé à la fin d'une commande, oblige à exécuter la commande en arrière-plan, ce qui permet de rendre le shell immédiatement disponible pour une autre commande.

`\` *(antibarre)*

Ajouté en fin de ligne trop longue pour continuer la commande sur la ligne suivante, ou pour une meilleure lisibilité de cette commande.

`|` *(barre verticale)*

Symbole pour connecter la sortie `stdout` d'un processus à l'entrée `stdin` du processus suivant, ce qui permet de transmettre des données sans devoir les stocker dans des fichiers intermédiaires temporaires.

Les tubes pipes et la philosophie Unix

Bien que le concept de tube *pipe* puisse sembler peu excitant à première vue, il présente un certain intérêt.

Je me souviens d'un sympathique et inattendu échange que j'ai eu avec l'inventeur des pipes, Doug McIlroy. J'avais écrit un article (*Revisiting the Unix Philosophy in 2018*, `https://oreil.ly/KTU4q`) dans lequel je faisais des parallèles entre Unix et les microservices. Quelqu'un a commenté l'article, et ce commentaire a amené Doug à m'envoyer un courriel (j'ai dû vérifier pour le croire) qui a clarifié l'exposé.

Passons à la pratique : essayons de connaître le nombre de lignes d'un fichier HTML en le téléchargeant à l'aide de `curl` et en renvoyant le contenu de cette commande en entrée de l'outil de comptage de mots et de lignes `wc` :

```
$ curl https://example.com 2> /dev/null | \   ❶
  wc -l                                       ❷
46
```

❶ Utilise `curl` pour télécharger le contenu de l'URL, en ignorant l'état envoyé éventuellement vers `stderr`. (Note : en pratique, vous utiliseriez l'option `-s` de `curl`, mais ce serait moins pédagogique.)

❷ Le flux `stdout` de `curl` alimente le flux `stdin` de `wc`, qui compte le nombre de lignes sous l'effet de l'option `-l`.

Après cet exposé des flux et des redirections, passons à une autre fonctionnalité de base du shell : les variables.

Variables

Un terme que vous rencontrerez souvent dans le contexte des shells est celui de *variable*. Lorsque vous ne voulez ou ne pouvez pas spécifier une valeur figée, vous utilisez une variable qui va mémoriser une valeur que vous pourrez donc faire varier. Voici quelques cas d'utilisation pratiques :

- Vous aurez parfois à manipuler un élément de la configuration gérée par Linux, par exemple le sous-répertoire dans lequel l'interpréteur de commandes va tenter de trouver un fichier exécutable que sollicite votre commande. L'interpréteur puise dans la valeur de la variable nommée *`$PATH`* pour connaître ce sous-répertoire. La variable joue un peu le rôle d'une interface.
- Vous avez besoin de faire saisir une valeur par l'utilisateur dans le contexte d'un script.
- Vous voulez accélérer la saisie en définissant une fois une valeur longue et malaisée à saisir, par exemple l'adresse URL d'une interface API HTTP. Ce cas d'utilisation correspond à peu près à une valeur déclarée avec `const` dans un langage de programmation, puisque vous ne modifiez plus la valeur une fois la variable déclarée.

Nous distinguons deux types de variables :

- **Les variables d'environnement :** ce sont des paramètres globaux de l'interpréteur de commandes ; vous en obtenez la liste avec `env`.
- **Les variables de shell :** valides seulement dans le contexte de l'exécution en cours ; vous les listez avec `set` dans `bash`. Ces variables de shell ne sont pas héritées par les sous-processus.

Pour créer une variable d'environnement dans `bash`, vous utilisez la commande `export`. Pour accéder à la valeur d'une variable (la lire), ajoutez un *$* en préfixe devant le nom. Pour supprimer une variable, utilisez `unset`.

Mettons cela en pratique (avec `bash`) :

```
$ set MA_VAR=42                                  ❶
$ set | grep MA_VAR                              ❷
_=MA_VAR=42

$ export MA_VAR_GLOBALE="Jouons aux variables"  ❸

$ set | grep 'MA_V*'                             ❹
MA_VAR_GLOBALE='Jouons aux variables'
_='MA_VAR_GLOBALE=Jouons aux variables'

$ env | grep 'MA_V*'                             ❺
MA_VAR_GLOBALE=Jouons aux variables

$ bash                                           ❻
$ echo $MA_VAR_GLOBALE                           ❼
Jouons aux variables

$ set | grep 'MA_V*'                             ❽
MA_VAR_GLOBALE='Jouons aux variables'

$ exit                                           ❾
$ unset $MA_VAR
$ set | grep 'MA_V*'
MA_VAR_GLOBALE= Jouons aux variables'
```

❶ Crée une variable de shell nommée *MA_VAR* et affectation de la valeur 42.

❷ Liste les variables de shell et filtre sur *MA_VAR*. Remarquez le préfixe _= qui indique que la variable n'a pas été exportée.

❸ Crée une nouvelle variable d'environnement nommée *MA_VAR_GLOBALE*.

❹ Liste les variables de l'interpréteur de commandes et ne conserve que celles qui commencent par *MA_V*. Nous voyons, comme prévu, les deux variables créées dans les étapes précédentes.

❺ Liste les variables d'environnement. Nous voyons seulement *MA_VAR_GLOBALE*, comme attendu.

❻ Démarre une nouvelle session du shell, c'est-à-dire un processus enfant de la session actuelle qui n'hérite pas de *MA_VAR*.

❼ Accède à la variable d'environnement *MA_VAR_GLOBALE*.

❽ Liste les variables de l'interpréteur de commandes, ce qui se limite à *MA_VAR_GLOBALE* puisque nous sommes dans un processus enfant (pas d'héritage).

❾ Quitte le processus enfant, supprime la variable de shell *MA_VAR* et liste les variables de shell. Comme prévu, *MA_VAR* a disparu.

Le Tableau 3.1 rassemble les variables de l'interpréteur de commandes et de l'environnement les plus usitées.

Vous rencontrerez ces variables sans cesse ; il est donc important de les comprendre pour bien les utiliser. Pour n'importe laquelle de ces variables, vous pouvez connaître sa valeur en utilisant `echo $XXX`, avec *XXX* pour le nom de la variable.

Tableau 3.1 : Variables principales de l'interpréteur de commandes et de l'environnement

Variable	Type	Signification
`EDITOR`	Environnement	Chemin du programme utilisé par défaut pour éditer les fichiers
`HOME`	POSIX	Chemin du sous-répertoire personnel de l'utilisateur actuel
`HOSTNAME`	Shell bash	Nom de l'hôte actuel
`IFS`	POSIX	Liste de caractères pour séparer les champs ; utilisée lorsque l'interpréteur de commandes sépare les mots lors de l'expansion
`PATH`	POSIX	Liste de sous-répertoires dans lesquels l'interpréteur de commandes recherche des programmes exécutables (binaires ou scripts)
`PS1`	Environnement	Chaîne d'invite principale utilisée
`PWD`	Environnement	Chemin complet vers le sous-répertoire de travail
`OLDPWD`	Shell bash	Chemin complet vers le sous-répertoire avant la dernière commande `cd`
`RANDOM`	Shell bash	Nombre entier aléatoire entre 0 et 32767
`SHELL`	Environnement	Shell actuellement utilisé
`TERM`	Environnement	Émulateur de terminal utilisé
`UID`	Environnement	Identification unique de l'utilisateur actuel (valeur entière)
`USER`	Environnement	Nom de l'utilisateur actuel
`_`	Shell bash	Dernier argument de la commande précédente exécutée au premier plan
`?`	Shell bash	Statut de sortie (voir ci-dessous)
`$`	Shell bash	ID du processus actuel (valeur entière)
`0`	Shell bash	Nom du processus actuel

La liste complète des variables de bash est disponible aussi (`https://oreil.ly/EIgVc`). Notez que toutes les variables du tableau précédent s'avéreront utiles dans le contexte des scripts.

Statut de sortie

L'interpréteur de commandes communique à l'appelant la fin de l'exécution d'une commande à l'aide de ce que l'on appelle un *statut de sortie* (*exit-status*). En général, on s'attend à ce qu'une commande Linux renvoie un code d'état lorsqu'elle se termine. Il peut s'agir d'une fin normale (chemin heureux) ou anormale (quelque chose s'est mal passé).

Un état de sortie valant *0* signifie que la commande s'est déroulée avec succès, sans aucune erreur, tandis qu'une valeur comprise entre 1 et 255 signale un échec. Pour connaître l'état de sortie, vous utilisez `echo $?`.

Soyez prudent au niveau de la gestion de l'état de sortie si vous avez monté un pipeline (un enchaînement de commandes) : certains shells ne rendent disponible que la dernière valeur d'état. Vous pouvez contourner cette limitation en utilisant *$PIPESTATUS* (`https://oreil.ly/mMz9k`).

Commandes intégrées

Les shells sont livrés avec un certain nombre de commandes intégrées. Citons, par exemple, `yes`, `echo`, `cat` et `read` (en fonction de la distribution Linux, certaines de ces commandes peuvent ne pas être intégrées mais se trouver dans `/usr/bin`). La commande `help` renvoie leur liste. Toutes les autres commandes sont des programmes externes à l'interpréteur, placées dans `/usr/bin` (pour les commandes utilisateur) ou dans `/usr/sbin` (pour les commandes administrateur).

Comment savoir où trouver un fichier exécutable ? Voici deux moyens :

```
$ which ls
/usr/bin/ls

$ type ls
ls is aliased to 'ls --color=auto'
```

L'un des évaluateurs techniques de ce livre a fait remarquer à juste titre que `which` est un programme externe non conforme POSIX et donc pas toujours disponible. Il avait suggéré d'utiliser la syntaxe `NomCommande -v` plutôt que `which` pour obtenir le chemin d'accès du programme et/ou l'alias ou la fonction shell ((`https://oreil.ly/5toUM`)).

Contrôle des tâches

Une fonctionnalité prise en charge par la plupart des shells est le contrôle des tâches, *job control*. Par défaut, lorsque vous entrez une commande, celle-ci monopolise l'écran et le clavier, ce qui correspond à une exécution au premier plan. Dans certains cas, vous n'aurez pas besoin que l'exécution soit interactive, ou, dans le cas d'un serveur, le programme n'attend rien en saisie et n'affiche rien, sauf d'éventuelles erreurs, donc ni `stdin`, ni `stdout`. Il suffit de lancer le processus en arrière-plan, en ajoutant un signe `&` à la fin de la ligne de commande. Pour envoyer en arrière-plan un processus actuellement au premier plan, vous utilisez `Ctrl + Z`.

L'exemple suivant montre cela en action, vous donnant une idée approximative :

```
$ watch -n 5 "ls" &                      ❶

$ jobs                                   ❷
Job     Group  CPU   State     Command
1       3021   0%    stopped   watch -n 5 "ls" &

$ fg                                     ❸
Every 5.0s : ls Sat Aug 28 11:34:32 2021

Dockerfile
app.yaml
example.json
main.go
script.sh
test
```

❶ En ajoutant le `&` à la fin, on démarre l'exécution de la commande en arrière-plan.

❷ Liste de tous les travaux.

❸ La commande `fg` ramène un processus au premier plan (*ForeGround*). Pour faire quitter la commande `watch`, utilisez `Ctrl` + `C`.

Lorsque vous voulez qu'un processus en arrière-plan continue son exécution même si vous quittez l'interpréteur shell, ajoutez au lancement la commande `nohup`. Si le processus est déjà en cours d'exécution et n'a pas été démarré ainsi, `disown` permet d'obtenir le même effet. Pour forcer la fin d'un processus en cours, utilisez la commande `kill` suivie du numéro de processus PID (plusieurs niveaux d'arrêt sont possibles comme présenté dans le Chapitre 9).

Plutôt que de jongler ainsi avec les tâches, je conseille d'adopter un multiplexeur de terminaux tel que `tmux` ou `screen` (présentés plus loin dans ce chapitre). Ces programmes prennent en charge les cas d'utilisation les plus courants (fermeture du shell, plusieurs processus en cours d'exécution qui réclament une coordination, *etc.*) et permettent de travailler avec des systèmes distants.

Passons maintenant aux remplacements modernes des commandes historiques les plus utilisées.

Commandes modernes

Il existe une poignée de commandes que vous vous surprendrez à utiliser sans cesse au quotidien. Il s'agit notamment des commandes de navigation dans les répertoires (`cd`), d'affichage du contenu d'un répertoire (`ls`), de recherche de fichiers (`find`) et d'affichage du contenu d'un fichier (`cat`, `less`). Étant donné que vous utilisez ces commandes souvent, vous souhaiterez qu'elles soient les plus efficaces possible.

Des variantes modernes ont été élaborées pour certaines de ces commandes, soit en remplacement direct, soit avec un supplément de fonctionnalités. Toutes ces commandes offrent des valeurs par défaut plus ou moins raisonnables pour les opérations courantes et des résultats riches qui sont généralement plus faciles à comprendre, et elles permettent généralement d'économiser de la saisie pour accomplir la même tâche. Vos sessions avec le shell en sont rendues plus agréables et plus fluides.

L'Annexe B cite un certain nombre de ces outils modernes. Prudence cependant, surtout si vous appliquez ces connaissances dans un environnement d'entreprise : je n'ai aucun intérêt financier dans aucun de ces outils. Je les recommande parce que je les ai trouvés utiles moi-même. Une bonne façon de procéder pour installer et utiliser l'un de ces outils est d'en utiliser une version approuvée par la distribution Linux de votre choix.

Lister le contenu des répertoires avec exa

Chaque fois que vous voulez savoir ce que contient un répertoire, vous utilisez `ls` ou une de ses variantes avec des paramètres. Par exemple, dans `bash`, j'avais l'habitude de créer l'alias `l` pour `ls -GAhltr`. Mais il existe une meilleure méthode : le logiciel `exa`, un remplaçant moderne de `ls` écrit en Rust, avec un support intégré pour Git et une visualisation des arborescences.

Pendant que j'y pense : quelle est selon vous la commande la plus utilisée après celle d'affichage du contenu d'un répertoire ? Dans mon expérience, c'est celle pour effacer l'écran ; les gens utilisent `clear`, c'est-à-dire cinq caractères puis la touche Entrée. Vous pouvez obtenir le même effet avec le raccourci `Ctrl + L`.

Visualiser le contenu d'un fichier avec bat

Supposons que vous ayez listé le contenu d'un répertoire et trouvé un fichier que vous souhaitez inspecter. Il y a l'outil standard `cat`, mais il y a mieux : `bat`. La Figure 3.3 illustre cette commande `bat`. Elle offre la coloration syntaxique, l'affichage des caractères non imprimables, le support de Git et elle dispose d'un paginateur intégré (la visualisation par page des fichiers plus longs que ce qui peut être affiché à l'écran).

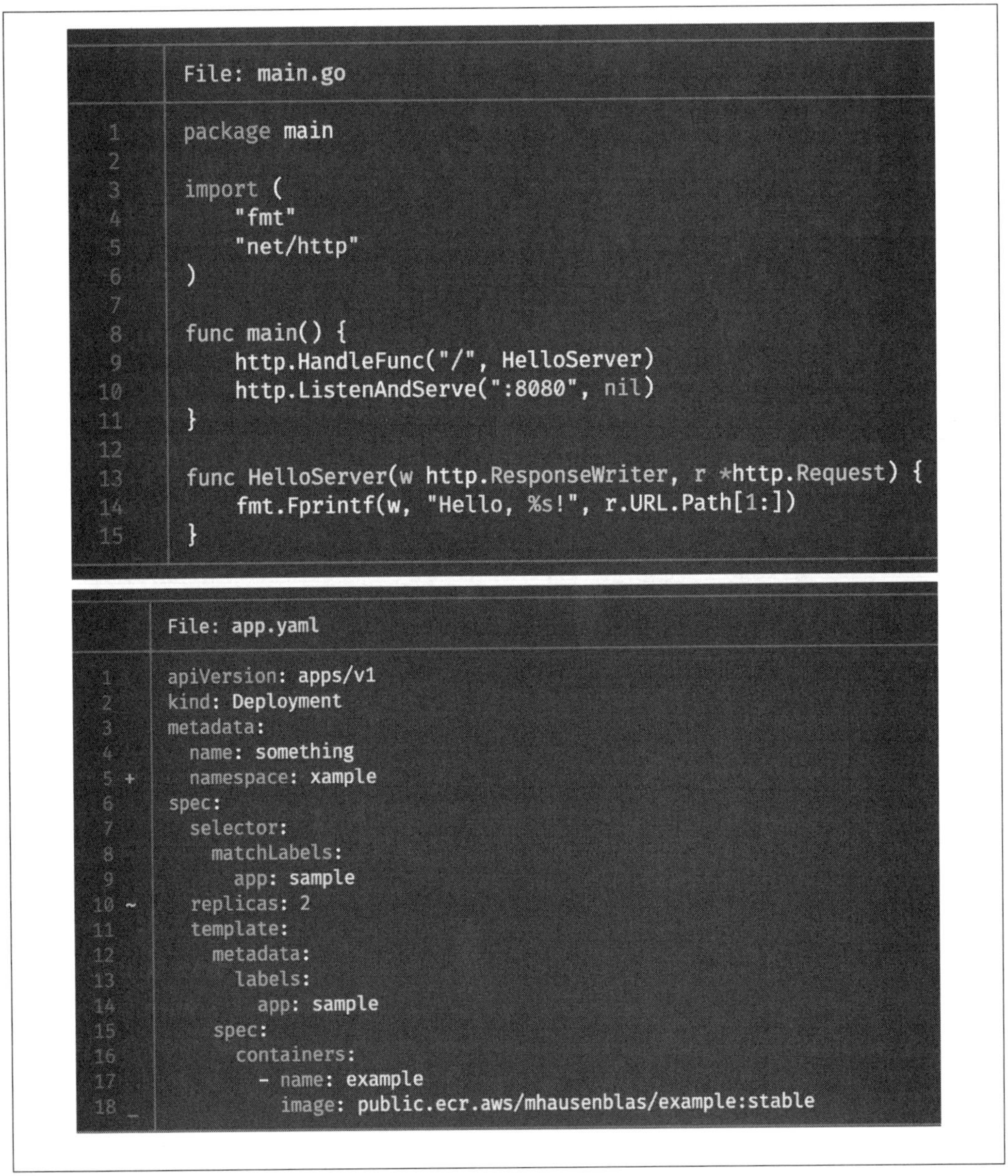

Figure 3.3 : Rendu d'un fichier Go (en haut) et d'un fichier YAML (en bas) par bat.

Trouver du contenu dans les fichiers avec rg

En temps normal, on utilise `grep` pour trouver quelque chose dans un fichier. Il existe une commande moderne et plus puissante nommée `rg`.

Nous allons comparer `rg` à une combinaison de `find` et de `grep` dans un exemple consistant à trouver tous les fichiers au format YAML qui contiennent la chaîne «`sample`» :

```
$ find . -type f -name "*.yaml" -exec grep "sample" '{}' ; -print   ❶
      app : sample
        app : sample
./app.yaml

$ rg -t "yaml" échantillon                                          ❷
app.yaml
9:    app : sample
14:     app : sample
```

❶ Utilise `find` et `grep` pour trouver une chaîne de caractères dans des fichiers YAML.

❷ Utilise `rg` pour la même tâche.

Si vous comparez les commandes et les résultats dans l'exemple précédent, vous voyez que non seulement `rg` est plus facile à utiliser mais aussi que les résultats sont plus complets (en fournissant le contexte, ici le numéro de ligne).

Traitement de données JSON avec jq

Et maintenant, une commande bonus. En effet, `jq` n'est pas le remplaçant d'une commande existante, mais un outil spécialisé pour le format de données texte populaire JSON. Vous le rencontrerez notamment dans les API HTTP et les fichiers de configuration.

L'extraction de valeurs depuis ce format sera plus efficace avec `jq` qu'avec `awk` ou `sed`. En guise d'exemple, j'ai eu recours à un générateur JSON (`https://oreil.ly/bcT9d`) pour générer des données aléatoires. J'ai ainsi obtenu un fichier JSON de 2,4 ko ayant l'aspect suivant (je ne montre ici que le premier enregistrement) :


```
[
  {
    "_id" : "612297a64a057a3fa3a56fcf",
    "latitude" : -25.750679,
    "longitude" : 130.044327,
    "friends" : [
      {
        "id" : 0,
        "name" : "Tara Holland"
      },
      {
        "id" : 1,
        "name" : "Giles Glover"
      },
      {
```

```
        "id" : 2,
        "name" : "Pennington Shannon"
      }
    ],
    "favoriteFruit" : "strawberry"
  },
...
```

Supposons que nous voulions récupérer tous les « premiers » amis – c'est-à-dire, l'entrée 0 dans le tableau *friends* – des personnes dont le fruit préféré est *strawberry*. Voici ce que cela donne avec jq :

```
$ jq 'select(.[].favoriteFruit=="fraise") | .[].friends[0].name' example.json
"Tara Holland
"Christy Mullins"
"Snider Thornton"
"Jana Clay"
"Wilma King"
```

L'interface en mode texte est puissante, non ? Pour en savoir plus sur les commandes modernes et autres remplacements des commandes classiques, consultez le référentiel Unix moderne (https://oreil.ly/cBAXt).

Intéressons-nous maintenant à certaines tâches courantes de navigation dans les répertoires et d'affichage du contenu des fichiers.

Tâches courantes

Il y a un certain nombre de choses que vous êtes susceptible de faire souvent, et des astuces permettent d'accélérer leur réalisation dans le shell. Passons en revue ces tâches courantes.

Abréviation des commandes les plus utilisées

L'une des idées fondamentales des interfaces est que les commandes que vous utilisez très souvent doivent demander le moins d'efforts possible ; elles doivent être rapides à saisir. Appliquons cette idée au shell : puisque je consulte les changements dans mes dépôts de code source plusieurs centaines de fois par jour, plutôt que `git diff --color-moved`, je tape un seul caractère, `d`. Selon le shell, il existe différentes façons d'y parvenir : en `bash`, cela s'appelle un alias ; en Fish, une abréviation.

Navigation

Lorsque vous entrez des commandes devant l'invite du shell, plusieurs actions sont possibles, par exemple, ramener le curseur au début de la ligne ou supprimer tout ce qui se trouve à gauche du curseur. Le Tableau 3.2 liste les raccourcis courants de l'interpréteur de commandes.

Tableau 3.2 : Raccourcis de navigation et d'édition du shell

Action	Commande	Note
Déplacer le curseur au début de la ligne	Ctrl + a	-
Déplacer le curseur à la fin de la ligne	Ctrl + e	-
Déplacer le curseur en avant d'un caractère	Ctrl + f	-
Déplacer le curseur en arrière d'un caractère	Ctrl + b	-
Déplacer le curseur en avant d'un mot	Alt + f	Uniquement avec Alt de gauche.
Déplacer le curseur en arrière d'un mot	Alt + b	-
Supprimer le caractère actuel	Ctrl + d	-
Supprimer le caractère à gauche du curseur	Ctrl + h	-
Supprimer le mot à gauche du curseur	Ctrl + w	-
Supprimer tout ce qui est à droite du curseur	Ctrl + k	-
Supprimer tout ce qui est à gauche du curseur	Ctrl + u	-
Effacer l'écran	Ctrl + l	-
Annuler la commande	Ctrl + c	-
Annuler	Ctrl + _	Uniquement bash
Rechercher dans l'historique	Ctrl + r	Certains shells
Annuler la recherche	Ctrl + g	Certains shells

Notez que tous les raccourcis ne sont pas forcément pris en charge par tous les interpréteurs de commandes et que certaines actions, telles que la gestion de l'historique, peuvent être implémentées différemment dans certains shells. De plus, il est important de savoir que ces raccourcis sont fondés sur les touches d'édition Emacs. Si vous préférez `vi`, vous pouvez spécifier `set -o vi`, dans votre fichier `.bashrc`, pour profiter des conventions de l'éditeur `vi` relatives au contrôle de l'édition. En prenant le tableau précédent comme point de départ, vous pouvez tester ce que votre shell supporte et voir comment le configurer selon vos besoins.

Gestion du contenu des fichiers

Vous n'aurez pas toujours envie de lancer un éditeur tel que `vi` pour ajouter une simple ligne de texte. Parfois, il n'est même pas possible de procéder ainsi, par exemple dans le contexte de l'écriture d'un script shell.

Alors, comment intervenir sur du contenu textuel ? Voyons quelques exemples :

```
$ echo "Première ligne"  >  /tmp/untruc          ❶

$ cat /tmp/untruc                                 ❷
Première ligne
```

```
$ echo "Deuxième ligne"  >>  /tmp/untruc && \          ❸
  cat /tmp/untruc
Première ligne
Deuxième ligne

$ sed 's/ligne/LIGNE/'  /tmp/untruc                    ❹
Première LIGNE
Deuxième LIGNE

$ cat << 'EOF'  >  /tmp/autre                          ❺
Première ligne
Deuxième ligne
Troisième ligne
EOF

$ diff -y /tmp/untruc  /tmp/autre                      ❻
Première ligne                                                  Première ligne
Deuxième ligne                                                  Deuxième ligne
                                                              > Troisième ligne
```

❶ Crée un fichier en redirigeant la sortie de `echo`.

❷ Visualise le contenu du fichier.

❸ Ajoute une ligne au fichier en utilisant l'opérateur >> puis visualise le contenu.

❹ Remplace le contenu du fichier en utilisant `sed` avec sortie sur `stdout`.

❺ Crée un autre fichier en utilisant le document `https://oreil.ly/FPWqT` [ici].

❻ Montre les différences entre les deux fichiers créés.

Maintenant que vous connaissez les techniques de base de manipulation du contenu des fichiers, intéressons-nous à certaines techniques d'affichage du contenu des fichiers.

Visualisation de fichiers longs

Pour les fichiers longs – c'est-à-dire les fichiers qui ont plus de lignes que ce que le shell peut afficher sur votre écran –, vous pouvez utiliser des paginateurs comme `less` ou `bat` (ce dernier possède un paginateur intégré). La pagination permet au programme de diviser la sortie en plusieurs pages, chaque page correspondant à ce que l'écran peut afficher. Des commandes servent à naviguer parmi ces pages (page suivante, page précédente, *etc.*).

Une autre façon de traiter les fichiers longs est de n'en afficher qu'une partie, par exemple les premières ou les dernières lignes. Il existe deux commandes très pratiques pour cela : `head` et `tail`.

Voici comment afficher le début d'un fichier :

```
$ for i in {1..100} ; do echo $i >> /tmp/longfile ; done          ❶
```

```
$ head -5 /tmp/longfile                                    ❷
1
2
3
4
5
```

❶ Crée un fichier long (de 100 lignes ici).

❷ Affiche les cinq premières lignes du fichier.

Pour obtenir des mises à jour en direct d'un fichier qui grossit constamment (par exemple, un fichier de journalisation), on peut utiliser ceci :

```
$ sudo tail -f /var/log/Xorg.0.log          ❶
[ 36065.898] (II) event14 - ALPS01:00 0911:5288 Souris : le périphérique est un pointeur
[ 36065.900] (II) event15 - ALPS01:00 0911:5288 Touchpad : le périphérique est un pavé tactile
[ 36065.901] (II) event4 - Intel HID events : est marqué par udev comme : Clavier
[ 36065.901] (II) event4 - Intel HID events : le périphérique est un clavier
...
```

❶ Affiche les dernières lignes (les plus récentes) d'un fichier journal en utilisant `tail`, avec l'option `-f` qui signifie « suivre », c'est-à-dire mettre à jour automatiquement.

Voyons enfin comment traiter les dates et heures.

Manipulation de la date et de l'heure

La commande `date` peut être un moyen utile de générer des noms de fichiers uniques. Elle permet de générer des dates dans différents formats, notamment le format horodate Unix (`https://oreil.ly/xB7UG`), ainsi que de convertir entre différents formats de date et d'heure.

```
$ date +%s                                  ❶
1629582883

$ date -d @1676142883 '+%m/%d/%Y:%H:%M:%S'  ❷
03/18/2023:13:34:43
```

❶ Crée une horodate UNIX.

❷ Convertit une horodate UNIX en une date lisible par l'homme.

Ceci termine la section sur les bases du shell classique. Voyons à quoi ressemblent les nouveaux interpréteurs, plus conviviaux.

Les horodates Unix

Le temps Unix *epoch* (ou UNIX *time*) est le nombre de secondes écoulées depuis le 1er janvier 1970 à 0 heure (1970-01-01T00:00:00Z). Le temps UNIX considère que chaque jour dure exactement 86 400 secondes.

Si vous utilisez un logiciel qui stocke l'heure UNIX sous forme d'un nombre entier sur 32 bits signé, vous devez faire attention car cela causera des problèmes le 19 janvier 2038, car le compteur débordera alors (problème de l'année 2038 [`https://oreil.ly/dKiWx`]).

Vous disposez de convertisseurs en ligne (`https://oreil.ly/Z1a4A`) si vous avez besoin de gérer des résolutions au niveau des milli- et des microsecondes.

Shells conviviaux

Alors que l'interpréteur de commandes bash reste probablement le plus utilisé, il n'est pas le plus convivial. Existant depuis la fin des années 1980, son âge s'en ressent. Voyons les interpréteurs modernes que je vous recommande fortement d'évaluer pour les utiliser à la place de bash.

Nous allons d'abord examiner un interpréteur moderne et convivial nommé Fish puis nous en présenterons brièvement d'autres. Nous terminons la section par une recommandation pour choisir votre shell.

Le shell Fish

Fish (`https://fishshell.com/`) se présente comme un interpréteur de commande intelligent et convivial. Jetons d'abord un coup d'œil à son utilisation basique, puis passons à sa configuration.

Utilisation élémentaire de Fish

Pour de nombreuses tâches quotidiennes, vous ne remarquerez pas une grande différence avec bash en termes de saisie ; la plupart des commandes fournies dans le Tableau 3.2 restent valables. Dans deux domaines, `fish` est différent et beaucoup plus pratique que bash :

- **Il n'y a pas de gestion explicite de l'historique :** il suffit de commencer à saisir et vous obtenez les exécutions précédentes de la commande. Les touches Haut et Bas permettent d'en sélectionner une.
- **Des autosuggestions sont disponibles pour de nombreuses commandes :** ceci est visible dans la Figure 3.5. En outre, lorsque vous utilisez la touche `Tab`, Fish tente de compléter la commande, l'argument ou le chemin, en vous donnant des indices visuels tels que la coloration en rouge de votre saisie s'il ne reconnaît pas la commande.

Figure 3.4 : Gestion de l'historique de Fish en action.

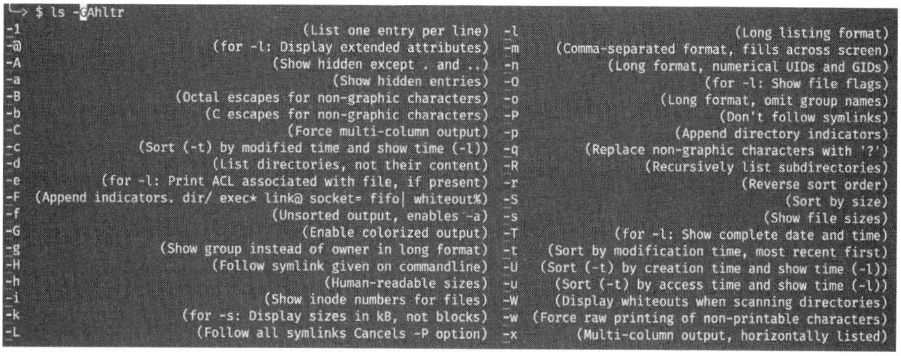

Figure 3.5 : Autosuggestion de Fish en action.

Le Tableau 3.3 liste quelques commandes `fish` courantes. Dans ce contexte, notez spécifiquement la gestion des variables d'environnement.

Tableau 3.3 : Référence du shell Fish

Tâche	Commande
Exporter la variable KEY avec la valeur VAL	`set -x KEY VAL`
Supprimer la variable KEY	`set -e KEY`
Mettre en ligne la variable KEY pour cmd	`env KEY=VAL cmd`
Changer la longueur du chemin à 1	`set -g fish_prompt_pwd_dir_length 1'`
Gérer les abréviations	`abbr`
Gérer les fonctions	`functions` et `funcd`

Contrairement aux autres shells, `fish` stocke l'état de sortie de la dernière commande dans une variable appelée *`$status`* plutôt que dans *$?*.

Si vous venez de bash, vous pouvez également consulter la liste FAQ de fish (`https://oreil.ly/Nk2S2`) qui aborde la plupart des pièges.

Configuration

Pour configurer Fish, (`https://oreil.ly/FCSne`), il suffit d'entrer la commande `fish_config` (vous devrez peut-être ajouter la sous-commande `browse`, en fonction de votre distribution). L'outil va démarrer un serveur local *via* `http://localhost:8000` et ouvrir automatiquement votre navigateur par défaut avec une interface utilisateur riche qui permet d'afficher et de modifier les paramètres (voir Figure 3.6).

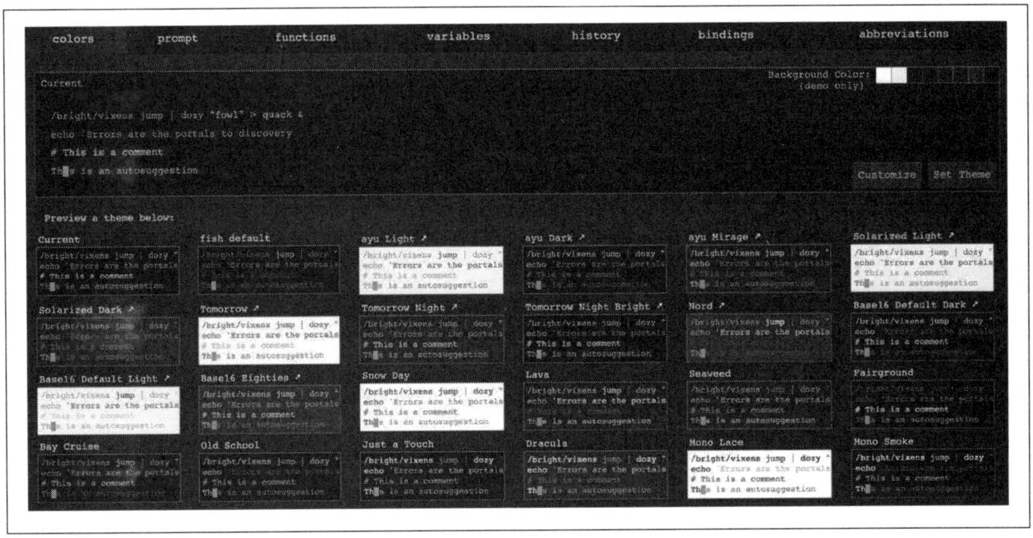

Figure 3.6 : Configuration du shell Fish via un navigateur

> Pour basculer vers les affectations de touches de `vi` ou Emacs (par défaut) pour la navigation en ligne de commande, utilisez la commande `fish_vi_key_bindings` pour démarrer le mode `vi`, ou `fish_default_key_bindings` pour le retour au mode Emacs. Notez que les changements prendront place immédiatement dans toutes les sessions actives du shell.

Voyons maintenant comment j'ai configuré mon environnement. En fait, ma configuration est assez courte ; dans _config.fish, j'ai ce qui suit :

```
set -x FZF_DEFAULT_OPTS "-m --bind='ctrl-o:execute(nvim {})+abort'"".
set -x FZF_DEFAULT_COMMAND 'rg --files'
set -x EDITOR nvim
set -x KUBE_EDITOR nvim
set -ga fish_user_paths /usr/local/bin
```

Mon texte d'invite, stocké dans `fish_prompt.fish`, est défini ainsi :

```
function fish_prompt
    set -l retc red
    test $status = 0 ; and set retc blue
```

```
set -q __fish_git_prompt_showupstream
or set -g __fish_git_prompt_showupstream auto

function _nim_prompt_wrapper
    set retc $argv[1]
    set field_name $argv[2]
    set field_value $argv[3]

    set_color normal
    set_color $retc
    echo -n'─'
    set_color -o blue
    echo -n '['
    set_color normal
    test -n $field_name
    and echo -n $field_name:
    set_color $retc
    echo -n $field_value
    set_color -o blue
    echo -n ']'
end

set_color $retc
echo -n '┬─'.
set_color -o blue
echo -n [
set_color normal
set_color c07933
echo -n (prompt_pwd)
set_color -o blue
echo -n ']'
 # Environnement virtuel
set -q VIRTUAL_ENV_DISABLE_PROMPT
or set -g VIRTUAL_ENV_DISABLE_PROMPT true
set -q VIRTUAL_ENV
and _nim_prompt_wrapper $retc V (basename "$VIRTUAL_ENV")

# git
set prompt_git (fish_git_prompt | string trim -c ' ()')
test -n "$prompt_git".
and _nim_prompt_wrapper $retc G $prompt_git

# Nouvelle ligne
echo

# Travaux d'arrière-plan
set_color normal
for job in (jobs)
    set_color $retc
    echo -n '│ '
    set_color brown
    echo $job
end
```

```
    set_color blue
    echo -n ' -> '
        set_color -o blue
    echo -n '$ '
    set_color normal
end
```

La définition de l'invite précédente produit l'invite présentée dans la Figure 3.7. Notez la différence entre un répertoire qui contient un référentiel Git et un autre qui n'en contient pas : un indice visuel intégré facilite vos décisions. Remarquez également l'heure actuelle du côté droit.

Figure 3.7 : Invite du shell Fish.

Voici mes abréviations. Considérez-les comme des alias, comme on en trouve dans d'autres shells :

```
$ abbr
abbr -a -U -- :q exit
abbr -a -U -- cat bat
abbr -a -U -- d 'git diff --color-moved'
abbr -a -U -- g git
abbr -a -U -- grep 'grep --color=auto'
abbr -a -U -- k kubectl
abbr -a -U -- l 'exa --long --all --git'
abbr -a -U -- ll 'ls -GAhltr'
abbr -a -U -- m make
abbr -a -U -- p 'git push'
abbr -a -U -- pu 'git pull'
abbr -a -U -- s 'git status'
abbr -a -U -- stat 'stat -x'
abbr -a -U -- vi nvim
abbr -a -U -- wget 'wget -c'
```

Pour ajouter une abréviation, utilisez `abbr --add`. Les abréviations sont pratiques pour les commandes simples qui n'attendent pas d'arguments. Mais que faire si vous avez une construction plus compliquée que vous voulez abréger ? Disons que vous voulez raccourcir une séquence impliquant `git` qui attend un argument. Découvrons les fonctions de fish.

Jetons un coup d'œil à l'exemple d'une fonction définie dans le fichier nommé `c.fish`. Nous pouvons utiliser la commande `functions` pour lister toutes les fonctions définies, la commande `function` pour créer une fonction, et la commande `function c` pour la modifier comme ceci :

```
function c
    git add -all
    git commit -m "$argv"
end
```

Après cette section consacrée à Fish, jetons un coup d'œil rapide à d'autres shells modernes.

Le shell Z-shell

Le Z-shell ou `zsh` (`https ://oreil.ly/6y06N`) est un shell de type Bourne doté d'un puissant système de complétion de saisie et d'un support thématique riche. Grâce à l'outil Oh My Zsh, vous pouvez à peu près configurer et utiliser zsh comme vous l'avez vu précédemment pour fish tout en conservant une large rétrocompatibilité avec bash.

`zsh` utilise cinq fichiers de démarrage, comme le montre l'exemple suivant (notez que si *`$ZDOTDIR`* n'est pas défini, zsh utilise *`$HOME`*) :

```
$ZDOTDIR/.zshenv     ❶
$ZDOTDIR/.zprofile   ❷
$ZDOTDIR/.zshrc      ❸
$ZDOTDIR/.zlogin     ❹
$ZDOTDIR/.zlogout    ❺
```

❶ Consulté dans toutes les invocations du shell. Doit contenir des commandes pour définir le chemin de recherche, ainsi que d'autres variables d'environnement essentielles. Ne doit pas contenir de commandes qui produisent une sortie ou supposent que le shell est connecté à un `tty`.

❷ Conçu comme une alternative à `.zlogin` pour les amateurs de `ksh` (ces deux éléments ne sont pas destinés à être utilisés ensemble) ; ressemble à `.zlogin`, sauf qu'il est interrogé avant `.zshrc`.

❸ Consulté dans les shells interactifs. Doit contenir des commandes pour configurer des alias, fonctions, options, affectations de touches, *etc.*

❹ Consulté dans les shells pour connexion. Doit contenir des commandes qui ne devraient être exécutées que dans les shells de connexion. Notez que `.zlogin` n'est pas le lieu pour les définitions d'alias, les options, les paramètres de variables d'environnement, et ainsi de suite.

❺ Consulté en sortie de shell de connexion.

Pour d'autres modules plug-ins de `zsh`, voir aussi la section `zsh-plugins` sur Github (`https://oreil.ly/XHwBd`). Si vous voulez apprendre `zsh`, pensez à lire l'introduction au Z-shell de Paul Falstad et Bas de Bakker (`https://oreil.ly/cMfnw`).

Autres shells modernes

En plus de `fish` et `zsh`, il y a un certain nombre d'autres shells intéressants, mais pas nécessairement compatibles avec bash. Demandez-vous quel est le but prévu pour cet interpréteur (utilisation interactive ou script) et si la communauté qui l'utilise est active.

Voici quelques exemples de shells modernes pour Linux que je peux recommander :

- **Oil shell** (`https://www.oilshell.org`) : cible les utilisateurs de Python et de JavaScript. En d'autres termes, l'accent est moins mis sur l'utilisation interactive, mais plus sur l'écriture de scripts.
- **murex** (`https://murex.rocks`) : un shell POSIX qui présente des caractéristiques intéressantes telles qu'un cadre de test intégré, des pipelines typés et une programmation pilotée par événements.
- **Nushell** (`https://www.nushell.sh`) : un nouveau paradigme expérimental de shell, présentant une sortie tabulaire avec un langage de requête puissant. Voyez le Nu Book (`https://oreil.ly/jIa5w`).
- **PowerShell** (`https://oreil.ly/bYKnd`) : un interpréteur de commandes multiplateforme qui a débuté comme un fork de Windows PowerShell et qui offre une sémantique et des interactions différentes de celles des shells POSIX.

Il existe de nombreuses autres propositions. Continuez à chercher et voyez ce qui fonctionne le mieux pour vous. Essayez de penser au-delà de bash et optimisez l'outil à votre domaine d'utilisation.

Quel shell utiliser ?

À l'heure actuelle, tous les shells modernes autres que bash semblent être un bon choix d'un point de vue humain. L'autocomplétion fluide, la configuration facile et des environnements intelligents ne sont pas un luxe en 2023, et étant donné le temps que vous passez habituellement sur la ligne de commande, vous devriez essayer différents shells et choisir celui qui vous plaît le plus. J'utilise personnellement Fish, mais beaucoup de mes collègues sont très heureux avec le Z-shell.

Il peut pourtant arriver que certains problèmes vous obligent à rester fidèle à bash :

- Vous travaillez sur des systèmes distants et/ou n'avez pas la possibilité d'installer votre propre shell.
- Vous êtes resté avec bash pour des raisons de compatibilité et/ou de mémoire musculaire. Il peut être difficile de se débarrasser de certaines habitudes.
- Presque toutes les instructions supposent (implicitement) bash. Par exemple, vous verrez des instructions comme `export FOO=BAR` qui est spécifique à bash.

Ces problèmes ne concernent pas la plupart des utilisateurs. Bien que vous puissiez être amené à utiliser temporairement bash sur un système distant, la plupart du temps, vous travaillerez dans un environnement que vous contrôlez. Il y a une courbe d'apprentissage, mais l'investissement est payant à long terme.

Découvrons maintenant un autre moyen d'augmenter votre productivité dans le terminal : le multiplexage.

Multiplexage de terminaux

Nous avons abordé le concept de terminal au début de ce chapitre. Voyons maintenant concrètement comment améliorer votre utilisation d'un terminal. Nous allons profiter d'un concept simple et puissant : le *multiplexage*.

Songez à la situation courante qui suit : vous travaillez souvent sur plusieurs choses qui pourraient être regroupées. Voici un exemple réel : une participation à un projet open source, la rédaction d'un article de blogue et l'accès à un serveur à distance pour tester une API HTTP. Ces trois tâches peuvent chacune demander l'ouverture d'une ou de plusieurs fenêtres de terminal. Souvent, vous aurez à gérer des interdépendances entre deux fenêtres. Par exemple :

- Vous demandez à la commande `watch` de scruter périodiquement un sous-répertoire et vous modifiez un fichier en même temps.
- Vous démarrez un processus serveur (un serveur web ou d'application) et souhaitez le faire exécuter au premier plan pour pouvoir bien surveiller sur les journaux.
- Vous voulez éditer un fichier avec `vi` et en même temps utiliser `git` pour interroger l'état et confirmer les changements par `commit`.
- Vous avez une machine virtuelle fonctionnant dans le cloud public et vous voulez y accéder par `ssh` tout en gardant la possibilité de gérer les fichiers localement.

Pensez à tous ces exemples comme à des actions qui vont logiquement ensemble et qui, en termes de durée, peuvent aller du court terme (quelques minutes) au long terme (jours ou semaines). Le regroupement de ces tâches est généralement appelé une *session*.

Réussir ce genre de groupement pose un certain nombre de défis :

- Puisque vous avez besoin de plusieurs fenêtres, une solution consiste à démarrer plusieurs terminaux ou, si l'interface utilisateur le permet, plusieurs instances (onglets) du même terminal.
- Vous souhaitez garder trace de toutes les fenêtres et de tous les chemins, même lorsque vous fermez le terminal ou si la liaison est refermée du côté distant.
- Vous voulez vous concentrer sur certaines tâches tout en gardant une vue d'ensemble de toutes les sessions et en restant capable de naviguer de l'une à l'autre.

Pour permettre ces tâches, l'idée est venue de construire un terminal doté de plusieurs fenêtres (et sessions pour regrouper des fenêtres), ce qui correspond au concept de multiplexage des entrées/sorties de terminal.

Jetons un bref coup d'œil à l'implémentation originale du multiplexage du terminal, appelée `screen`. Puis nous nous intéresserons à une implémentation largement utilisée, `tmux`, et conclurons par d'autres options dans cet espace.

screen

`screen` (`https://oreil.ly/xx3ik`) est le multiplexeur de terminal original ; il est toujours utilisé. À moins que vous ne soyez dans un environnement distant où rien d'autre n'est disponible et/ou que vous ne puissiez pas installer un autre multiplexeur, vous ne devriez probablement plus utiliser `screen`. Il n'est en effet plus activement maintenu et n'est pas très flexible. Il lui manque un certain nombre des fonctionnalités dont sont dotés les multiplexeurs de terminaux modernes.

tmux

`tmux` (`https://oreil.ly/kVg7M`) est un multiplexeur de terminaux flexible et puissant que vous pouvez finement adapter à vos besoins. Comme vous pouvez le voir dans la Figure 3.8, il y a trois éléments de base avec lesquels vous interagissez dans `tmux`, selon trois niveaux de détail :

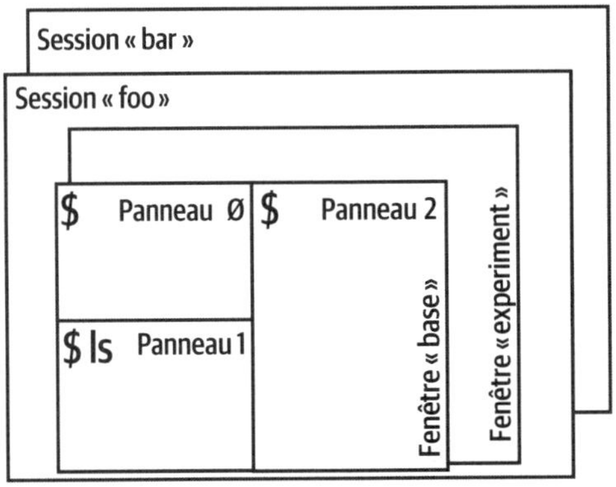

Figure 3.8 : Les éléments de tmux (sessions, fenêtres et panneaux)

- **Session :** une unité logique incarnant un environnement de travail dédié à une tâche spécifique telle que «travailler sur le projet X» ou «écrire un article de blog Y». C'est le conteneur de toutes les autres unités.

- **Fenêtre :** comparable à un onglet dans un navigateur, appartenant à une session. Son utilisation est facultative ; souvent, il n'y a qu'une seule fenêtre par session.
- **Panneau :** les panneaux sont les bêtes de somme. Chacun correspond à une instance de shell en cours d'exécution. Un panneau fait partie d'une fenêtre ; vous pouvez facilement distribuer les panneaux verticalement ou horizontalement, ainsi que les étendre ou les fermer (pensez au zoom).

Tout comme dans screen, vous pouvez attacher et détacher une session dans tmux. Supposons que l'on parte de zéro. Démarrons avec une session appelée *test* :

```
$ tmux new -s test
```

Avec cette commande, tmux s'exécute en tant que serveur, et vous êtes face à un shell que vous avez configuré dans tmux et qui s'exécute en tant que client. Ce modèle client-serveur permet de créer, d'entrer, de quitter et de détruire des sessions et d'utiliser les shells qui s'exécutent dans la session sans avoir à penser aux processus fonctionnant (ou échouant) dans la session.

tmux utilise Ctrl + B comme raccourci clavier par défaut (le préfixe déclencheur ou déclencheur).

Par exemple, pour afficher la liste de toutes les fenêtres, vous frappez Ctrl + B puis la touche W. Pour déployer le panneau actuel (actif), vous utilisez Ctrl + B puis la touche Z.

> Dans tmux, le déclencheur par défaut est Ctrl + B. J'ai optimisé cela en affectant le déclencheur à une touche inutilisée, de sorte qu'une seule touche suffise. J'ai fait cela en reliant d'abord le déclencheur à la touche Début/Home dans tmux puis en reliant cette touche Début/Home à la touche de verrouillage en majuscules en modifiant sa correspondance dans le fichier /usr/share/X11/xkb/symbols/pc pour obtenir key <CAPS> { [Home] };.
>
> Cette double réaffectation était la solution dont j'avais besoin. Selon votre besoin ou la nature du terminal cible, vous n'aurez peut-être pas à le faire. Je vous encourage néanmoins à réaffecter Ctrl + B à une touche inutilisée facile à trouver puisque vous l'emploierez souvent.

Vous pouvez profiter des commandes du Tableau 3.4 pour gérer des sessions, fenêtres et panneaux. De plus, avec la séquence de frappes Ctrl + B + D, vous pouvez détacher une session, ce qui signifie mettre tmux en arrière-plan.

Lorsque vous démarrez ensuite une nouvelle instance de terminal ou, disons, que vous vous connectez par ssh à votre machine à distance, vous pouvez alors vous rattacher à une session existante. Essayons cela avec une session *test* que nous avons créée plus tôt :

```
$ tmux attach -t test            ❶
```

❶ S'attache à une session existante appelée *test*. Notez que si vous voulez détacher la session de son terminal précédent, vous devez également fournir le paramètre -d.

Le Tableau 3.4 liste des commandes `tmux` groupées par niveaux fonctionnels, de la portée la plus large (session) à la plus étroite (panneau).

Tableau 3.4 : Référence de tmux

Cible	Tâche	Commande
Session	Créer nouvelle	`:new -s NOM`
Session	Renommer	déclencheur + $
Session	Lister tout	déclencheur + s
Session	Fermer	déclencheur
Fenêtre	Créer nouvelle	déclencheur + c
Fenêtre	Renommer	déclencheur + ,
Fenêtre	Basculer vers	déclencheur + 1 ... 9
Fenêtre	Lister tout	déclencheur + w
Fenêtre	Fermer	déclencheur + &
Panneau	Diviser horizontal	déclencheur + «
Panneau	Diviser vertical	déclencheur + %
Panneau	Basculer	déclencheur + z
Panneau	Fermer	déclencheur + x

Maintenant que vous avez une idée de base de l'utilisation de `tmux`, concentrons-nous sur sa configuration et sa personnalisation. Voici à quoi ressemble mon fichier `.tmux.conf` :

```
unbind C-b                                                          ❶
set -g prefix Home
bind Home send-prefix
bind r source-file ~/.tmux.conf \ ; display "tmux config reloaded :)"  ❷
bind \\N split-window -h -c "#{pane_current_path}"                  ❸
bind - split-window -v -c "#{pane_current_path}"
bind X confirm-before kill-session                                  ❹
set -s escape-time 1                                                ❺
set-option -g mouse on                                              ❻
set -g default-terminal "screen-256color"                           ❼
set-option -g status-position top                                   ❽
set -g status-bg colour103
set -g status-fg colour215
set -g status-right-length 120
set -g status-left-length 50
set -g window-status-style fg=colour215
set -g pane-active-border-style fg=colour215
set -g @plugin 'tmux-plugins/tmux-resurrect'                        ❾
set -g @plugin 'tmux-plugins/tmux-continuum' (en anglais)
set -g @continuum-restore 'on' (on)
execute '~/.tmux/plugins/tpm/tpm'.
```

❶ Cette ligne et les deux suivantes réaffectent le déclencheur à la touche `Début/Home`.

❷ Recharge la configuration *via* la séquence `déclencheur + R`.

❸ Cette ligne et la suivante redéfinissent le fractionnement des panneaux ; conserve le répertoire actuel du volet existant.

❹ Ajoute une demande de confirmation avant suppression de session.

❺ Pas de délai.

❻ Active les sélections avec la souris.

❼ Définit le mode par défaut du terminal en 256 couleurs.

❽ Paramètres du thème (les six prochaines lignes).

❾ De cette ligne à la fin : gestion des enfichables plug-ins.

Commencez par installer le gestionnaire de modules enfichables (plug-ins) de `tmux`, `tpm` (`https://oreil.ly/hsoau`), puis lancez la séquence `déclencheur + I` pour accéder aux enfichables. Les plus utilisés ici sont les suivants :

`tmux-resurrect` (`https://oreil.ly/JugvE`)

Permet de restaurer des sessions avec `Ctrl + S` (sauvegarder) et `Ctrl + R` (restaurer).

`tmux-continuum` (`https://oreil.ly/KvT7l`)

Sauvegarde/restaure automatiquement une session (à intervalles de 15 minutes).

La Figure 3.9 montre mon terminal Alacritty exécutant `tmux`. Vous pouvez voir les sessions avec les raccourcis 0 à 9 (coin supérieur gauche).

Bien que `tmux` soit certainement un excellent choix, il existe d'autres options.

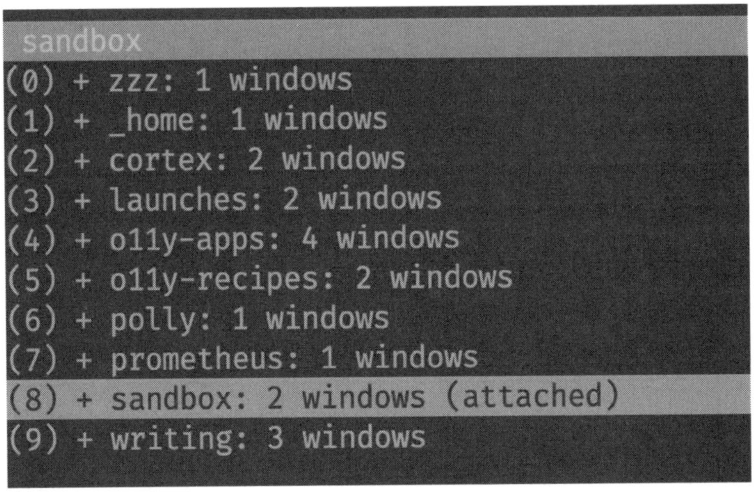

Figure 3.9 : Exemple d'instance tmux en action, montrant les sessions disponibles.

Autres multiplexeurs

Voici d'autres multiplexeurs de terminaux que vous pouvez essayer :

- `tmuxinator` (`https://oreil.ly/JyWmA`) : un méta-outil vous permettant de gérer des sessions `tmux`.
- `Byobu` (`https://oreil.ly/pJLa2`) : : un enchâsseur (wrapper) autour de `screen` ou de `tmux` ; particulièrement intéressant si vous utilisez les distributions Linux de type Ubuntu ou Debian.
- `Zellij` (`https://oreil.ly/ZRHnX`) : : se présente comme un espace de travail de terminal. Est écrit en Rust et apporte plus que `tmux`, notamment avec un moteur de mise en pages et un puissant système de modules enfichables plug-ins.
- `dvtm` (`https://oreil.ly/yaTan`) : : apporte au terminal le concept de la gestion des fenêtres en mosaïque ; puissant mais impose un temps d'apprentissage comme `tmux`.
- `3mux` (`https://oreil.ly/S6nvV`) : simple multiplexeur de terminaux écrit en Go ; facile à utiliser mais moins puissant que `tmux`.

Après ce rapide tour d'horizon des multiplexeurs, voyons comment en choisir un.

Tout sous le même toit : terminal, mux et shell

J'ai opté pour le terminal Alacritty. Il est rapide, et c'est le meilleur de tous. Pour le configurer, j'ai choisi un fichier de configuration YAML que je peux versionner dans Git, ce qui me permet de l'utiliser sur n'importe quel système cible en quelques secondes. Ce fichier de configuration nommé `alacritty.yml` définit tous mes paramètres pour le terminal, des couleurs aux liaisons de touches en passant par les tailles de polices.

La plupart des paramètres s'appliquent immédiatement (recharge à chaud), d'autres seulement lorsque je sauvegarde le fichier.

Un paramètre, nommé `shell`, définit l'intégration entre le multiplexeur du terminal (`tmux`) et le shell que j'utilise (`fish`) et se présente comme suit :

```
shell:
  program: /usr/local/bin/fish
  args:
  - -l
  - -i
  - -c
  - "tmux new-session -A -s zzz"
```

Dans l'extrait précédent, je configure Alacritty pour utiliser `fish` comme shell par défaut. De plus, quand je lance le terminal, il s'associe automatiquement à une session spécifique. Avec le plug-in `tmux-continuum`, cela me donne une certaine tranquillité d'esprit. Même si j'ai éteint l'ordinateur, lorsque je redémarre, je retrouve mon terminal avec toutes ses sessions, fenêtres et volets (presque) exactement dans l'état dans lequel il était avant un crash, à l'exception des variables shell.

Quel multiplexeur utiliser ?

Il est particulièrement recommandé d'utiliser le multiplexeur de terminal `tmux`. Les raisons sont multiples : il est mature, stable, riche (a de nombreux plug-ins disponibles) et flexible. Vous trouverez facilement de la documentation et de l'aide à son sujet. Les autres multiplexeurs sont passionnants mais relativement nouveaux ou, comme `screen`, devenus moins compétitifs.

J'espère avoir pu vous convaincre d'envisager l'utilisation d'un multiplexeur de terminal pour améliorer votre expérience du terminal et de l'interpréteur de commandes, accélérer vos tâches et rendre le flux global plus fluide.

Passons maintenant au dernier sujet du chapitre : l'automatisation des tâches avec des scripts shell.

Rédaction de scripts

Dans les sections précédentes de ce chapitre, nous nous sommes concentrés sur l'utilisation manuelle et interactive d'un interpréteur de commandes. Dès que vous aurez saisi manuellement la même commande à plusieurs reprises, vous aurez naturellement l'idée de chercher comment automatiser cette tâche. C'est là que les scripts interviennent.

Nous nous concentrons ici sur l'écriture de scripts dans l'outil bash pour deux raisons :

- La plupart des scripts existants sont écrits pour bash ; beaucoup d'exemples et d'aide y sont donc dédiés.
- La probabilité de trouver bash installé sur un système est élevée, ce qui vous assure une base d'utilisateurs plus importante qu'avec n'importe quel autre interpréteur de commandes (peut-être plus puissant mais ésotérique ou peu répandu).

Sachez dès à présent qu'il existe des scripts shell comptant plusieurs milliers de lignes de code. Pour autant, je vous déconseille de viser cet objectif : si vous vous apprêtez à écrire un script lourd, demandez-vous d'abord si un langage de programmation complet tel que Python ou Ruby ne serait pas un meilleur choix.

Prenons un peu de recul et créons un exemple court et utile en appliquant les bonnes pratiques au fur et à mesure. Supposons que nous voulions automatiser la tâche simple consistant à afficher une seule information qui, en partant de l'identifiant GitHub d'un utilisateur, rappelle quand l'utilisateur s'est inscrit en citant son nom complet sous le format suivant :

```
PRENOM NOMFAMILLE a rejoint GitHub en ANNEE
```

Comment automatiser cette tâche avec un script ? Commençons par les bases, puis examinons la portabilité, et allons jusqu'à la « logique métier » du script.

Notions de base sur les scripts

La bonne nouvelle est qu'en utilisant votre shell de manière interactive, vous connaissez déjà la plupart des termes et techniques des scripts. Nous retrouvons les variables, les flux et les redirections, ainsi que les commandes courantes. Passons en revue les autres entités à connaître dans le contexte des scripts.

Types de données avancés

Les shells traitent généralement toutes leurs données en tant que chaînes de caractères. Si vous voulez effectuer des tâches numériques plus compliquées, vous ne devriez probablement pas utiliser un script shell. Néanmoins, les scripts savent gérer certains types de données avancés, notamment les tableaux. Voici quelques tableaux en action :

```
os=('Linux' 'macOS' 'Windows') ❶
echo "${os[0]}"                ❷
nombredeos="${#os[@]}"         ❸
```

❶ Définit un tableau de trois éléments.

❷ Accède au premier élément ; ceci affiche *Linux*.

❸ Demande la longueur du tableau, ce qui fait que *nombredeos* est ensuite égal à 3.

Contrôle de flux

Le contrôle de flux permet de bifurquer (`if`) ou de répéter (`for` et `while`) dans votre script, en rendant la suite de l'exécution dépendante d'une condition. Voici trois exemples d'utilisation du contrôle de flux :

```
for nomfic in /tmp/* ; do     ❶
  echo "$nomfic"
done

for i in {1..10} ; do         ❷
  echo "$i"
done

while true ; do
  ...
done                          ❸
```

❶ Boucle de base balayant le contenu d'un répertoire, en affichant chaque nom de fichier.

❷ Boucle de décomptage faisant dix tours.

❸ Boucle éternelle ; interrompre avec `Ctrl + C`.

Fonctions

Les fonctions permettent d'écrire des scripts plus modulaires et réutilisables. Une fonction doit toujours être définie avant d'être utilisée (appelée), et le shell interprète le fichier de script dans le sens de lecture, de haut en bas. Voici un exemple simple de fonction :

```
saluer() {                                  ❶
    echo "Salut $1, j'espère que tu vas bien !"
}

saluer "Olivier"                            ❷
```

❶ Définition de la fonction `saluer()` ; la donnée variable est passée dans le paramètre symbolique `$n`.

❷ Invocation de la fonction ; la sortie affichée est ici «Salut Olivier, j'espère que tu vas bien !».

Entrées/sorties sophistiquées

Avec `read`, vous pouvez lire l'entrée utilisateur depuis le clavier (`stdin`) que vous pouvez utiliser pour obtenir une entrée en cours d'exécution – par exemple, avec un menu d'options. De plus, plutôt que d'utiliser `echo`, pensez à `printf`, qui permet de contrôler la sortie avec précision, y compris les couleurs. `printf` est également plus portable que `echo`. Voici un exemple d'utilisation avancée des entrées/sorties :

```
read nom                          ❶
printf "Bonjour %s \n" "$nom"     ❷
```

❶ Lire la valeur à partir de l'entrée standard (le clavier).

❷ Affichage d'une phrase construite avec la valeur de la variable *nom*.

Des concepts plus complexes sont disponibles, tels que les signaux et les trappes (`https://oreil.ly/JsV1v`). Étant donné que nous ne voulons fournir qu'un aperçu et une introduction aux scripts ici, je vous conseille des ouvrages dédiés à bash, par exemple l'excellent *Scripting Cheatsheet* de bash (`https ://oreil.ly/nVjhN`). Si vous envisagez d'écrire beaucoup de scripts shell, je vous recommande de lire le livre de Carl Albing, JP Vossen et Cameron Newham (`https ://oreil.ly/0jEt9`). Il contient beaucoup d'exemples concrets dont vous pouvez partir.

Portabilité des scripts bash

Voyons les enjeux de la contrainte consistant à écrire des scripts bash portables. Que signifie « portable », et pourquoi s'en préoccuper ?

En début de chapitre, nous avons rappelé ce que signifie POSIX. Construisons sur cette base. Le terme « portable » signifie ici que nous n'émettons pas trop d'exigences (implicites ou explicites) sur l'environnement dans lequel les scripts pourront être exécutés. En d'autres termes, un script est dit portable s'il fonctionne sur de nombreux systèmes différents (shells, distributions Linux, *etc.*).

Mais n'oubliez pas que, même si vous imposez un seul modèle d'outil shell (dans notre cas, bash), toutes les fonctionnalités ne se dérouleront pas de la même manière sur les différentes versions de ce shell. En fin de compte, l'élément clé pour qualifier un script de portable est le nombre d'environnements différents dans lesquels vous pouvez le tester.

Exécution d'un script portable

Comment un script est-il exécuté ? Tout d'abord, précisons que les scripts ne sont que des fichiers au format texte. L'extension n'a pas d'importance, bien que l'on trouve souvent *.sh* par convention. Deux choses transforment un fichier texte inerte en un script exécutable, pouvant donc être exploité par l'interpréteur de commandes :

- Le fichier texte doit déclarer le nom et le chemin d'accès à l'interpréteur dans la première ligne, en utilisant ce qu'on appelle un *hashbang* (`https://oreil.ly/88BcE`) (ou *shebang*) qui s'écrit `#!` (voir la première ligne du modèle qui suit).
- Vous devez rendre le script exécutable avec par exemple la commande `chmod +x`, qui permet à tout le monde de l'exécuter ou, mieux encore, `chmod 750`, qui est plus conforme au principe de moindre privilège, puisqu'il n'autorise l'exécution que par l'utilisateur propriétaire et le groupe associé. Nous y reviendrons dans la section sur le contrôle d'accès.

Une fois ces bases posées, prenons un exemple concret qui servira de point de départ.

Un modèle squelette

Voici un modèle de script shell bash portable que vous pouvez utiliser comme point de départ :

```
#!/usr/bin/env bash    ❶
set -o errexit         ❷
set -o nounset         ❸
set -o pipefail        ❹

premierargu="${1:-valeurpardefaut}"    ❺

echo "$premierargu"
```

❶ Le symbole hashbang donne l'instruction au chargeur de programme de démarrer l'outil bash pour interpréter le contenu de ce fichier.

❷ Demande d'arrêter l'exécution du script en cas d'erreur.

❸ Demande de traiter les variables non définies comme des erreurs (le script risque moins d'échouer sans message).

❹ Stipule que lorsqu'une portion d'un traitement enchaîné par tube échoue, toute la séquence doit être considérée comme ayant échoué. Cela permet d'éviter des échecs sans messages.

❺ Exemple de paramètre de ligne de commande avec une valeur par défaut.

Nous utiliserons ce modèle plus tard dans la section illustrant un script d'informations GitHub.

Bonnes pratiques

J'utilise l'expression « bonnes pratiques » plutôt que « meilleures pratiques » parce que ce qui est bon dépend de la situation et de vos objectifs. Il y a une différence entre un script que vous écrivez pour votre usage personnel et un script que vous diffusez à des milliers d'utilisateurs. En général, les bonnes pratiques générales d'écriture des scripts sont les suivantes :

- **Échec rapide et visible.** Évitez les échecs silencieux, et échouez rapidement ; profitez de `errexit` et `pipefail`. Puisque bash a tendance à échouer silencieusement par défaut, il est recommandé de faire échouer rapidement.
- **Informations sensibles.** N'insérez pas littéralement dans vos scripts des informations sensibles comme des mots de passe. Ces informations ne doivent être fournies qu'au moment de l'exécution, par l'intermédiaire d'une saisie utilisateur ou d'un appel à une API. Considérez également que la commande `ps` fait connaître les paramètres du programme (et plus encore), et donc éventuellement des informations sensibles.
- **Nettoyage des données d'entrée.** Définissez et fournissez pour vos variables des valeurs par défaut sûres dès que possible. Nettoyez les entrées que vous recevez des utilisateurs ou d'autres sources. Par exemple, lancez les paramètres fournis ou ingérés de manière interactive via la commande `read` afin d'éviter la catastrophe qui résulte d'une commande d'apparence innocente, `rm -rf "$DIRPROJET/"*`, qui efface tout le disque parce que la variable citée n'était pas définie.
- **Vérification des dépendances.** Ne présupposez pas qu'un outil ou une commande en particulier est disponible, sauf s'il s'agit d'un élément interne ou que vous connaissiez l'environnement cible. Même si votre machine dispose de `curl`, cela ne veut pas dire que la machine cible en dispose. Prévoyez si possible des solutions de repli : par exemple, si `curl` n'est pas trouvé, utiliser `wget`.
- **Gestion des erreurs.** Lorsque votre script échoue (et il s'agit de savoir quand et où), fournissez des instructions exploitables à vos utilisateurs. Par exemple, plutôt que `Erreur 123`, dites ce qui a échoué et comment votre utilisateur peut remédier à la situation, par exemple `Tentative d'écriture dans /projet/xyz/ en échec, car droits d'accès limités à la lecture.`
- **Documentation.** Documentez vos scripts par insertion de bribes documentaires (par exemple, en insérant des `# Chaîne de doc`) pour les blocs principaux. Essayez de vous limiter à 80 caractères pour les longueurs de lignes pour garantir lisibilité et facilité de diffusion.
- **Versionnage.** Faites gérer les évolutions de vos scripts avec un outil de versionnage tel que Git.
- **Tests.** Vérifiez par lint et testez les scripts. Cette pratique très importante fait l'objet de la section suivante.

Voyons maintenant comment sécuriser des scripts en les vérifiant par lint pendant le développement et en les testant avant de les diffuser.

Analyse statique et test des scripts

Pendant le développement et la mise au point de vos scripts, vous prendrez soin de les faire vérifier par un outil de type lint ; vous serez ainsi assuré d'avoir utilisé les commandes et instructions correctement et conformément à vos intentions. Il existe un moyen agréable de procéder, illustré dans la figure suivante avec le programme ShellCheck (`https://oreil.ly/Z3blD`). Vous pouvez le télécharger pour l'installer localement ou utiliser la version en ligne `shellcheck.net`. Pensez à préformater votre script d'abord avec `shfmt` (`https://oreil.ly/obaKQ`) qui corrige automatiquement certains des problèmes que va détecter ShellCheck.

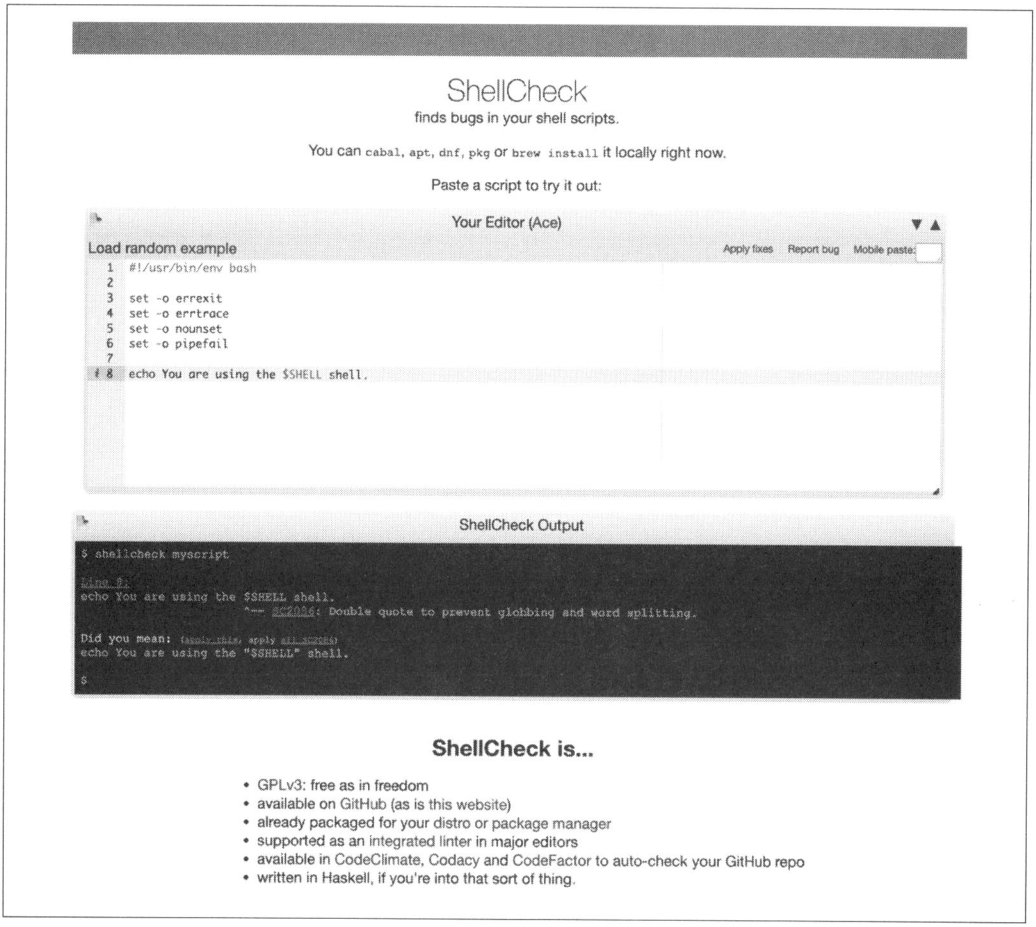

Figure 3.10 : Capture écran de l'outil en ligne ShellCheck.

Avant d'enregistrer votre script dans un référentiel (un « repo »), pensez à le faire vérifier par l'outil `bats` (`https://oreil.ly/uVNgh`) (*Bash Automated Testing System*). Cet outil permet de décrire des cas de test dans des fichiers sous forme de scripts bash exploitant une syntaxe particulière adéquate. Chaque cas est simplement une fonction bash avec une description ; vous invoquerez en général ces scripts dans le cadre d'un pipeline d'intégration continue CI, par exemple sous la forme d'une action GitHub.

Passons donc à la mise en pratique des bonnes pratiques d'écriture, de vérification et de test des scripts. Nous nous appuyons sur le script modèle spécifié en début de section.

Un exemple de script d'informations utilisateur GitHub

Dans cet exemple complet, nous rassemblons tous les conseils et outils précédents pour aboutir à un script qui se fonde sur un identifiant d'utilisateur GitHub pour afficher un message montrant l'année d'inscription de cet utilisateur ainsi que son nom complet.

Voici à quoi ressemble une implémentation qui prend en compte nos bonnes pratiques. On stocke ce script dans un fichier portant le nom `gh-user-info.sh` et on le rend exécutable :

```
#!/usr/bin/env bash

set -o errexit
set -o errtrace
set -o nounset
set -o pipefail

### Paramètre de ligne de commande:
targetuser="${1:-mhausenblas}"                    ❶

### Vérification des dépendances:
if ! [ -x "$(command -v jq)" ]
then
  echo "jq non installé" >&2
  exit 1
fi

### Main (principal):
githubapi="https://api.github.com/users/"
tmpuserdump="/tmp/ghuserdump_$targetuser.json"

result=$(curl -s $githubapi$targetuser)           ❷
echo $result > $tmpuserdump

name=$(jq .name $tmpuserdump -r)                  ❸
created_at=$(jq .created_at $tmpuserdump -r)

joinyear=$(echo $created_at | cut -f1 -d"-")      ❹
echo $name a rejoint GitHub en $joinyear          ❺
```

❶ Définit une valeur par défaut à utiliser si l'utilisateur n'en fournit pas.

❷ Avec curl, accès à l'API GitHub pour récupérer les informations à propos de l'utilisateur sous la forme d'un fichier JSON puis les stocker dans un fichier temporaire (ligne suivante).

❸ Avec l'outil jq, extraction des seuls champs désirés. Notez que le champ `created_at` a une valeur qui ressemble à `2023-02-07T16:07:32Z`.

❹ Avec `cut`, extraction de l'année du champ `created_at` du fichier JSON.

❺ Assemblage du message de sortie pour affichage.

Exemple d'exécution avec les valeurs par défaut :

```
$ ./gh-user-info.sh
Michael Hausenblas a rejoint GitHub en 2009
```

Félicitations, vous avez maintenant tout à votre disposition pour utiliser le shell, à la fois de manière interactive et programmable avec des scripts. Avant de conclure, prenons le temps de considérer ce qui suit concernant ce script `gh-user-info.sh` :

- Que se passe-t-il si le bloc d'informations blob JSON que renvoie l'API GitHub n'est pas valide ? Que se passe-t-il si nous subissons une erreur 500 HTTP ? Si aucune action n'est possible de la part de l'utilisateur, peut-être peut-on ajouter un message du style « Veuillez réessayer plus tard ».
- Pour que le script fonctionne, vous devez avoir accès au réseau, sinon l'appel à `curl` échouera. Que faire en cas d'absence d'accès au réseau ? Sans doute informer l'utilisateur et lui suggérer comment vérifier le réseau.
- Pensez à des améliorations autour des vérifications de dépendances – par exemple, nous supposons ici implicitement que `curl` est installé. Sauriez-vous ajouter une vérification qui rende le script adaptable pour se rabattre sur `wget` ?
- Pourquoi ne pas ajouter une aide à l'utilisation ? Si le script est appelé avec un paramètre `-h` ou `--help`, affichez un exemple concret d'utilisation et les options que les utilisateurs peuvent utiliser pour influencer l'exécution (dans l'idéal, en rappelant les valeurs par défaut en vigueur).

Vous voyez maintenant que, bien que ce script ait l'air propre et fonctionne dans la plupart des cas, il y a toujours quelque chose à améliorer, par exemple en le rendant plus robuste et en ajoutant des messages d'erreur exploitables. Pour améliorer la modularité, envisagez d'adopter un châssis *framework*, par exemple `bashing` (`https://oreil.ly/gLmlB`), `rerun` (`https://oreil.ly/t8U9u`) ou `rr` (`https://oreil.ly/7F2lT`).

Conclusion

Ce chapitre était consacré au travail sous Linux dans l'interface utilisateur texte qu'est le terminal.

Nous avons rappelé la terminologie de l'interpréteur de commandes shell, fourni une introduction pratique à son utilisation, puis passé en revue les tâches courantes et la manière d'augmenter sa productivité en utilisant des variantes modernes de certaines commandes (comme `exa` à la place de `ls`).

Nous avons ensuite présenté les shells modernes conviviaux, en particulier `fish` avec les principes de configuration et d'utilisation. Nous avons vu les multiplexeurs de terminaux permettant de travailler avec plusieurs sessions locales ou distantes, en utilisant `tmux` comme exemple pratique.

L'utilisation de shells et de multiplexeurs modernes peut améliorer considérablement votre efficacité sur la ligne de commande, et il est fortement recommandé de les adopter.

Nous avons enfin abordé l'automatisation des tâches en écrivant des scripts shell sûrs et portables, car vérifiés et testés. Rappelez-vous que les shells sont des interpréteurs de commandes écrites dans un langage ; comme avec n'importe quel autre langage, il faut pratiquer pour être efficace.

Maintenant que vous êtes muni des grands principes de l'utilisation de Linux sur la ligne de commande, vous pouvez travailler avec la majorité des systèmes fondés sur Linux, qu'il s'agisse d'un système embarqué ou d'une machine virtuelle en infonuage. Dans tous ces environnements, vous trouverez un moyen d'accéder à un terminal pour émettre des commandes de façon interactive ou en exécutant des scripts.

Voici quelques ressources supplémentaires en rapport avec ce chapitre :

Terminaux

- "Anatomy of a Terminal Emulator" (`https://oreil.ly/u2CFr`)
- "The TTY Demystified" (`https://oreil.ly/8GT6s`)
- "The Terminal, the Console and the Shell—What Are They?" (`https://oreil.ly/vyVAV`)
- "What Is a TTY on Linux? (and How to Use the tty Command)" (`https://oreil.ly/E0EGG`)
- "Your Terminal Is Not a Terminal: An Introduction to Streams" (`https://oreil.ly/xIEoZ`)

Shells :

- "Unix Shells: bash, Fish, ksh, tcsh, zsh" (`https://oreil.ly/4pepC`)
- "Comparison of Command Shells" (`https://oreil.ly/RQfS6`)

- "bash vs zsh" (sur Reddit) (`https://oreil.ly/kseEe`)
- "Ghost in the Shell—Part 7—ZSH Setup" (`https://oreil.ly/1KGz6`)

Multiplexeurs de terminaux

- "A tmux Crash Course" (`https://oreil.ly/soqPv`)
- "A Quick and Easy Guide to tmux" (`https://oreil.ly/0hVCS`)
- "How to Use tmux on Linux (and Why It's Better Than screen)" (`https://oreil.ly/Q75TR`)
- "The Tao of tmux" (`https://oreil.ly/QDsYI`)
- "tmux 2: Productive Mouse-Free Development" (`https://oreil.ly/eO9y2`)
- Feuille d'astuces et référence rapide de tmux (`https://oreil.ly/SWCa5`)

Scripts shell

- "Shell Style Guide" (`https://oreil.ly/3cxAw`)
- "bash Style Guide" (`https://oreil.ly/zfy1v`)
- "bash Best Practices" (`https://oreil.ly/eC1ol`)
- "bash Scripting Cheatsheet" (`https://oreil.ly/nVroM`)
- "Writing bash Scripts" (`https://oreil.ly/D0zwe`)

Nous allons maintenant nous intéresser au contrôle d'accès et à l'application des règles dans Linux.

CHAPITRE 4

Contrôle d'accès

Après le vaste exposé du chapitre précédent consacré à l'interpréteur de commandes shell et aux scripts, tournons-nous vers l'aspect crucial de la sécurité sous Linux. Nous verrons comment sont gérés les utilisateurs du système et comment administrer l'accès aux ressources de la machine en général et aux fichiers en particulier.

Une question qui vient immédiatement à l'esprit dans un environnement multi-utilisateur (en contraste avec les postes bureautiques à usage individuel) est celle de la propriété. Lorsque, par exemple, un utilisateur est propriétaire d'un fichier, une palette d'opérations lui sont autorisées : lire le contenu, écrire des données et supprimer le contenu et le contenant (le fichier). De même, ce que les autres utilisateurs sont autorisés à faire avec ce fichier est déterminé. Quelles sont les techniques pour stipuler et modifier les règles d'accès ? D'autres activités non directement associées à des fichiers doivent être contrôlées aussi. Par exemple, un utilisateur peut (ou pas) être autorisé à modifier les paramètres des connexions réseau.

Pour aborder ce sujet, nous allons d'abord examiner la relation fondamentale entre les utilisateurs, les processus et les fichiers, du point de vue des accès. Nous passerons également en revue le cantonnement en bac à sable (*sandboxing*) et le contrôle d'accès. Nous donnerons ensuite la définition d'un utilisateur Linux, puis expliquerons ce que les utilisateurs peuvent faire et la manière de les gérer, soit localement, soit à partir d'un point central.

Nous passerons alors aux autorisations et verrons comment contrôler l'accès aux fichiers et comment les processus sont impactés par ces contraintes.

Nous terminerons le chapitre en couvrant une série de fonctionnalités Linux avancées dans le domaine du contrôle d'accès, notamment les capacités, les profils `seccomp` et les listes ACL, et présenterons quelques bonnes pratiques de sécurité autour des permissions et du contrôle d'accès.

Posons les principes de cet exposé en étudiant les relations entre utilisateurs et ressources (fichiers, équipements) en termes de propriétés et de droits d'usage.

Fondamentaux

Avant de plonger dans l'étude des mécanismes de contrôle d'accès, prenons un point de vue d'ensemble du sujet. Nous allons définir la terminologie et clarifier les relations entre les concepts.

Ressources et propriétaires

Linux est un système d'exploitation informatique multi-utilisateur. Son concept d'utilisateur est hérité de l'approche en vigueur dans les systèmes Unix. Chaque compte d'utilisateur possède un identifiant unique UID. Le compte obtient des droits d'accès à certains fichiers de programmes exécutables, à des fichiers de données, à des périphériques et autres ressources gérées par le système Linux. Un utilisateur humain se connecte à son compte utilisateur pour interagir avec la machine ; de même, tout processus s'exécute en étant identifié par un compte « utilisateur ».

Les ressources sont tous les composants matériels ou logiciels disponibles à l'utilisateur. Dans le cas général, nous parlerons simplement de fichiers dans la suite en expliquant pourquoi, sauf lorsque nous désignerons explicitement d'autres types de ressources, comme les appels système *syscalls*. La Figure 4.1 illustre les relations à haut niveau sous Linux entre utilisateurs, processus et fichiers.

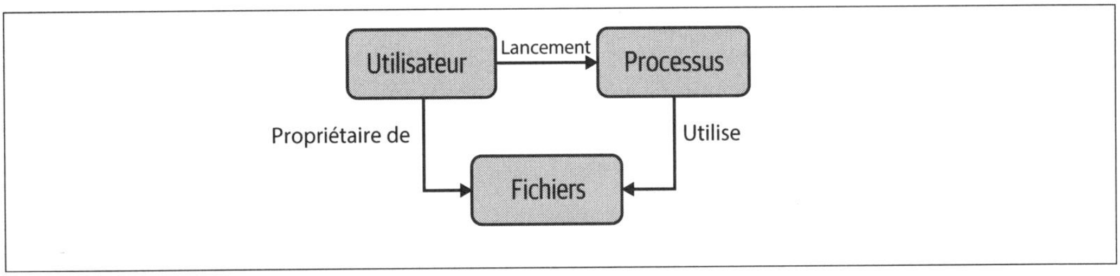

Figure 4.1 : Utilisateurs, processus et fichiers sous Linux.

- **Utilisateur :** un utilisateur démarre des processus et possède des fichiers. Un processus est une séquence d'instructions (fichier exécutable) que le noyau a chargée dans la mémoire principale RAM et dont il a lancé l'exécution.
- **Fichier :** un fichier a toujours un propriétaire ; par défaut, le propriétaire est l'utilisateur qui a créé le fichier.
- **Processus :** un processus exploite les contenus des fichiers pour les faire circuler et les modifier. Se fonde sur la pérennité qu'apporte le stockage des fichiers sur disque dur ou SSD. Les utilisateurs exploitent les fichiers indirectement, car ce sont les processus qui les manipulent.

Cette représentation des relations entre utilisateurs, processus et fichiers est simplifiée, mais suffisante. Elle se montrera utile plus tard lorsque nous discuterons en détail des interactions entre ces entités.

Intéressons-nous au contexte d'exécution, en abordant la question des limitations imposées au processus. Un terme que nous rencontrons souvent lorsque nous parlons d'accès aux ressources est le cantonnement ou *sandboxing*.

Cantonnement (sandboxing)

Le concept de *cantonnement* (*sandboxing*) est assez générique ; il peut faire référence à différentes techniques, allant des cachots *jails* aux conteneurs en passant par les machines virtuelles, qui peuvent être gérées soit au niveau du noyau, soit à celui du domaine utilisateurs. En général, quelque chose s'exécute dans le bac à sable, généralement une application, et le mécanisme de supervision impose un certain degré d'isolation entre le processus ainsi cantonné et l'environnement qui l'héberge. Si tout cela vous semble plutôt théorique, ayez un peu de patience. Nous verrons le cantonnement en action plus loin dans ce même chapitre, puis à nouveau dans le Chapitre 9 lorsque nous parlerons des machines virtuelles et des conteneurs.

Maintenant que vous avez acquis une compréhension de base des ressources, de la propriété et de l'accès à ces ressources, parlons brièvement de certaines méthodes conceptuelles de contrôle d'accès.

Types de contrôle d'accès

Un aspect du contrôle d'accès est la nature de l'accès lui-même. Un utilisateur ou un processus accède-t-il directement à une ressource, éventuellement de manière illimitée ? Ou bien existe-t-il un ensemble de règles à propos du type de ressources (fichiers ou appels système) auxquelles un processus peut accéder, et des circonstances d'accès. Chaque accès peut même être journalisé.

Il existe plusieurs types de contrôle d'accès. Les deux plus importants et les plus pertinents pour notre discussion dans le contexte de Linux sont le contrôle d'accès « discrétionnaire » et le contrôle d'accès « obligatoire » :

- **Contrôle d'accès discrétionnaire :** avec le contrôle d'accès discrétionnaire (DAC, Discretionary Access Control), l'idée est de restreindre l'accès aux ressources en fonction de l'identité de l'utilisateur. Il est discrétionnaire dans le sens de transmissible. Un utilisateur qui dispose de certaines autorisations peut les octroyer à d'autres utilisateurs.
- **Contrôle d'accès obligatoire :** le contrôle d'accès obligatoire est basé sur un modèle hiérarchique représentant des niveaux de sécurité. Chaque utilisateur se voit attribuer un niveau d'habilitation, et chaque ressource un label de sécurité. Les utilisateurs ne peuvent accéder qu'aux ressources correspondant à un niveau d'habilitation égal ou inférieur au leur. Dans un modèle de contrôle d'accès obligatoire, un administrateur contrôle stricte-

ment et exclusivement tous les accès, en définissant toutes les autorisations. En d'autres termes, les utilisateurs ne peuvent pas définir eux-mêmes les autorisations, même pour les ressources dont ils sont propriétaires.

Linux adopte traditionnellement une attitude tout ou rien : vous êtes soit un super-utilisateur (qui a le pouvoir de tout changer), soit un utilisateur normal (avec accès limité). Au départ, il n'existait pas de moyen simple et souple pour octroyer certains privilèges à un utilisateur ou à un processus. Par exemple, dans le cas général, pour permettre qu'un processus X soit autorisé à modifier les paramètres réseau, vous deviez lui donner un accès maximal `root`. Cela créait un point faible que l'on pouvait facilement exploiter.

> Pour nuancer un peu l'attitude « tout ou rien » de Linux : les valeurs par défaut de la plupart des systèmes Linux permettent l'accès en lecture à presque tous les fichiers et exécutables par « les autres », c'est-à-dire tous les utilisateurs identifiés du système. Ainsi, lorsque SELinux est activé, le contrôle d'accès obligatoire limite l'accès aux seuls actifs rendus accessibles par des permissions. Un serveur web ne peut, par exemple, utiliser que les ports 80 et 443, ne partager que les fichiers et scripts provenant de répertoires spécifiques, n'écrire ses journaux qu'à des endroits spécifiques, etc.

Nous reviendrons sur ce sujet en fin de chapitre et verrons comment les possibilités modernes de Linux peuvent aider à dépasser cette vision binaire du monde pour permettre une gestion plus fine des privilèges.

L'implémentation la plus connue du contrôle d'accès obligatoire pour Linux est probablement SELinux (`https://oreil.ly/HAOBS`). Développé pour répondre aux exigences de sécurité élevées des agences gouvernementales, SELinux est généralement utilisé dans ces environnements dans lesquels il est accepté que la convivialité souffre de règles très strictes. Une autre option de contrôle d'accès obligatoire, AppArmor, est incluse dans le noyau Linux depuis la version 2.6.36 et plutôt populaire parmi les distributions Linux Ubuntu (`https://oreil.ly/rp4Fq`).

Passons maintenant aux utilisateurs et à la manière de les gérer sous Linux.

Utilisateurs

Sous Linux, on distingue en général deux types de comptes utilisateur, selon l'objectif ou l'utilisation prévu :

- **Comptes système :** en général, les programmes en tâches de fond (parfois appelés démons) utilisent ces types de comptes pour exécuter des processus en arrière-plan. Les services fournis par ces programmes peuvent faire partie du système d'exploitation, comme la mise en réseau (`sshd`, par exemple), ou bien de la couche application (par exemple, `mysql`, dans le cas d'une base de données relationnelle populaire).

- **Comptes d'utilisateurs au sens propre ou réguliers :** obtiennent ce type de comptes les humains qui utilisent le système de manière interactive via le shell (ou une application).

La distinction entre utilisateurs système et utilisateurs réguliers est moins une question technique qu'une convention d'organisation. L'élément fondamental de cette organisation est l'identifiant utilisateur UID, une valeur numérique sur 32 bits.

Linux identifie chaque utilisateur par un UID. Cet utilisateur fait partie d'au moins un groupe qui est géré par un identifiant de groupe GID (*Group ID*). L'UID égal à 0, généralement appelé `root`, correspond au super-utilisateur et existe dès l'installation du système. Ce super-utilisateur est autorisé à faire n'importe quoi, c'est-à-dire qu'aucune restriction ne lui est imposable. En général, vous éviterez de travailler en tant qu'utilisateur `root`, parce que cela représente tout simplement trop de pouvoir. Vous pouvez facilement détruire tout le système avec une simple erreur de frappe dans une commande (croyez-moi, cela m'est arrivé). Nous y reviendrons plus tard dans ce chapitre.

Les distributions Linux ont des choix variés en ce qui concerne l'usage des valeurs de la plage d'UID. Par exemple, les distributions gérées par `systemd` appliquent la convention suivante (`https://oreil.ly/c0DuO`) (simplifiée ici) :

- **UID 0 :** compte du super-utilisateur `root`.
- **UID 1 à 999 :** comptes système.
- **UID 65534 :** compte utilisateur technique `nobody` utilisé par le sous-système de fichiers réseau NFS pour associer les utilisateurs distants à un ID.
- **UID 1000 à 65533 :** comptes utilisateurs réguliers.
- **UID 65536 à 4294967294 :** comptes utilisateurs réguliers.

Pour connaître l'UID du compte avec lequel vous avez ouvert votre session, utilisez la commande `id` comme ceci :

```
$ id -u
2016796723
```

Voyons maintenant comment gérer les utilisateurs.

Gestion locale des utilisateurs

La première option, traditionnellement la seule disponible, consiste à gérer les utilisateurs localement. En d'autres termes, seules les informations locales de la machine sont utilisées. Les informations relatives aux utilisateurs ne sont pas partagées sur un réseau de machines.

Pour la gestion des utilisateurs locaux, Linux utilise une interface simple basée sur des fichiers avec un schéma de dénomination quelque peu confus qui est un héritage incontournable. Le tableau suivant liste les quatre fichiers sur lesquels se fonde la gestion locale des utilisateurs.

Tableau 4.1 : Fichiers de gestion locale des utilisateurs

Contenu	Dossier/fichier
Base de données des utilisateurs	*/etc/passwd*
Base de données des groupes	*/etc/group*
Mots de passe des utilisateurs	*/etc/shadow*
Mots de passe des groupes	*/etc/gshadow*

Vous pouvez considérer `/etc/passwd` comme une mini-base de données des utilisateurs qui rassemble les noms des utilisateurs, leurs UID, leur appartenance à un groupe, parmi d'autres données, comme le répertoire principal et le shell de connexion utilisé (pour les utilisateurs classiques). Voyons un exemple concret :

```
$ cat /etc/passwd
root:x:0:0:root:/root:/bin/bash                                    ❶
daemon:x:1:1:daemon:/usr/sbin:/usr/sbin/nologin                    ❷
bin:x:2:2:bin:/bin:/usr/sbin/nologin
sys:x:3:3:sys:/dev:/usr/sbin/nologin
nobody:x:65534:65534:nobody:/nonexistent:/usr/sbin/nologin
syslog:x:104:110::/home/syslog:/usr/sbin/nologin
mh9:x:1000:1001::/home/mh9:/usr/bin/fish                           ❸
```

❶ Le super-utilisateur `root` possède l'UID *0*.

❷ Compte système (le `nologin` le confirme ; voir plus loin). Il y en a cinq.

❸ Compte utilisateur de l'auteur du livre.

Examinons de plus près une ligne de ce fichier `/etc/passwd` pour comprendre la structure d'une entrée utilisateur :

```
root:x:0:0:root:/root:/bin/bash
^    ^ ^ ^ ^    ^     ^
|    | | | |    |     └─ ❶
|    | | | |    └─ ❷
|    | | | └─ ❸
|    | | └─ ❹
|    | └─ ❺
|    └─ ❻
└─ ❼
```

❶ Shell de connexion à utiliser. Pour interdire toute connexion interactive, spécifiez `/sbin/nologin`.

❷ Répertoire personnel de l'utilisateur par défaut ; il est symbolisé par /.

❸ Informations sur l'utilisateur telles que le nom complet ou les données de contact comme le numéro de téléphone. Souvent aussi connu sous le nom de champ GECOS (`https://oreil.ly/ZWQ0f`). Notez que le formatage GECOS n'est pas utilisé, mais que le champ lui-même est utilisé typiquement pour le nom complet de la personne associée au compte.

❹ Groupe primaire (GID) de l'utilisateur ; voir aussi `/etc/group`.

❺ Identifiant unique UID. Rappelons que Linux réserve les UID inférieurs à 1000 au système.

❻ Mot de passe de l'utilisateur, le caractère *x* signifiant que le mot de passe (crypté) est stocké dans `/etc/shadow`, ce qui est la situation par défaut de nos jours.

❼ Nom de l'utilisateur comprenant 32 caractères au plus.

Une chose peut étonner en étudiant le contenu de `/etc/passwd` : on s'attendrait, d'après le nom du fichier, à y trouver des mots de passe (*password*). Pour des raisons historiques, les mots de passe sont stockés dans un autre fichier nommé `/etc/shadow`. Alors que chaque utilisateur peut lire `/etc/passwd`, vous avez généralement besoin des privilèges de super-utilisateur `root` pour accéder à `/etc/shadow`.

Pour ajouter un utilisateur, vous utilisez la commande `adduser` comme ceci :

```
$ sudo adduser mh9
Adding user 'mh9' ...
Adding new group 'mh9' (1001) ...
Adding new user 'mh9' (1000) with group 'mh9' ...
Creating home directory '/home/mh9' ...              ❶
Copying files from '/etc/skel' ...                   ❷
New password:  xxxx                                  ❸
Retype new password: xxxx
passwd: password updated successfully
Changing the user information for mh9
Enter the new value, or press ENTER for the default  ❹
        Full Name []: Michael Hausenblas
        Room Number []: 45 26 35 20
        Work Phone []:
        Home Phone []:
        Other []:
Is the information correct? [Y/n] Y
```

❶ La commande `adduser` crée un répertoire personnel.

❷ Elle copie plusieurs fichiers de configuration par défaut dans le répertoire d'accueil.

❸ Elle demande de définir un mot de passe.

❹ Elle accepte des informations GECOS facultatives.

Pour créer un compte de super-utilisateur, ajoutez l'option `-r`. Ceci désactivera la possibilité d'utiliser un shell de connexion et évitera également la création d'un répertoire personnel. Pour les détails de configuration, voir aussi `/etc/adduser.conf`, y compris les options telles que la plage UID/GID à utiliser.

En plus des utilisateurs, Linux dispose du concept de groupe. Dans un sens, ce n'est qu'un regroupement d'utilisateurs. Tout utilisateur normal appartient au minimum à un groupe par défaut mais il peut devenir membre de groupes supplémentaires. Les groupes et les associations sont visibles dans le fichier `/etc/group` :

```
$ cat /etc/group ❶
racine:x:0 :
démon:x:1 :
bin:x:2 :
sys:x:3 :
adm:x:4:syslog
...
ssh:x:114 :
paysage:x:115 :
admin:x:116 :
netdev:x:117 :
lxd:x:118 :
systemd-coredump:x:999 :
mh9:x:1001 : ❷
```

❶ Affichage du contenu du fichier de mappage des groupes.

❷ Exemple de groupe associé à mon compte utilisateur `mh9` et portant l'identifiant GID `1001`. Notez que vous pouvez ajouter une liste de noms d'utilisateurs séparés par des virgules après le dernier point pour permettre à plusieurs utilisateurs de faire partie de ce groupe.

Découvrons une méthode potentiellement plus efficace pour gérer les utilisateurs dans une configuration professionnelle, capable de répondre aux montées en charge.

Gestion centralisée des utilisateurs

Si vous devez gérer plus d'une machine ou d'un serveur au niveau des utilisateurs, comme dans une configuration professionnelle, il n'est plus possible de poursuivre avec une gestion locale des comptes. Il vous faut un moyen centralisé de gérer les utilisateurs tout en pouvant décliner ces règles localement sur chaque machine en particulier. Plusieurs approches sont possibles en fonction de vos besoins et de votre budget en temps :

- **Gestion basée annuaire :** le protocole LDAP (*Lightweight Directory Access Protocol*) est une suite de protocoles vieille de plusieurs décennies et désormais formalisée par l'IETF. Cet annuaire LDAP définit la manière d'accéder à un répertoire distribué (en utilisant le protocole IP) et de le maintenir à jour. Vous pouvez exploiter vous-même un serveur LDAP, par exemple avec un outil tel que KeyCloak (`https://oreil.ly/j6qm2`) ou bien le confier à un fournisseur de services en infonuage, tel que Azure Active Directory.
- **Gestion réseau Kerberos :** les utilisateurs peuvent être authentifiés de cette manière avec Kerberos. Nous examinerons Kerberos en détail dans le dernier chapitre.
- **Système de gestion de configuration :** un système tel que Ansible, Chef, Puppet ou SaltStack sait créer des comptes utilisateurs de manière cohérente sur toute une série de machines.

La mise en œuvre effective dépend en général de l'environnement. Si, par exemple, une entreprise utilise déjà l'annuaire LDAP, ses choix seront limités. Les détails des différentes approches, leurs avantages et leurs inconvénients dépassent le cadre de cet ouvrage.

Permissions

Entrons maintenant dans les détails des permissions ou droits d'accès aux fichiers Linux par les utilisateurs, qui sont au cœur du fonctionnement du système. Nous étudierons ensuite les permissions en relation avec les processus, c'est-à-dire les permissions d'exécution et la façon dont elles dérivent des permissions fichiers.

Permissions fichiers

Du fait que globalement tout est fichier dans Linux, les règles d'accès aux fichiers sont centrales dans l'approche Linux d'accès aux ressources. Passons d'abord en revue la terminologie, puis discutons en détail de la représentation des métadonnées qui régissent les modalités d'accès aux fichiers.

Il existe trois périmètres ou champs d'application des permissions, du plus strict au plus large :

- **Utilisateur :** le propriétaire du fichier
- **Groupe :** plusieurs utilisateurs dont le propriétaire
- **Autres :** tous les comptes hormis ceux des deux niveaux précédents

Ces trois périmètres s'articulent avec trois niveaux d'accès :

- Lecture (Read, `r`) : Pour un fichier normal, permet à l'utilisateur demandeur de visualiser et d'exploiter les données que contient le fichier. Pour un répertoire, permet d'afficher les noms des fichiers dans le répertoire.
- Écriture (Write, `w`) : Pour un fichier normal, permet à l'utilisateur de modifier et de supprimer le fichier. Pour un répertoire, permet de créer, de renommer et de supprimer des fichiers dans le répertoire.
- eXécution (`x`) : Pour un fichier, si son format est celui d'un fichier binaire exécutable, et si l'utilisateur demandeur a également des droits en lecture sur ce fichier, cette permission l'autorise à demander l'exécution du fichier. Pour un répertoire, cela lui permet d'accéder aux informations que contient le répertoire (noms et attributs des fichiers), d'entrer dans le répertoire par `cd` et de lister son contenu par `ls`.

Autres bits d'accès aux fichiers

J'ai présenté les trois lettres `r`, `w` et `x` qui symbolisent les trois niveaux d'accès à un fichier, mais en pratique vous en apercevrez parfois d'autres dans l'affichage d'un répertoire par `ls` :

`s` est la permission `setuid`/`setgid` qui concerne les fichiers exécutables. L'utilisateur qui exécute un tel fichier hérite des privilèges effectifs du propriétaire ou du groupe de ce fichier.

`t` est le bit collant (*Sticky*), qui est seulement pertinent pour un répertoire. S'il est activé, il empêche tout utilisateur non root de supprimer les fichiers contenus, sauf si cet utilisateur est le propriétaire du répertoire/fichier.

Il existe également des paramètres spéciaux sous Linux, disponibles *via* la commande `chattr` (changer les attributs) mais cela dépasse le cadre de ce chapitre.

Voyons les permissions de fichiers en action (les espaces dans la sortie de la commande `ls` ont été agrandis pour augmenter la lisibilité) :

```
$ ls -al
total 0
-rw-r--r-- 1  mh9 devs  439  Apr 12 11:42 test
^          ^  ^   ^     ^    ^            ^
|          |  |   |     |    |            └─ ❶
|          |  |   |     |    └─ ❷
|          |  |   |     └─ ❸
|          |  |   └─ ❹
|          |  └─ ❺
|          └─ ❻
└─ ❼
```

❶ Nom du fichier.

❷ Horodatage de la dernière modification.

❸ Taille du fichier en octets (439).

❹ Groupe auquel le fichier appartient.

❺ Propriétaire du fichier.

❻ Nombre de liens physiques (`https://oreil.ly/9Gfzu`).

❼ Mode fichier.

Analysons en détail la portion de ces métadonnées dédiée au mode fichier. Cette partie est constituée des dix premières positions du champ ci-dessus. Elle décrit sur un caractère le type de fichier puis sur neuf autres caractères les permissions mentionnés. Voici la signification de chaque indicateur d'attribut (un *drapeau*, *flag*) :

```
.  rwx rwx rwx
^  ^   ^   ^
|  |   |   └─ ❶
|  |   └─ ❷
|  └─ ❸
└─ ❹
```

❶ Permissions (lecture, écriture, exécution) pour les comptes autres.

❷ Permissions pour le groupe de l'utilisateur propriétaire.

❸ Permissions pour le propriétaire du fichier.

❹ Type de fichier (voir Tableau 4.2).

Le premier caractère du mode fichier représente le type de fichier comme décrit dans le Tableau 4.2.

Tableau 4.2 : Types de fichiers exprimés en première position du mode fichier

Symbole	Signification
-	Fichier normal (tel que produit avec `touch abc`)
b	Fichier spécial en mode bloc
c	Fichier spécial en mode caractère
C	Fichier à hautes performances (données contiguës)
d	Sous-répertoire (*Directory*)
l	Lien symbolique
p	Tube nommé (créé avec `mkfifo`)
s	Prise de connexion réseau *socket*
?	Autre type de fichier (inconnu)

Quelques autres caractères (plus anciens ou obsolètes) tels que `M` et `P` se rencontrent encore en position 0, mais vous pouvez en général les ignorer. Pour en savoir plus à leur sujet, lancez la commande `info ls -n "What information"`.

Les neuf positions qui constituent la suite du masque de bits encodent les trois modes d'accès pour les trois niveaux d'utilisateurs (voir Tableau 4.3). Elles définissent donc ce qui est autorisé pour chaque élément de l'ensemble cible (utilisateur, groupe, autres), comme indiqué dans le tableau suivant.

Tableau 4.3 : Autorisations d'accès fichiers

Modèle	Autorisation effective	Représentation décimale
`---`	Aucune	0
`--x`	Exécution	1
`-w-`	Écriture	2
`-wx`	Écriture et exécution	3
`r--`	Lecture	4
`r-x`	Lecture et exécution	5
`rw-`	Lecture et écriture	6
`rwx`	Lecture, écriture, exécution	7

Voyons quelques exemples :

- *755* : Accès complet pour le propriétaire, lecture et exécution pour le groupe et les autres.
- *700* : Accès complet pour le propriétaire, aucun accès pour le groupe et les autres.
- *664* : Accès en lecture/écriture pour le propriétaire et le groupe, lecture seule pour les autres.
- *664* : Accès en lecture/écriture pour le propriétaire, lecture seule pour le groupe et les autres.
- *400* : Accès en lecture pour son propriétaire, aucun accès pour le groupe et les autres.

La valeur *664* a une signification particulière sur mon système. Quand je crée un fichier, c'est le masque de permission attribué par défaut. On peut le vérifier avec la commande `umask` (`https://oreil.ly/H9ksX`) qui, dans mon cas, me renvoie *0002*.

Les permissions `setuid` servent à dire au système d'exécuter, pour un utilisateur qui n'en est pas propriétaire, un fichier exécutable avec les permissions du propriétaire. Si un fichier est la propriété de `root`, ce passe-droit peut causer de graves problèmes.

Vous modifiez les permissions d'un fichier avec `chmod`. Soit vous spécifiez explicitement les paramètres de permission désirés (avec une valeur telle que *644*), soit vous utilisez des raccourcis (par exemple, `+x` pour le rendre exécutable).

Passons à la pratique et rendons un fichier exécutable avec `chmod` :

```
$ ls -al /tmp/masktest
-rw-r--r-- 1 mh9 dev 0 Aug 28 13:07 /tmp/masktest  ❶
$ chmod +x /tmp/masktest                             ❷

$ ls -al /tmp/masktest
-rwxr-xr-x 1 mh9 dev 0 Aug 28 13:07 /tmp/masktest  ❸
```

❶ Initialement, les permissions du fichier sont `rw-` pour le propriétaire et lecture seule `r--` pour le groupe et les autres, soit la valeur de masque *644*.

❷ Rend le fichier exécutable avec +x.

❸ Les permissions sont dorénavant rwx pour le propriétaire et r-x pour tous les autres, soit *755*.

La Figure 4.2 montre la mécanique en action. Notez que vous pourriez ne pas vouloir donner à tout le monde le droit d'exécuter le fichier. Un chmod 744 aurait été préférable ici, en donnant au propriétaire les permissions requises sans modifier celles des autres. Nous discuterons de ce sujet plus en détail dans la section sur les bonnes pratiques.

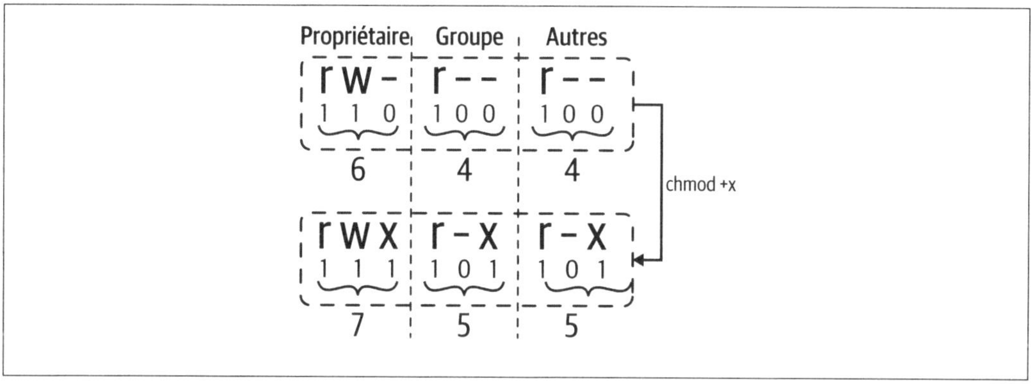

Figure 4.2 : Changement des valeurs de drapeaux en rendant un fichier exécutable.

Vous pouvez également changer le propriétaire avec chown (et chgrp pour le groupe) :

```
$ touch monfichier
$ ls -al monfichier
-rw-rw-r-- 1 mh9 mh9 0 Sep 4 09:26 monfichier        ❶

$ sudo chown root monfichier                          ❷
-rw-rw-r-- 1 root mh9 0 Sep 4 09:26 monfichier
```

❶ Le fichier monfichier créé par le compte *mh9* et qui lui appartient.

❷ Sous l'effet de chown, c'est le super-utilisateur root qui possède ce fichier.

Après avoir abordé la gestion élémentaire des autorisations, examinons quelques techniques plus avancées dans ce domaine.

Permissions des processus

Jusqu'à présent, nous nous sommes concentrés sur la manière dont les utilisateurs humains peuvent accéder aux fichiers grâce aux permissions. Dans un sens, les processus sont aussi des utilisateurs de ressources. Nous avons étudié le concept de propriété des fichiers ainsi que la façon dont les processus utilisent les fichiers. Il reste à découvrir quelles sont les permissions pertinentes, du point de vue des processus.

Il existe différents identifiants de processus pertinents dans le contexte des droits d'exécution. Vous pouvez aussi consulter la page traitant des crédentiels avec `man credentials` (`https://oreil.ly/o7gf6`) :

- **UID réel :** l'UID réel est l'identifiant de l'utilisateur qui a lancé le processus. Il représente la propriété du processus en termes d'utilisateur humain. Le processus lui-même peut obtenir son UID réel *via* `getuid(2)` et vous pouvez le connaître *via* le shell en utilisant `stat -c "%u %g" /proc/$pid/`.
- **UID effectif :** le noyau Linux utilise l'UID effectif pour déterminer les permissions dont dispose un processus qui veut accéder à des ressources partagées telles que des files d'attente de messages. Sur les systèmes Unix traditionnels, cet UID est aussi utilisé pour l'accès aux fichiers. Linux utilisait au départ un UID dédié au système de fichiers (voir la discussion suivante) pour les autorisations d'accès aux fichiers. Cette approche reste supportée pour des raisons de compatibilité. Un processus peut obtenir son UID effectif *via* `geteuid(2)`.
- **Set-user-ID sauvegardé :** les set-user-ID sauvegardés sont utilisés dans les cas d'utilisation `suid` dans lesquels un processus peut profiter de privilèges en permutant son UID effectif entre l'UID réel et le set-user-ID sauvegardé. Par exemple, pour qu'un processus puisse utiliser certains ports réseau (voir la description des ports au Chapitre 7), il doit disposer de privilèges élevés, comme être exécuté en tant que `root`. Un processus peut connaître ses set-user-ID sauvegardés avec `getresuid` (`https://oreil.ly/01QVp`).
- **UID de système de fichiers :** l'identifiant de système de fichiers est spécifique à Linux ; il sert à préciser les autorisations d'accès aux fichiers. Il avait été introduit pour prendre en charge le cas d'utilisation d'un serveur de fichiers qui devait agir au nom d'un utilisateur normal tout en protégeant le processus des signaux que pourrait émettre cet utilisateur. Les programmes ne manipulent généralement pas directement cet UID. Le noyau surveille toute modification de l'UID effectif et répercute automatiquement ce changement d'UID à celui du système de fichiers. Autrement dit, habituellement l'UID du système de fichiers coïncide avec l'UID effectif. Il peut être rendu divergent avec `setfsuid` (voir (`https://oreil.ly/NhhNr`)). Notez que, techniquement, cet UID n'est plus nécessaire depuis la version 2.0 du noyau ; il reste supporté pour des raisons de compatibilité.

Initialement, quand un processus enfant est créé *via* `fork`, il hérite des copies des UID de ses parents. Pendant un appel système `execve`, l'UID réel du processus est sauvegardé, alors que l'UID effectif et le set-user-ID sauvegardé peuvent changer.

Lorsque vous exécutez, par exemple, la commande `passwd`, votre UID effectif est votre UID normal, disons 1000. Si `passwd` a armé le drapeau `suid`, lorsque vous exécuterez, votre UID effectif sera 0 (alias `root`). D'autres façons d'influencer l'UID effectif sont disponibles, par exemple en utilisant `chroot` et autres techniques de cantonnement.

> POSIX exige que les informations d'identification soient partagées entre tous les *exétrons* (*threads*) ou sous-processus d'un processus. Cependant au niveau du noyau, Linux maintient des informations d'identification utilisateur et de groupe distinctes pour chaque exétron.

Outre les autorisations d'accès aux fichiers, le noyau utilise les UID des processus pour d'autres buts, en particulier :

- Définir des permissions pour l'émission de signaux, par exemple pour déterminer ce qui va se produire lorsque vous appliquez un `kill -9` pour détruire un processus d'après son ID. Nous reviendrons sur ce sujet dans le Chapitre 6.
- Gérer les permissions pour l'ordonnancement et les priorités ente processus (par exemple, en relation avec `nice`).
- Surveiller les plafonds de ressources, ce que nous verrons en détail dans le contexte des conteneurs dans le Chapitre 9.

Maîtriser les UID effectifs, dans le contexte de `suid`, reste praticable, mais la situation devient plus ardue lorsque les capacités entrent en jeu, comme nous allons le voir maintenant.

Gestion avancée des permissions

Nous nous sommes concentrés jusqu'à présent sur les mécanismes très utilisés. Les sujets que nous abordons maintenant ne sont pas nécessairement à prendre en compte dans une configuration occasionnelle ou de loisirs. En revanche, pour un usage professionnel, c'est-à-dire en production lorsque des traitements stratégiques sont en jeu, vous devez au minimum connaître les grandes lignes des approches de gestion avancées des permissions qui suivent.

Capacités

Dans Linux, comme par convention dans tout système de style UNIX, le super-utilisateur `root` ne souffre d'aucune restriction pour exécuter des processus. En d'autres termes, le noyau ne distingue que deux cas :

- les processus privilégiés, contournant les contrôles de permission du noyau, avec un UID effectif égal à 0 (alias `root`) ;
- les processus non privilégiés, ayant un UID effectif différent de zéro, pour lesquels le noyau effectue des contrôles, comme nous l'avons vu précédemment dans ce chapitre.

Avec l'introduction, dans la version 2.2 du noyau, de l'appel système relatif aux capacités (`https://oreil.ly/1Fma7`), cette vision binaire du monde a été nuancée : les privilèges traditionnellement associés à `root` sont maintenant décomposés en unités distinctes qui peuvent être assignées indépendamment au niveau de chaque exétron.

En pratique, l'idée est qu'un processus normal n'a aucune capacité, et n'est contrôlé que par les permissions discutées dans la précédente section. Vous pouvez attribuer des capacités aux exécutables (binaires et scripts shell) ainsi qu'aux processus pour les doter progressivement des privilèges nécessaires à la réalisation d'une tâche (voir la discussion sur les bonnes pratiques qui suit).

Sachez néanmoins que les capacités ne sont généralement pertinentes que pour les tâches de niveau système. En d'autres termes, la plupart du temps, vous n'aurez pas à vous en soucier.

Le Tableau 4.4 montre certaines des capacités les plus utilisées.

Tableau 4.4 : Exemples de capacités utiles

Capacité	Description
CAP_CHOWN	Permet à l'utilisateur de modifier arbitrairement les UID/GID des fichiers
CAP_KILL	Permet l'envoi de signaux à des processus appartenant à d'autres utilisateurs
CAP_SETUID	Permet de changer d'UID
CAP_SETPCAP	Permet de définir les capacités d'un processus en cours d'exécution
CAP_NET_ADMIN	Permet d'effectuer diverses actions liées au réseau, telles que la configuration d'interfaces
CAP_NET_RAW	Permet d'utiliser les sockets RAW et PACKET
CAP_SYS_CHROOT	Permet d'appeler `chroot`
CAP_SYS_ADMIN	Permet les opérations d'administration du système, y compris le montage des systèmes de fichiers
CAP_SYS_PTRACE	Permet d'utiliser `strace` pour déboguer les processus
CAP_SYS_MODULE	Permet de charger les modules du noyau

Voyons les capacités en action. Pour les visualiser, vous disposez des commandes ci-dessous (sortie abrégée) :

```
$ capsh --print                ❶
Current : =
Bounding set =cap_chown,cap_dac_override,cap_dac_read_search,
cap_fowner,cap_fsetid,cap_kill,cap_setgid,cap_setuid,cap_setpcap,
...

$ grep Cap /proc/$$/status     ❷
CapInh : 0000000000000000
CapPrm : 0000000000000000
CapEff : 0000000000000000
CapBnd : 000001ffffffffff
CapAmb : 0000000000000000
```

❶ Aperçu de toutes les capacités du système.

❷ Capacités du processus actuel (le shell).

Vous pouvez gérer les capacités de manière fine, c'est-à-dire fichier par fichier, avec `getcap` et `setcap` (les détails et les bonnes pratiques dépassent le cadre de ce chapitre). Les capacités permettent de passer d'une approche « tout ou rien » à une gestion de privilèges plus fine.

Découvrons maintenant une autre technique de contrôle d'accès avancé : le cantonnement en bac à sable ou *sandboxing* de `seccomp`.

Profils seccomp

Le mode d'exécution sécurisée `seccomp` (*SECure COMPuting mode*) (`https://oreil.ly/p5iuR`) est une fonctionnalité du noyau Linux disponible depuis 2005. L'idée de base derrière cette technique de cantonnement est de contrôler quels appels système un processus est autorisé à faire, en utilisant un syscall dédié appelé `seccomp`.

On peut trouver peu pratique de gérer soi-même `seccomp`, mais il existe des moyens de l'utiliser sans trop de difficulté. Par exemple, dans le contexte des conteneurs (voir Chapitre 6), Docker et Kubernetes prennent tous deux en charge `seccomp`.

Le mécanisme des permissions d'accès classiques peut être enrichi par une extension portant le nom ACL.

Listes de contrôle d'accès ACL

La liste de contrôle d'accès (ACL) constitue un mécanisme de gestion des permissions souple et utilisable en complément des permissions classiques abordées plus haut. La liste ACL comble un manque des permissions classiques car elle vous permet d'accorder des permissions à un utilisateur ou un groupe qui ne figure pas dans la liste des groupes d'un autre utilisateur.

Pour vérifier si votre distribution supporte les listes ACL, utilisez la commande `grep -i acl /boot/config*` puis scrutez le résultat affiché pour y trouver une mention `POSIX_ACL=Y`. Pour pouvoir utiliser ACL pour un système de fichiers, ce mécanisme doit avoir été activé au moment du montage grâce à l'option `acl`. La documentation de référence de `acl` fournit tous les détails (`https://oreil.ly/Ngr0m`).

Nous n'entrerons pas ici dans le détail des ACL car elles sortent du cadre de ce livre ; il reste utile de les connaître et de savoir comment en tirer profit.

Passons pour conclure en revue quelques bonnes pratiques en matière de contrôle d'accès.

Bonnes pratiques de contrôle d'accès

Voici quelques « bonnes pratiques » de sécurité dans le contexte global du contrôle d'accès. Certaines de ces pratiques concernent surtout les environnements professionnels, mais tout le monde devrait au moins en connaître l'existence.

Limiter les privilèges tant que faire se peut

Le principe de moindres privilèges édicte qu'une personne ou un processus ne doit disposer que des permissions nécessaires pour accomplir la tâche visée. Par exemple, si une application ne doit pas écrire dans un fichier, elle n'a besoin que d'un accès en lecture. Dans le contexte du contrôle d'accès, vous pouvez appliquer le principe des moindres privilèges de deux manières :

- Nous avons vu précédemment l'impact de la commande `chmod +x`. En plus des permissions que vous désirez, la commande attribue également quelques permissions supplémentaires aux autres utilisateurs. L'utilisation de permissions explicites *via* le mode numérique est préférable au mode symbolique, qui est plus pratique mais moins fiable.
- Évitez autant que possible de lancer des exécutions en tant que `root`. Lorsque vous devez installer quelque chose, préférez l'état de super-utilisateur transitoire que permet `sudo`.

Notez que si vous développez une application, vous pouvez adopter une politique SELinux afin de limiter l'accès à certains fichiers, répertoires et fonctionnalités. Le modèle Linux par défaut peut potentiellement donner à l'application un accès à tous les fichiers restés ouverts sur le système.

Éviter *setuid*

Tirez parti des capacités plutôt que de vous fier à `setuid` qui agit sans aucune nuance et offre aux agresseurs une excellente opportunité pour prendre le contrôle de votre système.

Auditer

Un audit consiste à enregistrer des actions (ainsi que les identifiants des personnes qui les ont effectuées) de manière que le journal qui en résulte ne puisse pas être altéré. Vous pouvez utiliser ce journal en lecture seule pour vérifier qui a fait quoi, et quand. Nous plongerons dans ce sujet dans le Chapitre 8.

Conclusion

Vous savez maintenant comment Linux gère les utilisateurs, l'accès aux fichiers et aux autres ressources, ce qui vous permet d'effectuer vos tâches courantes en toute sécurité.

Pour tout travail pratique sous Linux, vous devez vous soucier des relations entre utilisateurs, processus et fichiers. Dans le contexte d'un système d'exploitation multi-utilisateur tel que Linux, ce point est essentiel pour garantir un fonctionnement sûr et sécurisé et éviter des dommages.

Nous avons passé en revue les types de contrôle d'accès, vu ce qu'est un compte utilisateur sous Linux, ce que chacun peut faire, et comment gérer les comptes localement et de façon centrale. La gestion des permissions fichiers peut être délicate, et sa maîtrise est une question de pratique.

Les techniques de permissions avancées, y compris les capacités et les profils `seccomp`, se montreront très pertinentes dans le contexte des conteneurs.

Nous avons enfin abordé quelques bonnes pratiques en matière de sécurité liée au contrôle d'accès, notamment l'application du principe du moindre privilège.

Voici quelques ressources supplémentaires en rapport avec ce chapitre :

Généralités :

- *A Survey of Access Control Policies*, par Amanda Crowell (`https://oreil.ly/0PpnS`)
- Lynis, un outil d'audit et de test de conformité (`https://oreil.ly/SXSkp`)

Capacités :

- "Linux Capabilities in Practice" (`https://oreil.ly/NIdPu`)
- "Linux Capabilities: Making Them Work" (`https://oreil.ly/qsYJN`)

***seccomp* :**

- "A seccomp Overview" (`https://oreil.ly/2cKGI`)
- "Sandboxing in Linux with zero Lines of Code" (`https://oreil.ly/U5bYG`)

Listes de contrôle d'accès :

- "POSIX Access control Lists on Linux" (`https://oreil.ly/gbc4A`)
- "Access Control Listes" sur ArchLinux (`https://oreil.ly/owpYE`)
- "An Introduction to Linux Access Control Lists (ACLs)" sur le site de Red Hat (`https://oreil.ly/WCjpN`)

Rappelez-vous que la sécurité est un processus continuel ; vous devez surveiller l'utilisation des comptes utilisateurs et des fichiers. Nous y reviendrons plus en détail dans les Chapitres 8 et 9. Passons au chapitre suivant pour étudier les systèmes de fichiers.

CHAPITRE 5

Systèmes de fichiers

Dans ce chapitre, nous nous focalisons sur les fichiers et ce qui permet de les organiser : les systèmes de fichiers. Le concept Unix qui fait considérer que tout est fichier reste en vigueur dans Linux. Même si cela n'est pas vrai dans l'absolu, la plupart des ressources sous Linux sont en effet des fichiers ou des entités considérées comme des fichiers.

Un fichier peut être le conteneur d'une lettre que vous avez rédigée ou une image animée GIF que vous avez téléchargée (évidemment depuis un site sûr et fiable).

Dans Linux, d'autres éléments sont assimilés à des fichiers, par exemple les périphériques et les pseudo-périphériques, comme dans cet exemple :

```
echo "Salut, lecteur de Maitriser Linux !" > /dev/pts/0
```

Dans cette commande, le signe de redirection > demande d'envoyer les données produites par la commande située à sa gauche (ici, un message statique) vers le (pseudo-)fichier nommé à droite (le terminal de rang `0` dans la famille `pts`). Le résultat est l'affichage du message à l'écran. Ce genre de ressource ne peut pas être confondu avec un fichier, mais vous pouvez y accéder avec les mêmes méthodes et outils que pour un fichier au sens strict. Par exemple, le noyau expose certaines informations d'exécution de chaque processus, en particulier son PID et le nom du fichier binaire à exécuter.

Ce que toutes ces entités ont en commun, c'est une interface standardisée et homogène : ouvrir un fichier, extraire des données d'un fichier ouvert en lecture, écrire des données dans un fichier ouvert en écriture, et ainsi de suite.

Sous Linux, c'est un système de fichiers qui procure cette interface uniforme. Combinée avec le choix dans Linux de traiter tout fichier comme un simple flux d'octets, sans aucun présupposé concernant son format ou sa structure, cette interface permet de construire des outils qui fonctionnent avec une vaste gamme de types de fichiers.

De plus, cette interface uniforme allège votre prise en main des concepts correspondants, ce qui permet d'apprendre à utiliser Linux plus rapidement.

Après avoir éclairci quelques termes fondamentaux, nous expliquerons comment Linux implémente cette abstraction du « tout est un fichier » puis nous passerons en revue les systèmes de fichiers spéciaux que le noyau utilise pour fournir des informations sur les processus et les périphériques. Nous nous intéresserons ensuite aux fichiers et systèmes de fichiers ordinaires, qui incarnent une version persistante de vos données et programmes. Nous verrons enfin quelques options des systèmes de fichiers et les opérations courantes.

Notions de base

Avant d'entrer dans la terminologie des systèmes de fichiers, rendons d'abord plus explicites quelques présupposés concernant les systèmes de fichiers :

- La plupart des systèmes de fichiers répandus de nos jours sont de type hiérarchique (il y a quelques exceptions). Cela signifie qu'ils imposent aux utilisateurs un espace de stockage structuré sous la forme d'une arborescence à partir d'une racine unique (`root`, symbolisée par le signe `/`).
- Cette arborescence accepte deux classes d'objets : les répertoires et les fichiers. Les répertoires sont des unités d'organisation (comme des tiroirs dans une armoire) et permettent de regrouper des fichiers. En adoptant l'analogie de l'arbre, un *répertoire* est un nœud, qui donne accès soit à des fichiers, soit à d'autres nœuds (des sous-répertoires).
- Toute commande suppose une position courante dans l'arborescence des répertoires. La commande `pwd` permet de voir le nom du répertoire actuel sous la forme d'un chemin d'accès depuis la racine (*path*). Pour changer de position, donc naviguer dans le système de fichiers, on utilise la commande `cd`. La commande `ls` sert à lister le contenu d'un répertoire.
- Les permissions sont intégrées au système : comme vu dans le Chapitre 4, l'un des attributs que le système de fichiers associe à chaque fichier est l'identifiant de son propriétaire et du groupe privilégié. C'est cette gestion des propriétaires qui contrôle l'accès à chaque fichier et sous-répertoire via les permissions attribuées.
- En général, les systèmes de fichiers sont implémentés pour s'exécuter dans l'espace noyau.

> Bien que les systèmes de fichiers soient généralement, pour des raisons de performances, conçus pour être exécutés dans l'espace noyau, il est possible de les implémenter dans l'espace utilisateur. Voir la page de documentation sur les systèmes de fichiers dans l'espace utilisateur (FUSE) (`https://oreil.ly/hIVgq`) et le site du projet `libfuse` (`https://oreil.ly/cEZyY`).

Après cette présentation accélérée, concentrons-nous sur quelques définitions de termes plus précises :

- Disque ou lecteur (*drive*) : périphérique de stockage permanent de données de type bloc : disque dur (HDD) ou disque silicium (SSD). Dans le contexte des machines virtuelles, un lecteur peut également être émulé. Les noms de ces pseudo-fichiers les plus répandus sont `/dev/sda`, `/dev/sdb` et `/dev/hda` (les normes techniques principales étant SATA, IDE et SCSI).
- Partition : un lecteur peut être divisé en plusieurs parties appelées *partitions*. Par exemple, vous pouvez créer deux partitions sur un disque dur qui porteraient les identifiants `/dev/sdb1` et `/dev/sdb2`.
- Volume : un *volume* ressemble à une partition, sauf qu'il est formaté pour un système de fichiers en particulier alors qu'une partition est vide au départ. Une partition consacrée à un système de fichiers contient un ou plusieurs volumes.
- Super bloc : lors de sa préparation par formatage, tout système de fichiers obtient une section spéciale au début pour y stocker ses métadonnées, en particulier le code de type du système, la taille de bloc, l'état et le nombre d'inodes par bloc, etc.
- **Inodes :** dans un système de fichiers, les inodes stockent des métadonnées sur les fichiers, comme la taille, le propriétaire, l'emplacement, la date et les permissions. Les inodes ne stockent cependant pas le nom de fichier ni les données qu'il contient. Celles-ci sont conservées dans des répertoires. Un répertoire n'est qu'un type spécial de fichier qui mémorise les relations entre inodes et noms de fichiers.

Voyons ces concepts en action. Tout d'abord, faisons l'inventaire des lecteurs, partitions et volumes présents dans votre système :

```
$ lsblk --exclude 7                                             ❶
NAME                         MAJ:MIN RM  SIZE  RO TYPE  MOUNTPOINTS
sda                            8:0    0 223.6G  0 disk              ❷
├─sda1                         8:1    0   512M  0 part  /boot/efi   ❸
└─sda2                         8:2    0 223.1G  0 part              ❹
  ├─elementary--vg-root      253:0    0 222.1G  0 lvm   /
  └─elementary--vg-swap_1    253:1    0   976M  0 lvm   [SWAP]
```

❶ Liste tous les périphériques bloc en excluant les pseudo-périphériques (boucles).

❷ Lecteur de disque, appelé `sda`, offrant environ 223 Go d'espace de stockage total.

❸ Ce lecteur contient deux partitions, `sda1` étant la partition de démarrage.

❹ La seconde partition, `sda2`, contient deux volumes (voir la description du gestionnaire de volumes plus loin).

Après cette vue globale de la configuration physique et logique, regardons de plus près les systèmes de fichiers utilisés :

```
$ findmnt -D -t nosquashfs                                      ❶
```

```
SOURCE                              FSTYPE     SIZE  USED  AVAIL USE% TARGET
udev                                devtmpfs   3.8G     0   3.8G   0% /dev
tmpfs                               tmpfs    778.9M  1.6M 777.3M   0% /run
/dev/mapper/elementary--vg-root ext4     217.6G 13.8G 192.7G   6% /
tmpfs                               tmpfs      3.8G 19.2M   3.8G   0% /dev/shm
tmpfs                               tmpfs        5M    4K     5M   0% /run/lock
tmpfs                               tmpfs      3.8G     0   3.8G   0% /sys/fs/cgroup
/dev/sda1                           vfat       511M    6M 504.9M   1% /boot/efi
tmpfs                               tmpfs    778.9M   76K 778.8M   0% /run/user/1000
```

❶ Liste les systèmes de fichiers en excluant les systèmes de fichiers compressés en lecture seule, développés à l'origine pour les CD, maintenant aussi pour les instantanés *snapshots*.

Descendons dans les détails d'un objet individuel du système de fichiers :

```
$ stat monfichier
  File: monfichier
  Size: 0               Blocks: 0          IO Block: 4096   regular empty file  ❶
Device: fc01h/64513d    Inode: 555036      Links: 1                             ❷
Access: (0664/-rw-rw-r--)  Uid: ( 1000/     mh9)   Gid: ( 1001/     mh9)
Access: 2021-08-29 09:26:36.638447261 +0000
Modify: 2021-08-29 09:26:36.638447261 +0000
Change: 2021-08-29 09:26:36.638447261 +0000
 Birth: 2021-08-29 09:26:36.638447261 +0000
```

❶ Informations sur le type de fichier.

❷ Informations sur le périphérique et l'inode.

Dans la commande précédente, si nous avions écrit `stat .` (notez l'espace suivie d'un point), nous aurions obtenu les informations sur le fichier du répertoire lui-même, y compris son inode, le nombre de blocs utilisés, *etc.*

Le Tableau 5.1 liste quelques commandes élémentaires du système de fichiers qui vous permettent de tester les concepts introduits précédemment.

Tableau 5.1 : Sélection de commandes de bas niveau du système de fichiers et de périphériques bloc

Commande	Cas d'utilisation
`lsblk`	Liste de tous les périphériques bloc
`fdisk, parted`	Gestion des partitions et des disques
`blkid`	Affichage des attributs du périphérique bloc tel l'UUID
`hwinfo`	Affichage des informations sur le matériel
`file -s`	Affichage des informations sur le système de fichiers et les partitions
`stat, df -i, ls -i`	Affichage des informations relatives aux inodes

Un autre terme que vous rencontrerez dans le contexte des systèmes de fichiers est celui de *lien*. En effet, vous voudrez de temps à autre faire référence à un fichier sous un autre nom ou définir un raccourci.

Il existe deux types de liens sous Linux :

- Lien réel : un tel lien fait référence aux inodes et pas directement à un répertoire. Il ne peut pas être utilisé d'un système de fichiers vers un autre.
- Lien symbolique : c'est un fichier spécial dont le contenu est une chaîne représentant le chemin d'accès à un autre fichier.

Voyons maintenant les liens en action (certaines sorties sont abrégées) :

```
$ ln monfichier unalias                                         ❶
$ ln -s monfichier unaliassymbol                                ❷

$ ls -al *alias                                                 ❸
-rw-rw-r-- 2 mh9 mh9 0 Sep  5 12:15  unalias
lrwxrwxrwx 1 mh9 mh9 6 Sep  5 12:45  unaliassymbol -> monfichier

$ stat unalias                                                  ❹
  File: unalias
  Size: 0               Blocks: 0        IO Blocs: 4096  regular empty file
Device: fd00h/64768d    Inode: 6302071   Links: 2
...
$ stat unaliassymbol                                            ❺
  File: unaliassymbol -> monfichier
  Size: 6               Blocks: 0        IO Block: 4096  symbolic link
Device: fd00h/64768d    Inode: 6303540   Links: 1
...
```

❶ Crée un lien dur vers `monfichier`.

❷ Crée un lien symbolique vers le même fichier (remarquez l'option `-s`).

❸ Liste les fichiers. Remarquez les différents types de fichiers et la syntaxe du nom. Nous aurions pu utiliser `ls -ali *alias`, ce qui aurait confirmé que les inodes étaient les mêmes pour les deux noms associés au lien dur.

❹ Affiche les détails du fichier du lien dur.

❺ Affiche les détails du fichier du lien symbolique.

Maintenant que vous êtes familiarisé avec la terminologie des systèmes de fichiers, voyons comment Linux permet de traiter tout type de ressource comme un fichier.

Le système de fichiers virtuel VFS

Linux réussit à proposer un accès de type fichier à de nombreuses sortes de ressources (stockage mémoire, périphériques locaux ou réseau) au moyen d'une abstraction appelée *système de fichiers virtuel* (VFS) (`https://oreil.ly/3sZQ1`). L'idée de base est d'introduire une couche d'indirection entre les clients (qui émettent des appels système *syscalls*) et les systèmes de fichiers individuels qui réalisent les opérations sur un périphérique réel ou tout autre type de ressource. L'approche de VFS permet de rendre l'action fichier générique (ouvrir, lire, écrire, chercher) indépendante des détails réels de l'opération.

Le système VFS est une couche d'abstraction dans le noyau qui fournit aux clients un moyen commun d'accéder aux ressources fondées sur le paradigme du fichier. Un fichier Linux n'a pas de structure prédéterminée ; ce n'est rien de plus qu'un flux ou une séquence d'octets. C'est au client de décider de la signification de ces octets. Comme indiqué dans la Figure 5.1, VFS découple l'accès aux différents types de systèmes de fichiers :

- Systèmes de fichiers locaux (`ext3`, XFS, FAT ou NTFS) : ces systèmes de fichiers utilisent des pilotes pour accéder aux périphériques de bloc locaux tels que les disques durs ou les disques SSD.
- Systèmes de fichiers en mémoire (`tmpfs`) : leur contenu n'est pas rendu permanent par sa localisation sur un périphérique de stockage à long terme. Il n'existe que dans la mémoire principale (RAM).
- Pseudo-systèmes de fichiers (`procfs`) : ces systèmes de fichiers sont également par nature en mémoire. Ils sont utilisés pour l'interface avec le noyau et les abstractions des périphériques. Nous y reviendrons quand nous aborderons les pseudo-systèmes de fichiers.
- Systèmes de fichiers réseau (NFS, Samba, Netware de Novell) : ces systèmes de fichiers utilisent également un pilote, mais les périphériques de stockage où se trouvent les données réelles sont à distance. Cela signifie que le pilote correspondant doit savoir réaliser des opérations réseau. Pour cette raison, nous les présenterons dans le Chapitre 7.

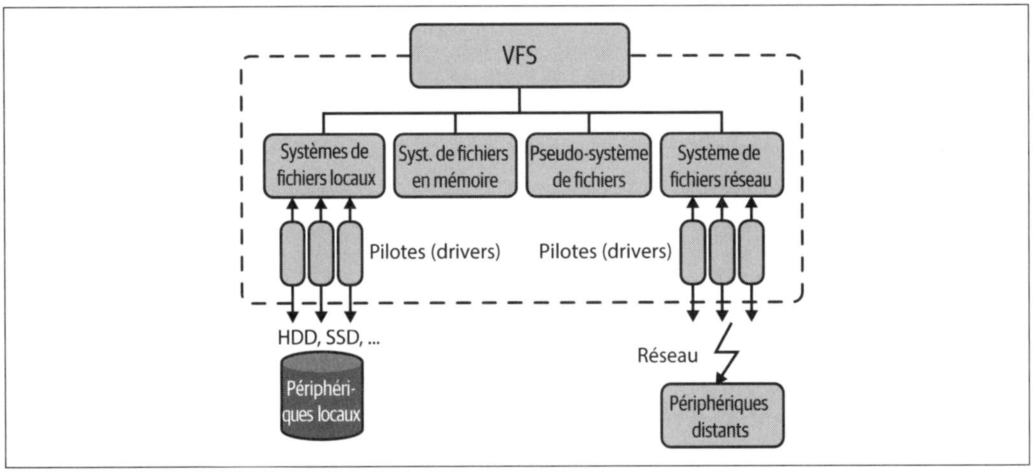

Figure 5.1 : Vue d'ensemble du système de fichiers virtuel VFS de Linux.

Décrire la structure de VFS n'est pas simple car il y a plus de 100 appels système concernant les fichiers. Ces opérations peuvent néanmoins être regroupées en une poignée de catégories.

Tableau 5.2 : Sélection d'appels système constituant l'interface VFS

Catégorie	Exemples de fonctions syscall
Inodes,	`chmod`, `chown`, `stat`
Fichiers	`open`, `close`, `seek`, `truncate`, `read`, `write`
Répertoires	`chdir`, `getcwd`, `link`, `unlink`, `rename`, `symlink`
Système de fichiers	`mount`, `flush`, `chroot`
Autres	`mmap`, `poll`, `sync`, `flock`

De nombreux appels syscall VFS sont transmis à l'implémentation spécifique du système de fichiers. Pour d'autres appels sont prévues des implémentations par défaut dans le système VFS. De plus, le noyau Linux définit des structures de données VFS pertinentes, notamment les suivantes (voir aussi le fichier `include/linux/fs.h`) :

- `inode` : cet objet central du système de fichiers regroupe notamment le type, le propriétaire, les permissions, les liens, les pointeurs vers les blocs contenant les données du fichier et les statistiques de création et d'accès.
- `file` : représente un fichier ouvert (avec le chemin d'accès, la position actuelle et l'inode).
- `dentry` (entrée d'un répertoire) : mémorise son parent et ses enfants.
- `super_block` : représente un système de fichiers, y compris les informations de montage.
- Autres : y compris `vfsmount` et `file_system_type`.

Voyons en détail cette vue d'ensemble de VFS : gestion des volumes, opérations du système de fichiers et dispositions communes aux différents systèmes de fichiers.

Gestionnaire de volumes logiques

Nous avons précédemment parlé du découpage des disques en partitions. Bien que cela soit possible, les partitions sont délicates d'emploi lors du redimensionnement (modification de la quantité d'espace d'une partition).

Un gestionnaire de volumes logiques (LVM) utilise une couche de redirection entre des entités physiques (les lecteurs de disques ou les partitions) et le système de fichiers. Il en résulte une configuration qui permet une extension automatique, sans risque et sans temps d'arrêt de l'espace de stockage par mise en commun de ressources. La façon dont LVM fonctionne est représentée dans la Figure 5.2. Les concepts principaux sont expliqués dans le passage qui suit.

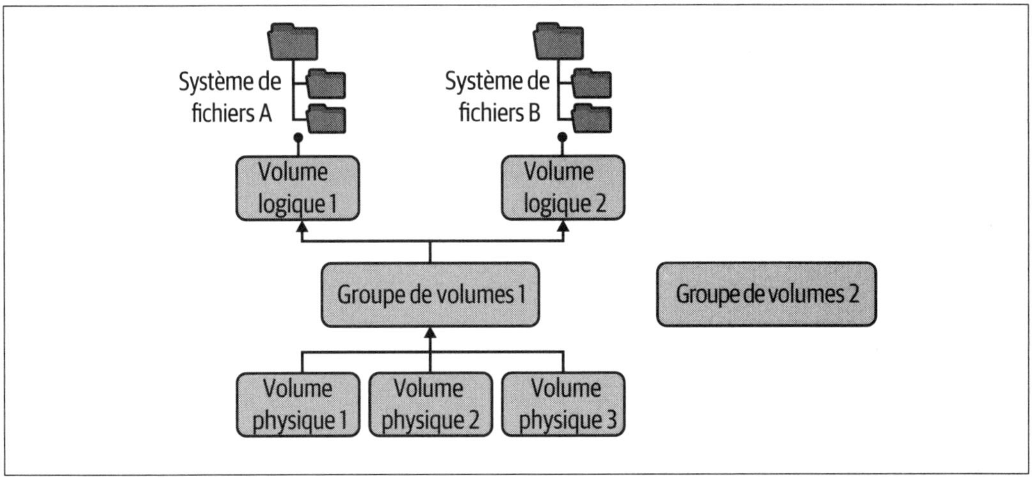

Figure 5.2 : Vue d'ensemble de LVM sous Linux.

- Volume physique (PV) : partition d'un disque, disque entier ou autre périphérique.
- Volume logique (LV) : périphérique bloc créé à partir d'un groupe de volumes VG. Conceptuellement comparable à une partition. Vous devez créer un système de fichiers sur un volume logique avant de pouvoir l'utiliser. Vous pouvez facilement redimensionner un volume logique même en cours d'utilisation.
- Groupe de volumes (VG) : intermédiaire entre un ensemble de volumes physiques et logiques. Un groupe VG constitue un réservoir mettant en commun les ressources de plusieurs volumes physiques.

Pour gérer les volumes avec LVM, il faut disposer de certains outils. Leurs noms suivent une règle cohérente et ils sont assez faciles à utiliser.

Outils de gestion des volumes physiques :

- `lvmdiskscan`
- `pvdisplay`
- `pvcreate`
- `pvscan`

Outils de gestion des groupes de volumes :

- `vgs`
- `vgdisplay`
- `vgcreate`
- `vgextend`

Outils de gestion des volumes logiques :

- `lvs`
- `lvscan`
- `lvcreate`

Voyons quelques commandes LVM en action avec une configuration concrète :

```
$ sudo lvscan                                                            ❶
  ACTIVE            '/dev/elementary-vg/root' [<222.10 GiB] inherit
  ACTIVE            '/dev/elementary-vg/swap_1' [976.00 MiB] inherit

$ sudo vgs                                                               ❷
  VG             #PV #LV #SN Attr   VSize    VFree
  elementary-vg   1   2   0 wz--n- <223.07g 16.00m

$ sudo pvdisplay                                                         ❸
  --- Physical volume ---
  PV Name               /dev/sda2
  VG Name               elementary-vg
  PV Size               <223.07 GiB / not usable 3.00 MiB
  Allocatable           yes
  PE Size               4.00 MiB
  Total PE              57105
  Free PE               4
  Allocated PE          57101
  PV UUID               2OrEfB-77zU-jun3-a0XC-QiJH-erDP-1ujfAM
```

❶ Liste les volumes logiques ; nous en avons deux ici (`root` et `swap_1`) utilisant le groupe de volumes `elementary-vg`.

❷ Affiche les groupes de volumes ; nous en avons un ici, `elementary-vg`.

❸ Affiche les volumes physiques ; nous en avons un ici (`/dev/sda2`), attribué au groupe de volumes `elementary-vg`.

Que vous utilisiez une partition ou un volume logique, deux autres étapes sont nécessaires pour utiliser un système de fichiers. Nous les couvrirons plus loin.

Opérations sur le système de fichiers

Voyons maintenant comment créer un système de fichiers, à partir d'une partition ou d'un volume logique existant (créé à l'aide de LVM). Deux étapes sont à prévoir : la création du système de fichiers (dans les systèmes d'exploitation non Linux, c'est l'étape nommée *formatage*), puis le *montage* de la partition, c'est-à-dire l'insertion de sa racine relative dans une branche de l'arbre du système de fichiers.

Création d'un système de fichiers

Pour disposer d'un système de fichiers, la première étape consiste à configurer ses paramètres de gestion, en partant d'une partition ou d'un volume. Consultez le Tableau 5.1 si nécessaire, puis servez-vous de `mkfs` pour créer le système de fichiers.

La commande `mkfs` attend deux paramètres d'entrée essentiels : le type du système de fichiers désiré (les options sont détaillées plus loin dans ce chapitre) et le chemin d'accès au périphérique sur lequel vous voulez placer ce système de fichiers (par exemple, un volume logique) :

```
mkfs -t ext4 \              ❶
    /dev/un_vg/un_lv        ❷
```

❶ Crée un système de fichiers de type `ext4`.

❷ Crée le système de fichiers sur le volume logique `/dev/un_vg/un_lv_`.

La commande précédente laisse deviner la facilité de création d'un système de fichiers. Votre souci principal est de déterminer le type du système de fichiers approprié.

Une fois que vous avez créé le système de fichiers avec `mkfs`, une opération explicite permet de le rendre disponible dans l'arbre du système de fichiers : la connexion logique nommée *montage*.

Montage d'un système de fichiers

Monter un système de fichiers signifie le relier à l'arborescence du système de fichiers actif (principal), celui qui commence par la racine root `/`. Vous utilisez la commande `mount` pour y attacher un sous-système de fichiers. Cette commande `mount` attend deux paramètres d'entrée principaux : le nom du périphérique à attacher et sa position d'insertion dans l'arbre du système de fichiers principal. D'autres paramètres sont possibles, notamment des options de montage, *via* l'option `-o` par exemple pour l'ouverture en lecture seule, et le montage `bind` avec l'option `--bind` pour monter des répertoires dans l'arbre du système de fichiers. Nous reviendrons sur cette dernière option dans le Chapitre 6.

Vous pouvez aussi utiliser `mount` tout seul. Voici comment lister les montages existants :

```
$ mount -t ext4,tmpfs                                                              ❶
tmpfs sur /run type tmpfs (rw,nosuid,noexec,relatime,size=797596k,mode=755)
/dev/mapper/elementary--vg-root sur / type ext4 (rw,relatime,errors=remount-ro)  ❷
tmpfs sur /dev/shm type tmpfs (rw,nosuid,nodev)
tmpfs sur /run/lock type tmpfs (rw,nosuid,nodev,noexec,relatime,size=5120k)
tmpfs sur /sys/fs/cgroup type tmpfs (ro,nosuid,nodev,noexec,mode=755)
```

❶ Liste les montages actifs mais en ne montrant que certains types de systèmes de fichiers (`ext4` et `tmpfs` ici).

❷ Exemple de montage : le groupe virtuel de LVM `/dev/mapper/elementary--vg-root` de type `ext4` est monté au niveau de la racine.

Vous devez vous assurer de toujours monter chaque système de fichiers en spécifiant le type avec lequel il a été créé. Par exemple, si vous essayez de monter une carte SD en utilisant `mount -t vfat /dev/sdX2 /media`, vous devez être certain que la carte SD avait été formatée avec l'option `vfat`. Vous pouvez laisser `mount` essayer tous les systèmes de fichiers jusqu'à ce qu'un seul fonctionne avec l'option `-a`.

Les montages sont actifs tant que le système n'a pas redémarré. Afin de les rendre permanents, vous devez déclarer ces montages dans le fichier *fstab* (`/etc/fstab`)]. Voici par exemple le mien (sortie légèrement modifiée pour l'adapter) :

```
$ cat /etc/fstab
# /etc/fstab : informations statiques sur le système de fichiers.
#
# Utilisez 'blkid' pour afficher l'identifiant universel unique d'un périphérique.
# Utilisable avec UUID= comme moyen plus robuste de nommer les périphériques
# fonctionnant même quand des disques sont ajoutés ou supprimés. Voir fstab(5).
#
# <file system> <mount point> <type> <options> <dump> <pass>
/dev/mapper/elementary--vg-root / ext4 errors=remount-ro 0 1
# /boot/efi was on /dev/sda1 during installation
UUID=2A11-27C0  /boot/efi vfat umask=0077 0 1
/dev/mapper/elementary--vg-swap_1 none swap sw 0 0
```

Vous savez maintenant comment gérer les partitions, les volumes et les systèmes de fichiers. Voyons quelques méthodes courantes pour organiser un système de fichiers.

Modes habituels de peuplement des systèmes de fichiers

Une fois que vous avez mis en place un système de fichiers, il reste à décider comment organiser son remplissage avec des contenus. Vous pouvez prévoir des répertoires pour les fichiers exécutables des programmes, d'autres pour les données de configuration, d'autres pour les données système et d'autres encore pour les données utilisateur des applications. Nous appellerons cette organisation des répertoires et de leur contenu *le mode de peuplement du système*. Formellement, on parle de standard de hiérarchie *FHS* (*Filesystem Hierarchy Standard*) (`https://oreil.ly/q0c4a`). Ce standard définit les noms des répertoires, leur structure et le contenu recommandé de chacun. La Fondation Linux contrôle le FHS ; c'est un excellent point d'appui dont se servent les distributions Linux dans leurs propres choix.

L'idée d'unification du FHS est louable mais, dans la pratique, vous constaterez que la disposition du système de fichiers dépend beaucoup de la distribution Linux utilisée. Il est conseillé d'utiliser la commande `man hier` pour connaître votre configuration exacte.

Pour vous donner une idée du haut niveau auquel vous pouvez vous attendre lorsque vous voyez certains répertoires de premier niveau, j'ai compilé une liste des plus courants dans le Tableau 5.3.

Tableau 5.3 : Répertoires de premier niveau habituels

Répertoire	Sémantique
`bin, sbin`	Programmes et commandes du système (généralement des liens vers `/usr/bin et /usr/sbin`)
`boot`	Images du noyau et composants associés
`dev`	Périphériques (terminaux, lecteurs, *etc.*)
`etc`	Fichiers de configuration du système
`home`	Répertoires personnels des données des utilisateurs
`lib`	Librairies partagées du système
`mnt, media`	Points de montage pour les supports amovibles (par exemple, les clés USB et les disques externes)
`opt`	Spécifique à chaque distribution ; peut héberger les fichiers du gestionnaire de paquets
`proc, sys`	Interfaces du noyau ; voir aussi les pseudo-systèmes plus loin
`tmp`	Destiné aux fichiers temporaires
`usr`	Programmes des utilisateurs (généralement en lecture seule)
`var`	Programmes des utilisateurs (journaux, sauvegardes, caches réseau, *etc.*)

Tournons-nous maintenant vers des types spéciaux de systèmes de fichiers.

Pseudo-systèmes de fichiers

Le moment est venu de vérifier la devise de Linux selon laquelle « tout est un fichier ». Nous allons découvrir l'interface de VFS avec des entités autres que des périphériques bloc. On obtient ainsi des pseudo-systèmes de fichiers qui simulent de véritables gisements de données, suffisamment pour que l'on puisse interagir avec eux comme avec un système de fichiers normal (avec `ls`, `cd`, entre autres). Ils établissent un pont avec une interface du noyau. Cette interface peut concerner différents points du système, parmi lesquels :

- des informations au sujet des processus ;
- une interaction avec des périphériques en mode caractère tels que des claviers ;
- des utilitaires sous forme de périphériques spéciaux que vous pouvez utiliser comme sources ou puits de données.

Voyons de plus près les trois principaux pseudo-systèmes de fichiers de Linux, en commençant par le plus ancien.

procfs

Linux a hérité le concept `/proc` de système de fichiers des processus d'Unix (`https://oreil.ly/Qedmm`). L'intention originale était de donner accès à des informations du noyau relatives aux processus, afin de les rendre utilisables par des commandes système telles que `ps` ou `free`. Il y a peu de contraintes au niveau de la structure et l'accès est autorisé en lecture et en écriture. Au fil du temps, beaucoup de fonctionnalités y ont trouvé leur place. En général, on trouve deux types d'informations dans `/proc` :

- Des informations pour chaque processus dans `/proc/PID/`. Ce sont des informations relatives au processus que le noyau rend publiques via des sous-répertoires sous le nom de répertoire correspondant à l'identifiant PID (voir Tableau 5.4).
- D'autres informations telles que les points de montage, les informations réseau, les pilotes de terminaux TTY, les informations sur l'espace mémoire, la version du système et la durée de fonctionnement.

Pour obtenir des informations pour un processus (telles que celles du Tableau 5.4), vous devez utiliser des commandes comme `cat`. Notez que la plupart sont en lecture seule ; la sémantique en écriture dépend du type de ressources concerné.

Tableau 5.4 : Informations de processus dans ***procfs*** *(les plus usitées)*

Entrée	Type	Information
`attr`	Répertoire	Attributs de sécurité
`cgroup`	Fichier	Groupes de contrôle
`cmdline`	Fichier	Ligne de commande
`cwd`	Lien	Répertoire de travail actuel
`environ`	Fichier	Variables d'environnement
`exe`	Lien	Exécutable du processus
`fd`	Répertoire	Descripteurs de fichiers
`io`	Fichier	Entrées/sortie Stockage (octets/carac. lus et écrits)
`limits`	Fichier	Limites de ressources
`mem`	Fichier	Mémoire utilisée
`mounts`	Fichier	Montages utilisés
`net`	Répertoire	Statistiques réseau
`stat`	Fichier	Statut du processus
`syscall`	Fichier	Utilisation des syscalls
`task`	Répertoire	Informations par tâche (exétron, thread)
`timers`	Fichier	Informations sur les temporisations

Inspectons le statut d'un processus. Nous utilisons ici `status` plutôt que `stat`, car cette dernière variante n'affiche pas les légendes des champs :

```
$ cat /proc/self/status | head -10      ❶
Name:   cat
Umask:  0002
State:  R (running)                      ❷
Tgid:   12011
Ngid:   0
Pid:    12011                            ❸
PPid:   3421                             ❹
TracerPid:      0
Uid:    1000    1000    1000    1000
Gid:    1000    1000    1000    1000
```

❶ Obtention de l'état du processus concernant la commande en cours d'exécution, en n'affichant que les dix premières lignes.

❷ L'état d'exécution actuel (*running*, dans le processeur).

❸ Identifiant PID du processus.

❹ Identifiant du processus parent de la commande ; dans l'exemple, c'est le shell depuis lequel j'ai lancé `cat`.

Voici un autre exemple de l'utilisation de `procfs` pour collecter des informations, cette fois-ci de l'espace réseau :

```
$ cat /proc/self/net/arp
IP address       HW type     Flags       HW address            Mask     Device
192.168.178.1    0x1         0x2         3c:a6:2f:8e:66:b3     *        wlp1s0
192.168.178.37   0x1         0x2         dc:54:d7:ef:90:9e     *        wlp1s0
```

Comme le montre la commande précédente, nous pouvons glaner des informations ARP concernant le processus actuel à partir de cette source spéciale `/proc/self/net/arp`.

Le système `procfs` est très utile pour faire du débogage à bas niveau (`https://oreil.ly/nJ01w`) ou pour créer des outils système. Il est relativement touffu, et vous aurez intérêt à recourir à la documentation du noyau ou, mieux encore, à étudier son code source pour comprendre ce que chaque fichier représente et comment interpréter ses informations.

Passons maintenant à une solution plus récente et plus ordonnée de recueil des informations du noyau.

sysfs

Là où `procfs` est plutôt sauvage, le pseudo-système de fichiers `sysfs` (`https://oreil.ly/EHJEJ`) est un moyen structuré spécifique à Linux qu'utilise le noyau pour exposer des informations sélectionnées (par exemple, à propos des périphériques) en utilisant un format standardisé. Voici les sous-répertoires de `sysfs` :

- `block/` : Contient des liens symboliques vers les périphériques blocs détectés.

- bus/ : Contient un sous-répertoire pour chaque type de bus physique supporté par le noyau.
- class/ : Contient les classes de périphériques.
- dev/ : Contient deux sous-répertoires : block/ pour les périphériques bloc et char/ pour les périphériques caractère du système, avec des noms structurés selon la convention major-ID:minor-ID.
- devices/ : Dans ce répertoire, le noyau fournit une représentation de l'arbre des périphériques.
- firmware/ : Ces répertoires servent à gérer les attributs spécifiques au firmware.
- fs/ : Contient des sous-répertoires pour certains systèmes de fichiers.
- module/ : Contient un sous-répertoire pour chaque module chargé dans le noyau.

Il y a d'autres sous-répertoires dans sysfs, mais certains sont nouveaux et/ou encore peu documentés. Vous trouverez dans sysfs certaines informations déjà disponibles par procfs, mais d'autres (telles que les données relatives à la mémoire) ne sont disponibles que dans procfs.

Voyons sysfs en action (sortie abrégée) :

```
$ ls -al /sys/block/sda/ | head -7                                ❶
total 0
drwxr-xr-x 11 root root    0 Sep  7 11:49 .
drwxr-xr-x  3 root root    0 Sep  7 11:49 ..
-r--r--r--  1 root root 4096 Sep  8 16:22 alignment_offset
lrwxrwxrwx  1 root root    0 Sep  7 11:51 bdi -> ../../../virtual/bdi/8:0 ❷
-r--r--r--  1 root root 4096 Sep  8 16:22 capability              ❸
-r--r--r--  1 root root 4096 Sep  7 11:49 dev                     ❹
```

❶ Liste les informations sur le périphérique bloc sda, en ne montrant que les sept premières lignes.

❷ Le lien 'backing_dev_info' utilisant le format Major:Minor.

❸ Capture les capacités du périphérique indiquant, par exemple, qu'il est amovible.

❹ Contient les numéros majeur et mineur du périphérique (8:0) ; voir la référence des pilotes de périphériques bloc (https://oreil.ly/DK9GT) pour la signification de ces valeurs.

Voyons enfin le pseudo-système de fichiers des périphériques.

devfs

Le système de fichiers devfs héberge les fichiers spéciaux correspondant aux périphériques. Ils incarnent aussi bien des périphériques physiques que des entités spéciales telles que le générateur de nombres aléatoires ou le puits de données en écriture seule (*sink*).

Les périphériques disponibles et gérés *via* devfs sont les suivants :

- Périphériques bloc : gèrent les données sous forme de blocs. C'est notamment le cas des périphériques de stockage (lecteurs de disques).
- Périphériques caractère : gèrent les données un caractère à la fois (terminal, clavier ou souris).
- Périphériques spéciaux : génèrent des données ou vous permettent de les manipuler. On y trouve notamment les `/dev/null` et `/dev/random`.

Voyons `devfs` en action. Supposons que vous vouliez obtenir une chaîne de chiffres aléatoire. Vous pourriez y parvenir ainsi :

```
tr -dc A-Za-z0-9 < /dev/urandom | head -c 42
```

Cette commande génère une séquence aléatoire de 42 caractères contenant des majuscules, des minuscules et des chiffres. Bien que `/dev/urandom` ressemble à un fichier et puisse être utilisé comme tel, il s'agit en fait d'un pseudo-fichier qui exploite un certain nombre de sources pour produire un résultat (plus ou moins) aléatoire.

Que pensez-vous que fait la commande suivante ?

```
echo "quelque chose" > /dev/tty
```

C'est bien cela ! La chaîne «quelque chose» est apparue à l'écran puisque `/dev/tty` représente le terminal par défaut. Avec cette commande, nous lui avons envoyé (littéralement) quelque chose.

Ayant acquis une bonne compréhension des systèmes de fichiers, nous pouvons maintenant plonger dans la gestion des fichiers ordinaires tels que les documents et les fichiers de données.

Fichiers de données

Intéressons-nous enfin aux fichiers au sens commun du terme, c'est-à-dire les fichiers qui contiennet soit des données, soit des instructions exécutables. La plupart des fichiers que nous utilisons au quotidien dans le cadre de notre travail entrent dans cette catégorie : textes, feuilles de calcul, fichiers de configuration YAML et JSON, images (PNG, JPEG, TIFF, *etc.*), code source, texte brut…

Linux offre un vaste choix de systèmes de fichiers pour les utilisateurs. Nous nous concentrerons sur les systèmes de fichiers locaux, à la fois ceux qui sont natifs de Linux et ceux d'autres systèmes d'exploitation (comme Windows/DOS) que Linux sait utiliser. Découvrons quelques systèmes de fichiers courants.

Systèmes de fichiers courants

Les termes *système de fichiers courant* ou *commun* n'ont pas de définition formelle. Il s'agit simplement de termes génériques pour désigner les systèmes de fichiers par défaut sous Linux, ou largement utilisés pour les périphériques de stockage amovibles (clés USB et cartes SD), ou encore en lecture seule comme les CD et les DVD.

Le Tableau 5.5 donne un aperçu rapide et une comparaison de certains systèmes de fichiers courants qui bénéficient d'un support dans le noyau. Dans la suite de la section, nous passerons en revue plusieurs systèmes de fichiers populaires.

Tableau 5.5 : Systèmes de fichiers courants pour les fichiers de données

Système de fichiers	Linux depuis	Taille du fichier	Taille du volume	Nombre de fichiers	Longueur maxi. du nom
`ext2` (`https://oreil.ly/cL9W7`)	1993	2 To	32 To	10^{18}	255 caractères
`ext3` (`https://oreil.ly/IenxW`)	2001	2 To	32 To	variable	255 car.
`ext4` (`https://oreil.ly/482ku`)	2008	16 To	1 Eo	4 milliards	255 car.
`btrfs` (`https://oreil.ly/gJQex`)	2009	16 Eo	16 Eo	2^{18}	255 car.
`XFS` (`https://oreil.ly/5LHGl`)	2001	8 Eo	8 Eo	2^{64}	255 car.
`ZFS` (`https://oreil.ly/HH1Lb`)	2006	16 Eo	2^{128} octets	10^{14} fichiers/rép.	255 car.
`NTFS`	1997	16 To	256 TB	2^{32}	255 car.
`vfat`	1995	2 Go	N/A	2^{16} par répertoire	255 car.

Les informations fournies dans ce tableau sont destinées à vous donner une idée approximative des systèmes de fichiers. Il n'est pas toujours facile de déterminer quand un système de fichiers est officiellement incorporé dans Linux ; parfois les chiffres n'ont de sens que dans un contexte approprié. Il y a, par exemple, des différences entre les limites théoriques et la mise en œuvre pratique.

Voyons de plus près les systèmes de fichiers largement utilisés pour les fichiers de données :

- `ext4` : système de fichiers très répandu, et utilisé par défaut dans de nombreuses distributions actuelles. Il s'agit d'une évolution rétrocompatible de `ext3`. Il offre la journalisation : les opérations sont consignées dans un journal de sorte que dans le pire des scénarios (pensez à une panne de courant), la récupération est rapide. C'est un excellent format à usage général. Voir le site de `ext4` (`https://oreil.ly/9kSXn`) pour plus de détails.
- XFS : système de fichiers à journalisation conçu à l'origine par Silicon Graphics (SGI) pour ses stations de travail au début des années 1990. Il prend en charge les fichiers volumineux et les entrées/sorties rapides. Il est utilisé de nos jours par la famille de distributions Red Hat, notamment.

- ZFS : développé à l'origine par Sun Microsystems en 2001, ZFS combine les fonctionnalités d'un système de fichiers et celles d'un gestionnaire de volumes. Bien qu'il existe maintenant le projet OpenZFS (`https://oreil.ly/7itzs`) offrant une voie prometteuse dans un contexte open source, quelques inquiétudes sont apparues quant à l'intégration de ZFS dans Linux.
- FAT : il y a en fait toute une famille de systèmes de fichiers FAT pour Linux. Le format le plus usité est `vfat`. Le principal cas d'utilisation est le besoin d'interopérabilité avec les systèmes sous Windows, ainsi qu'avec les supports amovibles au format FAT. Les concepts relatifs aux volumes ne s'appliquent pas pour la plupart.

Les disques ne sont pas les seules destinations possibles pour le stockage de données. Découvrons les options des systèmes de fichiers en mémoire.

Systèmes de fichiers en mémoire

Il existe un certain nombre de systèmes de fichiers en mémoire. Certains sont d'usage général et d'autres répondent à des cas d'utilisation très spécifiques. En voici quelques-uns (par ordre alphabétique) :

- `debugfs` : système de fichiers à usage spécial servant au débogage. Il est généralement monté avec la commande suivante : mount -t debugfs none /sys/kernel/debug
- `loopfs` : permet de relier (mapper) un système de fichiers à des blocs plutôt qu'à des périphériques. Voir aussi (`https://oreil.ly/kMZ7j`).
- `pipefs` : pseudo-système de fichiers spécial monté sur pipe et permettant la circulation de données via des tubes pipes.
- `sockfs` : autre pseudo-système de fichiers spécial qui fait ressembler les sockets du réseau à des fichiers, se situant entre les appels syscall et les sockets (`https://oreil.ly/ANDjr`).
- `swapfs` : utilisé pour réaliser le remisage mémoire swapping (non montable).
- `tmpfs` : système de fichiers polyvalent qui conserve les données des fichiers dans les caches du noyau. Il est rapide mais non persistant (la mise hors tension ou le redémarrage font perdre les données).

Voyons pour finir une catégorie spéciale de systèmes de fichiers, spécifiquement intéressante dans le contexte des conteneurs.

Systèmes de fichiers de copie en écriture

La copie en écriture (*CoW*, *Copy on Write*) est un concept astucieux permettant d'augmenter la vitesse des entrées/sorties tout en utilisant moins d'espace. La façon dont il fonctionne est représentée dans la figure suivante avec des explications dans le passage qui la suit.

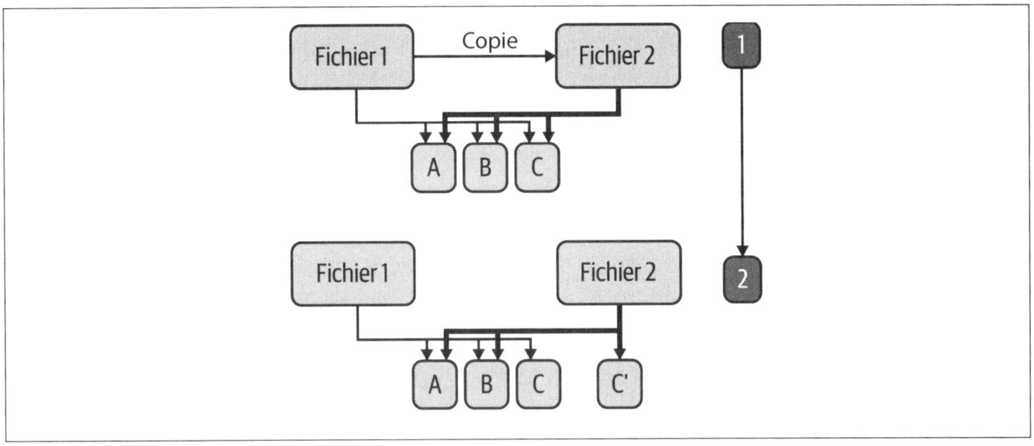

Figure 5.3 : Le mécanisme CoW en action.

1. Le fichier original, `Fichier_1` est composé de trois blocs *A*, *B* et *C*. Il est copié dans le fichier `Fichier_2`. Au lieu de copier les blocs de données réels, seules sont copiées les métadonnées (les pointeurs vers les blocs). C'est rapide et cela ne consomme que très peu d'espace de stockage.
2. Lorsque `Fichier_2` est modifié (par exemple, une modification concerne le contenu du bloc *C*), le bloc *C* est réellement copié : un nouveau bloc nommé `C'` est créé. `Fichier_2` pointe toujours vers les blocs non modifiés *A* et *B* mais utilise dorénavant un nouveau bloc (`C'`) pour les nouvelles données.

Avant de nous tourner vers l'implémentation, un second concept est à connaître dans ce contexte : les montages fusionnants ou en union. Il s'agit de l'idée selon laquelle vous pouvez monter plusieurs sous-répertoires au même point de montage. L'utilisateur du répertoire « synthétique » résultant voit comme contenu la combinaison (ou union) des contenus de tous les sous-répertoires participants. Avec les montages fusionnants, vous rencontrerez souvent les termes système de fichiers *supérieur* et système de fichiers *inférieur*, faisant allusion à l'ordre de superposition des montages. Pour d'autres détails, voyez l'article “Unifying Filesystems with Union Mounts” (`https://oreil.ly/yqV9H`).

Mais le diable se cache dans les détails avec les montages fusionnants. Vous devez établir des règles sur ce qui se passe lorsqu'un fichier existe à plusieurs endroits ou sur ce qui se produit quand vous demandez d'écrire ou de supprimer un fichier.

Jetons un coup d'œil rapide aux implémentations de CoW (copie en écriture) dans le contexte des systèmes de fichiers Linux. Nous en verrons certaines de plus près dans le Chapitre 6, lorsque nous discuterons de leur utilisation comme bloc de constructions pour les images de conteneurs.

- `Unionfs` : développé à l'origine à l'université de Stony Brook, `Unionfs` implémente un montage d'union pour les systèmes de fichiers CoW. Il permet de superposer de manière transparente des fichiers et des répertoires provenant de différents systèmes de fichiers avec des priorités au moment du montage. Il était très populaire à la grande époque des CD-ROM et des DVD.

- `OverlayFS` : implémentation de systèmes de fichiers de montage d'union pour Linux introduite en 2009 et incorporée dans le noyau en 2014. Avec `OverlayFS`, une fois qu'un fichier est ouvert, toutes les opérations sont directement gérées par les systèmes de fichiers sous-jacents (inférieurs ou supérieurs).
- `AUFS` : autre tentative d'implémenter un montage fusionnant dans le noyau, `AUFS` (Advanced multilayered Unification FileSystem, à l'origine AnotherUnionFS) n'a pas encore été intégré au noyau. Il est utilisé par défaut dans Docker (voir la section du Chapitre 6 consacrée à Docker) ; de nos jours, Docker utilise par défaut `OverlayFS` avec le pilote de stockage `overlay2`.
- `btrfs` : abréviation de b-tree file system et prononcé « buteur_EFESS », `btrfs` est un système à copie en écriture CoW conçu au départ par Oracle Corporation. Aujourd'hui, un certain nombre de sociétés contribuent au développement de `btrfs`, parmi lesquelles Facebook, Intel, SUSE et Red Hat. Il est doté d'un certain nombre de fonctionnalités telles que les instantanés (pour les configurations RAID logicielles) et la détection automatique des corruptions de données silencieuses. Cela rend `btrfs` bien adapté aux environnements professionnels, par exemple, les serveurs.

Conclusion

Nous avons traité dans ce chapitre les fichiers et les systèmes de fichiers Linux qui forment un moyen formidable et souple d'organiser l'accès aux informations de manière hiérarchisée. Linux dispose d'un grand nombre de technologies et de projets autour des systèmes de fichiers. Certains sont basés sur l'open source, mais il existe également une gamme d'offres commerciales.

Nous avons étudié les éléments fondamentaux que constituent les lecteurs, les partitions et les volumes. Linux met en pratique l'abstraction « tout est fichier » au moyen de VFS, qui prend en charge tous les types de systèmes de fichiers locaux ou distants.

Le noyau utilise des pseudo-systèmes de fichiers tels que `/proc` et `/sys` pour rendre visibles des informations sur les processus ou les périphériques. Vous pouvez interagir avec ces systèmes de fichiers (en mémoire), qui représentent les API du noyau, tout comme avec des systèmes de fichiers tels que `ext4` (que vous utilisez pour stocker des données).

Nous avons ensuite vu les systèmes de fichiers de données et comparé les options communes des systèmes de fichiers locaux, ainsi que les bases des systèmes de fichiers en mémoire et CoW. Le support Linux au niveau des systèmes de fichiers est très complet et permet toujours au minimum de lire, et souvent d'écrire dans de nombreux formats de systèmes de fichiers, y compris ceux provenant d'autres systèmes d'exploitation tels que Windows.

Vous pouvez approfondir les sujets abordés dans ce chapitre grâce aux ressources suivantes :

Notions de base :

- Systèmes de fichiers UNIX : comment UNIX organise et accède aux fichiers disque (`https://oreil.ly/8a3Zr`)
- KHB : Une liste de lecture sur les systèmes de fichiers (`https://oreil.ly/aFqjg`)

VFS :

- Aperçu du système de fichiers virtuel de Linux (`https://oreil.ly/pnvQ4`)
- Introduction au système de fichiers virtuel (VFS) de Linux (`https://oreil.ly/sqSHK`
- LVM sur ArchWiki (`https://oreil.ly/kOfU1`)
- Page de ressources LVM2 (`https://oreil.ly/Ds7me`)
- Comment utiliser les outils GUI LVM (`https://oreil.ly/UTFpL`)
- Hiérarchie du système de fichiers Linux (`https://oreil.ly/osXbo`)
- Objets BPF persistants (`https://oreil.ly/sFdVo`)

Fichiers réguliers :

- Efficacité du système de fichiers. Comparaison de EXT4, XFS, BTRFS et ZFS sur Reddit (`https://oreil.ly/Y3rAh`)
- Tests de performance des systèmes de fichiers Linux (`https://oreil.ly/ZrPci`)
- Comparaison des systèmes de fichiers pour un SSD thread sur Linux.org (`https://oreil.ly/DBboM`)
- "Kernel Korner Unionfs: Bringing Filesystems Together" (`https://oreil.ly/Odkls`)
- Démarrer avec btrfs pour Linux (`https://oreil.ly/TLylF`)

Avec toutes ces connaissances sur les systèmes de fichiers acquises, nous sommes maintenant prêts à nous concentrer sur la manière de gérer et de lancer des applications.

CHAPITRE 6

Applications, paquetages et conteneurs

Après tout ce que nous avons vu dans les chapitres précédents, nous sommes parés pour découvrir ce qui intéresse directement les utilisateurs : les applications, telles qu'elles se présentent sous Linux. Parfois, le terme *application* (abrégé en *app*) s'utilise de façon interchangeable avec *programme*, *logiciel* ou *exécutable*. Nous allons expliquer les différences entre ces termes et nous concentrer notamment sur les concepts d'application et de paquetage.

Nous allons voir comment Linux démarre et met en place tous les services dont dépendent nos applications, ce qui correspond au *processus de démarrage*. Nous nous concentrerons sur les systèmes `init`, en particulier sur le standard de fait qu'est l'écosystème `systemd`.

Nous passerons ensuite à la gestion des paquetages. Nous examinerons d'abord la chaîne d'approvisionnement des applications en termes généraux et verrons en quoi consistent les différentes parties configurables. Pour donner un aperçu des mécanismes et des défis à relever, nous montrerons comment les applications sont traditionnellement distribuées et installées. Nous aborderons la gestion des paquetages dans les distributions Linux les plus connues, de Red Hat à Debian. Nous n'oublierons pas les gestionnaires de paquetages spécifiques aux langages de programmation tels que Python ou Rust.

Dans la section suivante, nous nous intéressons aux conteneurs. Nous passerons en revue leurs éléments constitutifs, les outils disponibles et les bonnes pratiques d'utilisation.

Pour clore le chapitre, nous examinerons les solutions modernes pour gérer le cycle de vie des applications sous Linux, en particulier en environnement de poste de travail individuel (« bureau »). La plupart des gestionnaires de paquetages font dorénavant appel à des conteneurs sous une forme ou une autre.

Exemple courant : greeter

Pour démontrer certaines technologies dans ce chapitre, nous allons utiliser un exemple courant appelé `greeter`. Il s'agit d'un simple script shell qui renvoie le nom fourni ou un message de bienvenue générique si rien n'est fourni.

Ainsi, collez le script bash suivant dans un fichier que vous nommez `greeter.sh`.

```
#!/usr/bin/env bash

set -o errexit
set -o errtrace
set -o pipefail

sonom="${1}"

if [ -z "$sonom" ]
then
  printf "Tu es génial !\n"
else
  printf "Salut %s, tu es formidable !\n" ${sonom}
fi
```

Rendez-le exécutable en utilisant cette commande :

```
chmod 750 greeter.sh
```

(Si vous ne vous souvenez pas de ce que cela signifie, revenez au Chapitre 4).

Le concept d'application

Avant d'entrer dans les détails de la gestion des applications, des systèmes d'initialisation et des conteneurs, commençons par quelques définitions. Nous découvrons les applications seulement dans ce chapitre parce qu'il fallait assimiler un certain nombre de prérequis (le noyau Linux, l'interpréteur de commandes bash, les systèmes de fichiers et les permissions).

- Programme : fichier contenant des données binaires ou des instructions d'un script shell que Linux peut charger en mémoire et exécuter. On parle aussi de fichier exécutable. Le type du fichier détermine quel outil est capable d'en initier l'exécution. Par exemple, l'outil interpréteur sait lire et exécuter ligne après ligne le contenu d'un fichier script shell.
- Processus : entité active, en cours d'exécution, provenant d'un programme, entité chargée dans la mémoire principale RAM et utilisant l'unité centrale et/ou des entrées/sorties, sauf su elle a été mise en sommeil. Voir aussi la gestion des processus du noyau et les scripts shell.
- Démon : parfois appelé service, il s'agit d'un processus invisible pour l'utilisateur car exécuté en arrière-plan, qui fournit un ou plusieurs services à d'autres processus. Par

exemple, une imprimante permet d'imprimer par la présence d'un démon assurant les échanges entre le programme demandeur et le périphérique. Il existe des démons pour les services web, la journalisation, l'heure, et bien d'autres utilitaires dont vous vous servez quotidiennement.

- Application : ce terme englobe le programme et toutes les dépendances dont il faut l'entourer pour pouvoir en profiter. Cela représente en général un certain volume de données et une interface utilisateur. Nous associons généralement le terme application au cycle de vie complet d'un programme, allant de son installation à sa suppression en passant par sa configuration initiale, ses données et ses mises à jour.
- Paquetage : il s'agit d'un fichier global contenant ou des programmes avec des configurations ; utilisé pour distribuer des applications.
- Gestionnaire de paquetages : programme qui déballe le contenu d'un paquetage en entrée et, en fonction de son contenu et des instructions de l'utilisateur, l'installe, le met à niveau ou le supprime d'un environnement Linux.
- Chaîne d'approvisionnement : ensemble de producteurs et de distributeurs de logiciels qui proposent des applications conditionnées sous forme de paquetages. Nous y reviendrons plus loin.
- Amorçage (*boot*) **:** séquence de démarrage Linux qui implique le matériel et le système d'exploitation, comprenant le chargement du noyau en mémoire et le lancement de programmes de service (démons) dans le but de placer le système Linux dans un état opérationnel.

Munis de ces définitions générales, commençons par étudier comment Linux démarre et comment sont lancés tous les démons pour rendre le système prêt à exécuter nos applications.

Le processus de démarrage de Linux

Le processus de démarrage de Linux (`https://oreil.ly/fbnk3`) comprend plusieurs phases dans lesquelles le matériel coopère avec le noyau. La Figure 6.1 illustre le processus de démarrage de bout en bout, avec les cinq étapes suivantes :

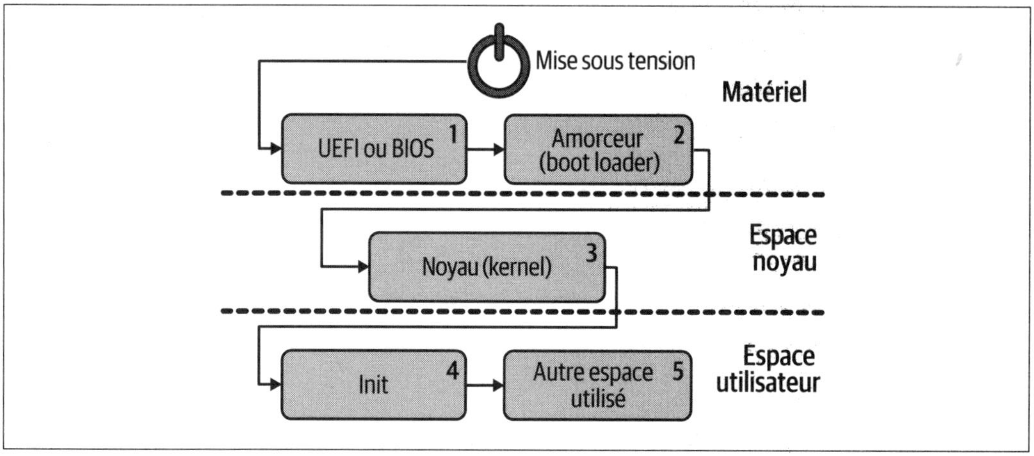

Figure 6.1 : Le processus de démarrage de Linux.

1. Dans les environnements modernes, c'est l'interface UEFI (`https://uefi.org`) qui définit la configuration de démarrage (stockée en mémoire NVRAM) et choisit le chargeur de démarrage. Dans les systèmes plus anciens, après les tests à la mise sous tension POST (*Power On Self Test*), le logiciel BIOS (entrées/sorties basiques) initialise le matériel (gestion des ports d'entrée/sortie et des interruptions) avant de transmettre le contrôle à l'amorceur *loader*.
2. L'amorceur a un seul objectif : lancer le début d'exécution du code du noyau. Selon le support d'amorçage, les détails peuvent différer légèrement. Il existe toute une gamme d'options, des plus actuelles (par exemple, GRUB 2, systemd-boot, SYSLinux, rEFInd) aux plus anciennes (par exemple, LILO, GRUB 1).
3. Le fichier binaire du noyau est généralement situé dans le sous-répertoire `/boot` sous forme compressée. La première étape consiste donc à extraire ce contenu pour charger le noyau en mémoire principale. Après initialisation des sous-systèmes, systèmes de fichiers et pilotes (comme nous l'avons vu dans les Chapitres 2 et 5), le noyau transmet le contrôle au sous-système `init`, ce qui marque la fin du processus de démarrage proprement dit.
4. Le sous-système `init` est responsable du lancement des démons (processus de service) à l'échelle du système. Il constitue la racine de la hiérarchie des processus et obtient d'ailleurs le premier identifiant de processus (PID) `1`. En d'autres termes, le processus avec le PID 1 s'exécute jusqu'à ce que vous éteigniez la machine. En plus d'être responsable du lancement des démons, le processus PID 1 s'occupe aussi traditionnellement des processus orphelins (les processus errants qui ont perdu leur processus parent).
5. En général et en fonction de l'environnement, une autre initialisation se déroule alors au niveau de l'espace utilisateur :

— Il y a généralement une initialisation du terminal, de l'environnement et du shell en cours (voir Chapitre 3).
— Le gestionnaire d'affichage, le serveur graphique et autres composants des interfaces graphiques de poste de travail sont alors lancés en tenant compte des préférences et des configurations de l'utilisateur.

Concentrons-nous maintenant sur un élément vital en relation avec l'utilisateur : le sous-système `init`. C'est cette partie (les étapes précédentes 4 et 5) qui permet de personnaliser et d'enrichir une installation Linux.

Il existe un bon comparatif des sous-systèmes `init` dans le wiki de Gentoo (`https://oreil.ly/Vn6pu`). Nous limiterons notre exposé à `systemd`, que presque toutes les distributions actuelles de Linux utilisent.

> **System V**
>
> Les outils d'initialisation de *style System V* (`https://oreil.ly/ho4eI`) (*SysV init* pour faire court) étaient au départ à l'origine du sous-système `init` de Linux. Linux a en effet hérité du SysV d'Unix, qui définit ce que l'on appelle des niveaux d'exécution `runlevels` (des états système tels que `halt`, `single-user`, `multi-user` ou `GUI`) avec une configuration habituellement stockée dans `/etc/init.d`. Le problème est que l'approche de démarrage des démons en séquence et la gestion non standardisée de la configuration par les distributions font que cette option n'est pas très portable.
>
> Une anecdote amusante : l'un des relecteurs du livre, Chris, est la première personne à avoir documenté SysV Init en 1984 environ (sous-système qu'un ingénieur aurait conçu en un seul week-end).

systemd

Le composant `systemd` était à l'origine un système d'initialisation destiné à remplacer `initd`. Aujourd'hui, c'est un superviseur puissant qui propose des fonctions telles que la journalisation, la configuration réseau et la synchronisation d'horloge réseau. Il offre une manière souple et portable de définir les démons et leurs dépendances, et une interface uniforme pour contrôler la configuration.

Presque toutes les distributions actuelles de Linux utilisent `systemd`, y compris Fedora depuis mai 2011, openSUSE depuis septembre 2012, CentOS depuis avril 2014, RHEL depuis juin 2014, SUSE Linux depuis octobre 2014, Debian depuis avril 2015 et Ubuntu depuis avril 2015.

En particulier, `systemd` corrige les défauts de ses prédécesseurs ainsi :

- Il offre une solution uniforme pour gérer le démarrage quelle que soit la distribution.
- Il garantit une implémentation des configurations de services plus rapide et plus compréhensible.
- Il offre une suite de gestion moderne englobant surveillance, contrôle de l'utilisation des ressources (via cgroups) et contrôle de la qualité des services (par audit intégré).

De plus, `init` ne sait démarrer les services que dans l'ordre alphanumérique de citation, alors que `systemd` peut démarrer tout service dont les dépendances sont satisfaites eu moment de la demande, ce qui peut abréger fortement le délai de démarrage.

La façon dont vous indiquez à `systemd` ce qu'il doit exécuter, quand et comment il doit le faire, s'appuie sur le concept d'unité.

Unités systemd

Une unité `systemd` est un groupement logique avec une sémantique différente selon sa fonction et/ou la ressource qu'elle cible. On distingue un certain nombre d'unités, en fonction de la ressource cible :

- Unités `service` : décrivent comment gérer un service ou une application.
- Unités `target` : capturent les dépendances d'une cible.
- Unités `mount` : définissent des points de montage.
- Unités `timer` : définissent des chronomètres timers pour les travaux planifiés `cron` (*jobs*) et autres.

S'y ajoutent d'autres types d'unités moins importants :

- `socket` : décrit une prise réseau socket ou une connexion interprocessus IPC.
- `device` : pour les systèmes de fichiers `udev` ou `sysfs`.
- `automount` : pour configurer les points de montage automatiques.
- `swap` : décrit l'espace de remisage de pages mémoire.
- `path` : pour les activation basées sur le chemin d'accès.
- `snapshot` : sert à reconstruire l'état actuel du système après des modifications.
- `slice` : associé aux cgroups (voir ce terme plus loin).
- `scope` : gère des ensembles de processus système créés de façon externe.

Pour être connue de l'outil `systemd`, une unité doit être formalisée (sérialisée) dans un fichier. `systemd` recherche les fichiers d'unités à plusieurs endroits, notamment dans les trois chemins de fichiers suivants :

- /lib/systemd/system : unités installées par les paquetages.
- /etc/systemd/system : unités configurées par l'administrateur système.
- /run/systemd/system : modifications de temps d'exécution transitoires.

Voyons maintenant en pratique comment contrôler systemd depuis la ligne de commande.

Gestion de systemd avec systemctl

L'outil systemctl sert à contrôler le comportement de systemd (https://oreil.ly/kigFH]. Le Tableau 6.1 propose les commandes de systemctl les plus demandées.

Tableau 6.1 : Commandes systemctl *principales*

Commande	Utilisation
systemctl enable XXXXX.service	Active le service qui est prêt à démarrer
systemctl daemon-reload	Recharge tous les fichiers unitaires et recrée l'arbre de dépendances complet
systemctl start XXXXX.service	Démarre le service
systemctl stop XXXXX.service	Arrête le service
systemctl restart XXXXX.service	Arrête et redémarre le service
systemctl reload XXXXX.service	Envoie la commande reload au service ou restart si échec
systemctl kill XXXXX.service	Arrête l'exécution du service
systemctl status XXXXX.service	Fournit un bref résumé de l'état du service avec quelques lignes de journal

Il existe bien d'autres commandes systemctl, de la gestion et de l'interrogation des dépendances jusqu'au contrôle global du système (par reboot, par exemple).

L'écosystème de systemd comporte un certain nombre d'autres outils en ligne de commande pratiques et dont vous devriez donc au moins connaître l'existence, notamment, mais la liste n'est pas exhaustive :

- bootctl (https://oreil.ly/WNKjd) : permet de vérifier l'état de l'amorceur *boot loader* et de gérer les amorceurs disponibles.
- timedatectl : sert à régler et visualiser les informations de date et d'heure (https://oreil.ly/hmgxb).
- coredumpctl : permet d'exploiter les vidages mémoire du noyau sauvegardés suite à une avarie. Outil de dépannage.

Surveillance avec journalctl

Le journal est un composant de `systemd` ; techniquement, il s'agit d'un fichier binaire géré par le démon `systemd-journald` fournissant un emplacement centralisé pour tous les messages émis par les composants de `systemd`. Nous le verrons en détail dans le Chapitre 8. Sachez pour l'instant est que c'est l'outil qui permet de consulter les journaux de `systemd`.

Un exemple : programmation d'un greeter

Après la théorie, voyons `systemd` en action. Comme cas d'utilisation simple, supposons que nous voulions lancer automatiquement notre application `greeter` (voir plus haut) une fois par heure.

Nous créons d'abord un fichier d'unité de type `service` pour `systemd` afin de lui expliquer comment il doit démarrer notre script ; vous stockez ce qui suit dans un fichier que vous nommez `greeter.service` (dans un répertoire quelconque, qui peut être temporaire) :

```
[Unit]
Description=Mon service de bienvenue          ❶

[Service]
Type=oneshot
ExecStart=/home/(nomuser)/greeter.sh          ❷
```

❶ La description du service, affichée par la commande `systemctl status`.

❷ L'emplacement du fichier de notre application. Vous remplacez *`(nomuser)`* par votre identifiant.

Ensuite, nous définissons une *unité de temporisation* (`https://oreil.ly/Qv8qt`) pour lancer notre service toutes les heures. Stockez ce qui suit dans un fichier nommé `greeter.timer` :

```
[Unit]
Description=Relance le service de bienvenue chaque heure.

[Timer]
OnCalendar=hourly                                  ❶
```

❶ Définit le planning d'exécution avec le format de date et d'heure de `systemd` (`https://oreil.ly/pinVc`).

Il faut ensuite copier ces deux fichiers d'unité dans le sous-répertoire `/run/systemd/system` pour que `systemd` les prenne en compte. Nous vérifions que la copie est réalisée :

(N.d.T.) Cet exemple convient à un environnement de type Red Hat.

```
$ sudo ls -al /run/systemd/system/
total 8
drwxr-xr-x  2 root root  80 Sep 12 13:08 .
drwxr-xr-x 21 root root 500 Sep 12 13:09 ...
-rw-r--r--  1 root root 117 Sep 12 13:08 greeter.service
-rw-r--r--  1 root root 107 Sep 12 13:08 greeter.timer
```

Une fois cela fait, nous profitons du timer, puisque `systemd` l'a automatiquement détecté lorsque nous l'avons copié dans le répertoire approprié.

> Les systèmes de style Debian tels que Ubuntu activent et démarrent les unités de service par défaut, ce qui n'est pas le cas des systèmes de la famille Red Hat : il leur faut une commande explicite de type `systemctl start greeter.timer`. Il en va de même pour l'activation des services au démarrage : les distributions basées Debian activent ces services par défaut, alors que Red Hat exige une confirmation explicite par `systemctl enable`.

Vérifions l'état d'activité de notre script :

```
$ sudo systemctl status greeter.timer
• greeter.timer - Relance le service de bienvenue chaque heure.
   Loaded: loaded (/run/systemd/system/greeter.timer; static; \
   vendor preset: enabled)
   Active: active (waiting) since Sun 2021-09-12 13:10:35 IST; 2s ago
  Trigger: Sun 2021-09-12 14:00:00 IST; 49min left
Sep 12 13:10:35 starlite systemd[1]: \
Started Relance le service de bienvenue chaque heure.
```

L'outil `systemd` confirme qu'il connaît notre service de bienvenue et que son exécution est planifiée. Pour être certain que cela a fonctionné, nous vérifions les journaux (la sortie a été éditée et la sortie `stdout` est redirigée directement vers les journaux) :

```
$ journalctl -f -u greeter.service                          ❶
-- Logs begin at Sun 2021-01-24 14:36:30 GMT. --
Sep 12 14:00:01 starlite systemd[1] : Starting Mon service de bienvenue
Sep 12 14:00:01 starlite greeter.sh [21071] : Tu es génial !
...
```

❶ Utilisation de `journalctl` pour visualiser et suivre (option `-f`) les entrées de journal de l'unité `greeter.service` (sélectionnée avec `-u`).

Après cette vue d'ensemble de `systemd`, abordons l'approche classique de gestion logistique des applications au moyen de gestionnaires de paquetages polyvalents. Mais avant d'entrer dans les détails, prenons un peu de recul et considérons les applications, paquetages et gestionnaires de paquetages dans un contexte plus vaste, celui de chaîne d'approvisionnement.

Chaîne d'approvisionnement d'applications Linux

Commençons par ce que nous entendons par l'expression *chaîne d'approvisionnement* (`https://oreil.ly/EegdU`) : un système mettant en jeu de façon coordonnée des organisations et des individus pour fournir un produit cohérent aux utilisateurs.

Même si vous ne souciez pas fréquemment des chaînes d'approvisionnement, vous y êtes confronté quotidiennement, par exemple, dès que vous achetez de la nourriture ou faites le plein de votre voiture. Dans notre discussion, les produits sont des applications composées de composants logiciels. Vous pouvez considérer que l'utilisateur de la chaîne est soit vous-même en tant qu'utilisateur d'une application, soit un outil qui gère des applications pour votre compte.

Au niveau conceptuel, la Figure 6.2 montre les principaux acteurs et les grandes étapes de la chaîne logistique typique d'une application Linux.

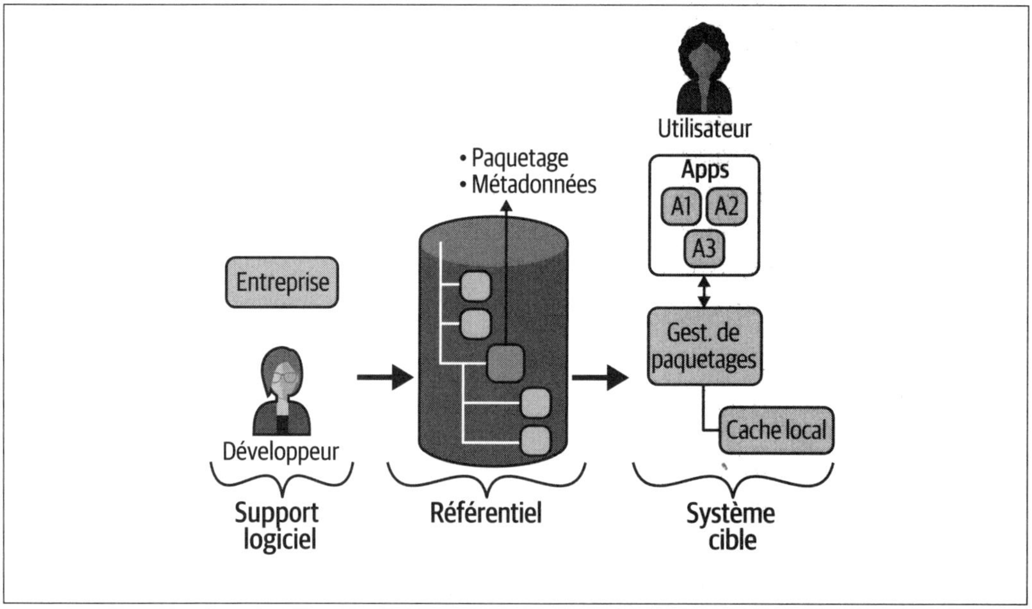

Figure 6.2 : Chaîne d'approvisionnement d'application Linux.

Les trois acteurs distincts de la logistique d'une application Linux sont les suivants :

- Les mainteneurs de logiciels : il s'agit des développeurs individuels, des équipes de projets open source et des entreprises telles que les éditeurs de logiciels indépendants qui produisent des composants logiciels et les diffusent sous forme de paquetages versés dans un *référentiel* (*repository*).

- Le référentiel : il s'agit d'un gisement de fichiers hébergeant des paquetages. Chaque paquetage contient normalement toutes les dépendances et métadonnées d'une application. Les dépendances sont les autres paquetages dont une application a besoin pour fonctionner. Il peut s'agir d'une librairie de fonctions, d'un service d'exportation ou d'importation, ou d'un service. Maintenir la cohérence entre ces dépendances qui évoluent chacune à son rythme est difficile.
- L'outillage (gestionnaire de paquetages) : du côté du système destinataire, un gestionnaire sert à chercher des paquetages dans les dépôts puis à les installer, mettre à jour et supprimer à la demande d'un utilisateur humain. Notez qu'une même application et ses dépendances peut correspondre à un seul (souvent) ou plusieurs (parfois) paquetages.

Les détails varient d'une distribution à l'autre et en fonction de l'environnement cible (serveur, bureautique, *etc.*). Les chaînes d'approvisionnement d'applications ont toutes en commun les éléments présentés dans la Figure 6.2.

Il existe de nombreuses options disponibles pour la gestion des paquetages et des dépendances : gestionnaires de paquetages traditionnels, solutions basées sur les conteneurs et d'autres approches plus récentes.

Dans la Figure 6.3, j'ai essayé de vous fournir un aperçu de haut niveau, sans prétendre donner une image exhaustive.

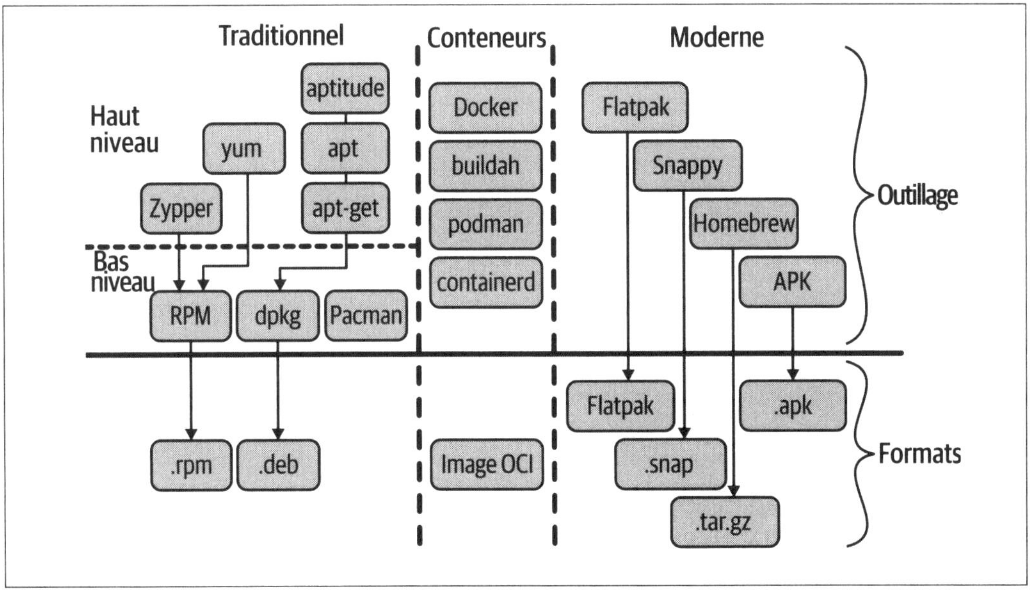

Figure 6.3 : Gestion des paquetages et de dépendances des applications sous Linux.

Quelques notes à propos des trois principales catégories d'options pour la gestion des paquetages et des dépendances :

- Gestionnaires de paquetages traditionnels : on distingue en général dans cette catégorie l'outillage de bas niveau et celui de haut niveau. Si un gestionnaire de paquetages sait résoudre les dépendances et proposer des commandes à haut niveau (installer, mettre à jour, supprimer), c'est un gestionnaire de paquetages de haut niveau.
- Solutions basées sur les conteneurs : ces solutions émanent initialement du domaine des serveurs et du domaine de l'informatique en nuage, cloud. Compte tenu de leurs capacités, ces solutions offrent entre autres fonctions des capacités de gestion des applications. En tant que développeur, vous adorerez les conteneurs car ils vous permettent facilement de faire des tests et de distribuer votre application prête à entrer en production. Nous voyons les conteneurs un peu plus loin.
- Gestionnaires de paquetages modernes : ceux-ci sont issus des environnements de poste de travail ; leur objectif principal est de rendre aussi facile que possible pour l'utilisateur final la gestion de ses applications. Nous y revenons en fin de chapitre.

Paquetages et gestionnaires de paquetages

Découvrons les deux principaux formats de paquetages et quelques gestionnaires de paquetages, certains utilisés depuis des décennies. Ils correspondent aux deux grandes familles de distributions Linux : Red Hat (RHEL, Fedora, CentOS, *etc.*) et Debian (Debian, Ubuntu, *etc.*).

Les deux concepts pertinents pour nos discussions sont les suivants :

- Les paquetages applicatifs : techniquement, un fichier généralement compressé (zippé) et pouvant contenir des métadonnées.
- Les gestionnaires de paquetages : ce sont les outils qui exploitent les paquetages sur les systèmes cibles : ils installent et maintiennent à jour les applications. Un gestionnaire de paquetages interagit en général avec le référentiel distant en votre nom et construit un réservoir de paquetages local.

Le système cible peut être un environnement de bureau graphique sur un ordinateur portable ou une machine virtuelle VM de serveur dans un infonuage. En fonction de l'environnement, les paquetages peuvent être plus ou moins pertinents : une application à interface graphique GUI n'a pas sa place sur un serveur sans écran.

Le gestionnaire de paquetages RPM

Le gestionnaire de paquetages RPM (`https://oreil.ly/Ef2FC`) a été conçu au départ par la société Red Hat ; il été largement adopté par d'autres distributions. Le format de fichier `.rpm` est utilisé dans la base standard Linux et peut contenir des fichiers binaires ou source. Les paquetages peuvent être sécurisés par cryptographie et prennent en charge les mises à jour delta *via* des fichiers de correctifs (*patch*).

Les gestionnaires de paquetages qui utilisent le format RPM sont les suivants :

- Dans Amazon Linux, CentOS, Fedora et RHEL : `yum` (`https://oreil.ly/sPb2H`).
- Dans CentOS, Fedora et RHEL : `DNF` (`https://oreil.ly/0Pcod`).
- Dans openSUSE et SUSE Linux Enterprise : `Zypper` (`https://oreil.ly/OVize`).

Voyons cet outil RPM en action : supposons que nous ayons un environnement de développement dans lequel nous voulons installer la chaîne de développement du langage de programmation Go en utilisant l'outil `yum`.

Notez que les affichages dans les sessions suivantes ont été abrégés (beaucoup de lignes ne sont pas utiles à la compréhension).

Tout d'abord, nous devons vérifier que le paquetage de Go peut être trouvé :

```
# yum search golang                                  ❶
Loaded plugins: ovl, priorities
================ N/S matched: golang =================
golang-bin.x86_64 : Golang core compiler tools
golang-docs.noarch : Golang compiler docs
...
golang-googlecode-net-devel.noarch : Supplementary Go networking libraries
golang-googlecode-sqlite-devel.x86_64 : Trivial sqlite3 binding for Go
```

❶ Recherche du paquetage du langage Go. Remarquez l'invite `#`, ce qui suggère que nous avons ouvert la session en tant que super-utilisateur `root`. Il est préférable d'utiliser `sudo yum`.

Armés de ces informations sur le paquetage, nous pouvons lancer l'installation en utilisant ce qui suit :

```
# yum install golang                                 ❶
Loaded plugins: ovl, priorities
Resolving Dependencies                               ❷
--> Running transaction check
---> Package golang.x86_64 0:1.15.14-1.amzn2.0.1 will be installed
--> Processing Dependency: golang-src = 1.15.14-1.amzn2.0.1 for package:
    golang-1.15.14-1.amzn2.0.1.x86_64
...
Transaction Summary
==============================================================================
Install  1 Package (+101 Dependent packages)

Total download size: 183 M
Installed size: 624 M
Is this ok [y/d/N]: y                                ❸
Dependencies Resolved
```

```
================================================================================
 Package                   Arch    Version              Repository    Size
================================================================================
Installing:
 golang                    x86_64  1.15.14-1.amzn2.0.1 amzn2-core    705 k
Installing for dependencies:
 acl                       x86_64  2.2.51-14.amzn2      amzn2-core     82 k
 apr                       x86_64  1.6.3-5.amzn2.0.2    amzn2-core    118 k
 ...

  Verifying  : groff-base-1.22.2-8.amzn2.0.2.x86_64                    101/102
  Verifying  : perl-Text-ParseWords-3.29-4.amzn2.noarch                102/102

Installed:                                                  ❹
  golang.x86_64 0:1.15.14-1.amzn2.0.1

Dependency Installed:
  acl.x86_64 0:2.2.51-14.amzn2   apr.x86_64 0:1.6.3-5.amzn2.0.2
  ...

Complete!
```

❶ Commande d'installation du paquetage Go.

❷ La première étape de yum consiste à déterminer toutes les dépendances de Go.

❸ L'outil yum fournit un résumé de ce qu'il a trouvé en termes de dépendances et nous indique ce qu'il prévoit de faire. Il demande de confirmer en entrant la lettre *y*. Dans un script, j'utiliserais la commande `yum install golang -y` pour accepter automatiquement.

❹ Après avoir vérifié que toutes les dépendances et le paquetage principal sont installés, yum confirme la réussite.

```
# yum info golang
Loaded plugins: ovl, priorities
Installed Packages
Name        : golang
Arch        : x86_64
Version     : 1.15.14
Release     : 1.amzn2.0.1
Size        : 7.8 M
Repo        : installed
From repo   : amzn2-core
Summary     : The Go Programming Language
URL         : http://golang.org/
License     : BSD and Public Domain
Description : The Go Programming Language.
```

Voyons maintenant l'autre gestionnaire de paquetages très utilisé, celui de Debian.

Le format de paquetage deb de Debian

Les paquetages deb et le format de fichier `.deb` proviennent de la distribution Debian. Les paquetages deb peuvent contenir des fichiers binaires ou des fichiers source. De nombreux gestionnaires de paquetages utilisent ce format deb : ceux de bas niveau sans gestion de dépendances comme `dpkg` et ceux de haut niveau comme `apt-get`, `apt` et `aptitude`. Ubuntu étant une distribution basée Debian, les paquetages deb y sont largement utilisés aussi bien sur poste de travail que sur serveur.

Pour voir ces paquetages deb en action, supposons que nous voulions installer l'utilitaire `curl` avec `apt`. C'est un outil utile pour interagir avec les API HTTP et pour télécharger des fichiers depuis plusieurs emplacements. Notez que nous avons ici aussi abrégé la sortie affichée.

Nous commençons par rechercher le paquetage `curl` :

```
# apt search curl                                ❶
Sorting... Done
Full Text Search... Done
curl/focal-updates,focal-security,now 7.68.0-1ubuntu2.4 amd64 [installed,automatic]
  command line tool for transferring data with URL syntax

debian-goodies/focal 0.84 all
  Small toolbox-style utilities for Debian systems

curl/focal-updates,focal-security 7.68.0-1ubuntu2.6 amd64
  command line tool for transferring data with URL syntax

curlftpfs/focal 0.9.2-9build1 amd64
  filesystem to access FTP hosts based on FUSE and cURL

flickcurl-doc/focal 1.26-5 all
  utilities to call the Flickr API from command line - documentation

flickcurl-utils/focal 1.26-5 amd64
  utilities to call the Flickr API from command line

gambas3-gb-net-curl/focal 3.14.3-2ubuntu3.1 amd64
  Gambas advanced networking component
...
```

❶ Recherche le paquetage `curl` avec `apt`. Notez qu'il y avait plusieurs dizaines de résultats affichés, la plupart étant des librairies et des dépendances spécifiques à un langage (Python, Ruby, Go, Rust, etc.).

Nous installons le paquetage `curl` comme ceci :

```
# apt install curl                                   ❶
Reading package lists... Done
Building dependency tree                             ❷
Reading state information... Done
The following additional packages will be installed:
```

```
  ca-certificates krb5-locales libasn1-8-heimdal libbrotli1 ...

Suggested packages:
  krb5-doc krb5-user libsasl2-modules-gssapi-mit ...

The following NEW packages will be installed:
  ca-certificates curl krb5-locales libasn1-8-heimdal ...

0 upgraded, 32 newly installed, 0 to remove and 2 not upgraded.
Need to get 5447 kB of archives.
After this operation, 16.7 MB of additional disk space will be used.
Do you want to continue? [Y/n] y                               ❸

Get:1 http://archive.ubuntu.com/ubuntu focal-updates/main amd64
      libssl1.1 amd64 1.1.1f-1ubuntu2.8 [1320 kB]
Get:2 http://archive.ubuntu.com/ubuntu focal-updates/main amd64
      openssl amd64 1.1.1f-1ubuntu2.8 [620 kB]
...
Fetched 5447 kB in 1s (3882 kB/s)
Selecting previously unselected package libssl1.1:amd64.
(Reading database ... 4127 files and directories currently installed.)
Preparing to unpack .../00-libssl1.1_1.1.1f-1ubuntu2.8_amd64.deb ...
Unpacking libssl1.1:amd64 (1.1.1f-1ubuntu2.8) ...
...
Setting up libkeyutils1:amd64 (1.6-6ubuntu1) ...
...
Processing triggers for ca-certificates (20210119~20.04.1) ...
Updating certificates in /etc/ssl/certs...
1 added, 0 removed; done.                                    ❹
Running hooks in /etc/ca-certificates/update.d...
Done.
```

❶ Lance l'installation du paquetage.

❷ La première action de apt consiste à déterminer toutes les dépendances.

❸ Ici, apt fournit un résumé des dépendances et annonce ce qu'il va installer. Une confirmation interactive est nécessaire ; dans un script, j'utiliserais l'option -y comme dans `apt install curl -y` pour accepter automatiquement.

❹ Après avoir vérifié que toutes les dépendances et le paquetage principal sont installés, apt confirme la réussite.

Nous pouvons vérifier le contenu du paquetage :

```
# apt show curl
Package: curl
Version: 7.68.0-1ubuntu2.6
Priority: optional
Section: web
Origin: Ubuntu
Maintainer: Ubuntu Developers <ubuntu-devel-discuss@lists.ubuntu.com>
Original-Maintainer: Alessandro Ghedini <ghedo@debian.org>
```

```
Bugs: https://bugs.launchpad.net/ubuntu/+filebug
Installed-Size: 411 kB
Depends: libc6 (>= 2.17), libcurl4 (= 7.68.0-1ubuntu2.6), zlib1g (>= 1:1.1.4)
Homepage: http://curl.haxx.se
Task: server, cloud-image, ubuntu-budgie-desktop
Download-Size: 161 kB
APT-Manual-Installed: yes
APT-Sources: http://archive.ubuntu.com/ubuntu focal-updates/main amd64 Packages
Description: command line tool for transferring data with URL syntax

N: There is 1 additional record. Please use the '-a' switch to see it
```

Voyons brièvement quelques gestionnaires de paquetages spécifiques.

Gestionnaires de paquetages de langages

Il existe des gestionnaires de paquetages dédiés à un langage de programmation :

- C/C++ : disposent de nombreux gestionnaires de paquetages, dont Conan et `vcpkg`.
- Go : dispose d'une gestion des paquetages intégrée (`go get`, `go mod`).
- Node.js : dispose de `npm` (et d'autres).
- Java : dispose de `maven` et de `nuts` (et d'autres).
- Python : dispose de `pip` et de PyPM.
- Ruby : dispose de `rubygems` et de Rails.
- Rust : dispose de `cargo`.

Abordons maintenant le (relativement) nouveau monde des conteneurs en voyant comment on peut leur faire gérer le cycle de vie des applications.

Conteneurs

Dans le contexte de ce livre, le terme *conteneur* désigne un groupe de processus Linux dont le but est de fournir une gestion des dépendances de niveau applicatif en exploitant des espaces de noms Linux, des groupes cgroup et, en option, les systèmes de fichiers à copie en écriture CoW. Les cas d'utilisation des conteneurs vont du test et du développement local au travail avec des systèmes distribués, par exemple avec des micro-services conteneurisés dans Kubernetes.

Les conteneurs sont très utiles aux développeurs et administrateurs système, mais en tant qu'utilisateur final, vous serez plus probablement à l'aise avec des outils de plus haut niveau pour gérer les applications, par exemple, ceux abordés dans la section ultérieure sur les gestionnaires de paquetages modernes.

Ah, si seulement j'avais des conteneurs !

Dans un emploi précédent, j'ai eu à mettre en place un démonstrateur (preuve de faisabilité) qui dépendait d'une base de données de séries temporelles appelée InfluxDB. La configuration globale nécessitait un certain nombre de prérequis (répertoires créés, données copiées) ainsi que la présence des dépendances. Lorsqu'il s'est agi de la confier à un collègue pour une démonstration au client, j'ai eu à rédiger un document détaillé qui énumérait toutes les étapes et vérifications pour s'assurer que tout fonctionnerait sans anicroches.

Si à cette époque des solutions de conteneurs telles que Docker avaient été disponibles, j'aurais fait gagner beaucoup de temps à mon collègue (et à moi-même) en empaquetant tout l'ensemble dans un conteneur. Cela aurait non seulement facilité l'utilisation par mon collègue, mais j'aurais été assuré que l'application fonctionnerait dans l'environnement cible exactement comme sur mon ordinateur portable.

Les conteneurs ne sont, à vrai dire, pas nouveaux dans Linux mais ils n'ont été adoptés à vaste échelle que grâce à Docker, à partir de 2014 environ. Il y avait eu avant cela un certain nombre de tentatives d'introduction des conteneurs, ciblant souvent les administrateurs système plutôt que les développeurs :

- Linux-VServer (2001) (`https://oreil.ly/A5Uri`) ;
- OpenVZ (2005) (`https://oreil.ly/yM3Tm`) ;
- LXC (2008) (`https://oreil.ly/BDSjL`) ;
- Let Me Contain That for You (lmctfy) (2013) (`https://oreil.ly/xpmMx`).

Toutes ces approches ont ceci en commun qu'elles utilisent les blocs de construction de base fournis par le noyau Linux, tels que les espaces de noms ou les cgroups, pour permettre aux utilisateurs d'exécuter les applications.

Docker a innové en s'appuyant sur ce concept et a introduit deux éléments révolutionnaires :

- un moyen standardisé de définir l'empaquetage via des images de conteneurs ;
- une interface utilisateur efficace (par exemple, la commande `docker run`).

La façon dont les images de conteneurs sont définies et distribuées, ainsi que la façon dont les conteneurs sont exécutés forment la base de ce qui est maintenant connu comme l'initiative *OCI* (*Open Container Initiative*) (`https://opencontainers.org`). Quand nous parlons de conteneurs dans la suite, nous nous concentrons sur les implémentations conformes à OCI.

Les trois spécifications principales des conteneurs OCI sont celles-ci :

- Spécification du runtime (`https://oreil.ly/vrN0V`) : définit ce qu'un exécutable *runtime* doit supporter, y compris les opérations et les phases de son cycle de vie.

- Spécification du format d'image (`https://oreil.ly/p0WCY`) : définit comment les images binaires des conteneurs sont construites sur la base de métadonnées et de couches.
- Spécification de la distribution (`https://oreil.ly/kNNeA`) : définit la façon dont les images de conteneurs sont distribuées, et la façon dont les référentiels fonctionnent dans le contexte des conteneurs.

Une autre idée associée aux conteneurs est l'*immutabilité*. Une fois qu'une configuration est en place, vous ne pouvez pas la modifier pendant son utilisation. En d'autres termes, les modifications nécessitent la création d'une nouvelle configuration (statique) et d'une nouvelle ressource (telle qu'un processus) avec elle. Nous reviendrons sur ce point dans le contexte des images de conteneurs.

Maintenant que vous savez ce que sont les conteneurs au niveau conceptuel, voyons de plus près les éléments constitutifs des conteneurs conformes à l'OCI.

Espaces de noms Linux

Comme vu dans le Chapitre 1, Linux propose au départ une vue globale des ressources. Pour permettre aux processus d'avoir une vue locale sur une ressource en particulier (un système de fichiers, un réseau ou même des utilisateurs), Linux a introduit les espaces de noms.

En d'autres termes, les espaces de noms Linux (`https://oreil.ly/3SvR1`) s'intéressent à la visibilité des ressources et peuvent être utilisés pour isoler différents aspects des ressources du système d'exploitation. Dans ce contexte, l'isolation concerne surtout ce qu'un processus peut voir, sans nécessairement constituer une frontière étanche (du point de vue de la sécurité).

Pour créer des espaces de noms, vous avez à votre disposition trois appels syscalls :

- `clone` (`https://oreil.ly/JNot8`) : utilisé pour créer un processus enfant qui peut partager des parties de son contexte d'exécution avec le processus parent.
- `unshare` (`https://oreil.ly/9BXiz`) : utilisé pour supprimer un contexte d'exécution partagé d'un processus existant
- `setns` (`https://oreil.ly/PKGHm`) : utilisé pour joindre un processus existant à un espace de noms existant.

Ces appels système acceptent en paramètre toute une gamme de drapeaux, ce qui permet un contrôle fin sur les espaces de noms que vous voulez créer, rejoindre ou quitter :

- `CLONE_NEWNS` : utilisé pour les points de montage du système de fichiers. Visible via `/proc/$PID/mounts`. Pris en charge depuis Linux 2.4.19.
- `CLONE_NEWUTS` : utilisé pour créer une isolation du nom d'hôte et de domaine (NIS). Visible avec `uname -n` et `hostname -f`. Pris en charge depuis Linux 2.6.19.

- `CLONE_NEWIPC` : utilisé pour isoler des ressources IPC, telles que des objets IPC System V ou des files de messages POSIX. Visible dans `/proc/sys/fs/mqueue`, `/proc/sys/kernel` et `/proc/sysvipc`. Pris en charge depuis Linux 2.6.19.
- `CLONE_NEWPID` : utilisé pour l'isolation de l'espace numérique du PID (PID à l'intérieur/à l'extérieur de l'espace de noms). Vous pouvez obtenir des détails à ce sujet via `/proc/$PID/status`. Pris en charge depuis Linux 2.6.24.
- `CLONE_NEWNET` : utilisé pour contrôler la visibilité des ressources réseau système telles que les périphériques réseau, les adresses IP, les tables de routage IP et les numéros de port. Vous pouvez le voir via `ip netns list`, `/proc/net` et `/sys/class/net`. Supporté depuis Linux 2.6.29.
- `CLONE_NEWUSER` : utilisé pour mapper les UID+GID à l'intérieur/à l'extérieur de l'espace de noms. Vous pouvez interroger les UID et GID et leurs mappages via la commande `id` et dans `/proc/$PID/uid_map` et `/proc/$PID/gid_map`. Pris en charge depuis Linux 3.8.
- `CLONE_NEWCGROUP` : sert à gérer les cgroups dans un espace de noms. Vous pouvez le voir via `/sys/fs/cgroup`, `/proc/cgroups` et `/proc/$PID/cgroup`. Pris en charge depuis Linux 4.6.

Une façon de voir les espaces de noms utilisés sur votre système est la suivante (affichage abrégé) :

```
$ sudo lsns
        NS TYPE NPROCS PID UTILISATEUR COMMANDE
4026531835 cgroup 251 1 root /sbin/init splash
4026531836 pid 245 1 root /sbin/init splash
4026531837 user 245 1 root /sbin/init splash
4026531838 uts 251 1 root /sbin/init splash
4026531839 ipc 251 1 root /sbin/init splash
4026531840 mnt 241 1 root /sbin/init splash
4026531860 mnt 1 33 root kdevtmpfs
4026531992 net 244 1 root /sbin/init splash
4026532233 mnt 1 432 root /lib/systemd/systemd-udevd
4026532250 user 1 5319 mh9 /opt/google/chrome/nacl_helper
4026532316 mnt 1 684 systemd-timesync /lib/systemd/systemd-timesyncd
4026532491 mnt 1 688 systemd-resolve /lib/systemd/systemd-resolved
...
```

Le prochain élément constitutif d'un conteneur se concentre sur les limites de consommation des ressources et les rapports d'utilisation de ces ressources.

Groupes cgroup Linux

Là où les espaces de noms concernent la visibilité, les *cgroups* fournissent un autre type de fonctionnalité : un mécanisme pour organiser les groupes de processus. En plus de l'organisation hiérarchique, vous pouvez utiliser les cgroups pour contrôler l'utilisation des ressources du système. En outre, ces groupes fournissent un suivi de l'utilisation des ressources ; ils montrent, par exemple, quelle quantité de mémoire RAM ou de puissance CPU est consommée par un processus (ou groupe). Considérez les cgroups comme l'unité déclarative et le contrôleur comme un morceau de code du noyau qui impose une certaine limite de ressources ou rend compte de son utilisation.

Au moment où nous écrivons ces lignes, il existe deux versions de cgroups disponibles dans le noyau : v1 et v2. La v1 est encore largement utilisée, mais la v2 la remplacera à terme ; vous devez donc la privilégier.

cgroups v1

Avec les cgroups en version 1, la communauté disposait d'une approche *ad hoc* ; ils pouvaient ajouter de nouveaux groupes et contrôleurs selon les besoins. Ceux de la v1 sont les suivants (classés du plus ancien au plus récent ; notez que les documentations sont éparpillées et incohérentes) :

- Contrôle de bande passante CFS (`https://oreil.ly/vGu0Y`) : utilisé via le cgroup `cpu`. Pris en charge depuis Linux 2.6.24.
- Contrôleur de comptabilité du CPU (`https://oreil.ly/7NSLN`) : utilisé via le cgroup `cpuacct`. Pris en charge depuis Linux 2.6.24.
- Cgroup `cpusets` (`https://oreil.ly/sJp4X`) : permet d'assigner le CPU et la mémoire à une tâche. Pris en charge depuis Linux 2.6.24.
- Contrôleur de ressources mémoire (`https://oreil.ly/VjsXY`) : permet d'isoler le comportement de la mémoire des tâches. Pris en charge depuis Linux 2.6.25.
- Contrôleur de liste blanche de périphériques (`https://oreil.ly/DklEJ`) : permet de contrôler l'utilisation des fichiers de périphériques. Pris en charge depuis Linux 2.6.26.
- Cgroup `freezer` (`https://oreil.ly/waLVz`) : utilisé pour la gestion des travaux par lots. Pris en charge depuis Linux 2.6.28.
- Cgroup classificateur réseau (`https://oreil.ly/fGcWg`) : utilisé pour attribuer des priorités différentes aux paquets de données. Pris en charge depuis Linux 2.6.29.
- Contrôleur d'entrées/sorties bloc (`https://oreil.ly/V3Zto`) : permet de réguler le débit d'E/S bloc. Pris en charge depuis Linux 2.6.33.
- Commande `perf_event` (`https://oreil.ly/AMWei`) : sert à collecter des données de performance. Pris en charge depuis Linux 2.6.39.
- Cgroup de priorité réseau (`https://oreil.ly/4e9f2`) : permet de définir dynamiquement la priorité du trafic réseau. Pris en charge depuis Linux 3.3.
- Contrôleur HugeTLB (`https://oreil.ly/dzl7L` [Contrôleur HugeTLB] : permet de limiter l'utilisation de HugeTLB. Pris en charge depuis Linux 3.5.

- Contrôleur de numéro de processus (`https://oreil.ly/WkBss`) : autorise une hiérarchie de cgroups à créer de nouveaux processus après avoir atteint une certaine limite. Pris en charge depuis Linux 4.3.

cgroups v2

La version 2 de cgroup est une réécriture totale tirant profit des leçons apprises de la version 1, tant en termes de configuration et d'utilisation cohérentes des cgroups que de documentation (centralisée et uniforme). Contrairement à la conception par processus des cgroups v1, cgroup v2 n'a qu'une seule hiérarchie, et tous les contrôleurs sont gérés de la même manière. Voici les contrôleurs en v2 :

- Contrôleur CPU : régule la distribution des cycles CPU, en prenant en charge différents modèles (poids, plafond) et offre un compte rendu d'utilisation.
- Contrôleur mémoire : régule la distribution de la mémoire avec une gamme de paramètres de contrôle, prenant en charge la mémoire de l'espace utilisateur, les structures de données du noyau telles que les *dentries* et les inodes, et les tampons des sockets TCP.
- Contrôleur d'E/S : régule la distribution des ressources d'entrées/sorties avec des limites de bande passante ou d'opérations par seconde (IOPS) à la fois pondérées et absolues, et une génération de statistiques en octets et en IOPS en lecture et écriture.
- Contrôleur de numéro de processus (PID) : similaire à ce que proposait la version 1.
- Contrôleur `cpuset` : similaire à ce que proposait la version 1.
- Contrôleur `device` : gère l'accès aux fichiers de périphérique, implémenté sur eBPF.
- Contrôleur `rdma` : régule la distribution et la comptabilisation des ressources d'accès mémoire direct à distance (RDMA) (`https://oreil.ly/a5Wk3`)
- Contrôleur HugeTLB : similaire à ce que proposait la version 1.

La version 2 propose en outre plusieurs cgroups pour limiter les ressources et des mécanismes de suivi pour les ressources scalaires (qui ne peuvent pas être abstraites comme les autres ressources cgroups).

Vous pouvez visualiser tous les cgroups v2 de votre système Linux dans un joli rendu arborescent *via* la commande `systemctl`, comme le montre l'exemple suivant (sortie abrégée et aménagée) :

```
$ systemctl status                                ❶
starlite
    State: degraded
     Jobs: 0 queued
   Failed: 1 units
    Since: Tue 2021-09-07 11:49:08 IST; 1 weeks 1 days ago
   CGroup: /
           ├─22160 bpfilter_umh
           ├─user.slice
           │ └─user-1000.slice                    ❷
```

```
    |   ├─user@1000.service
    |   | ├─gvfs-goa-volume-monitor.service
    |   | | └─14497 /usr/lib/gvfs/gvfs-goa-volume-monitor
...
```

❶ Utilisation de l'outil `systemctl` pour afficher les cgroups.

❷ Exemple d'un cgroup spécifique géré par `systemd`.

Une autre vue utile au sujet des cgroups concerne l'utilisation interactive des ressources, comme le montre l'exemple suivant (sortie aménagée) :

```
$ systemd-cgtop
Control Group                              Tasks   %CPU   Memory  Input/s Output/s
/                                            623   15.7     5.8G        -        -
/docker                                        -      -    48.3M        -        -
/system.slice                                122    6.2     1.6G        -        -
/system.slice/ModemManager.service             3      -   748.0K        -        -
...
/system.slice/rsyslog.service                  4      -   420.0K        -        -
/system.slice/snapd.service                   17      -     5.1M        -        -
```

À l'avenir, vous pouvez vous attendre à ce que les cgroups v2 deviennent la norme. Plusieurs distributions (comme Arch, Fedora 31+ et Ubuntu 21.10,) ont déjà intégré la v2 par défaut.

Systèmes de fichiers à copie sur écriture (CoW)

Les systèmes de fichiers CoW constituent le troisième élément des conteneurs, comme nous l'avons vu précédemment. Utilisés au moment de la construction, ces systèmes regroupent l'application et toutes ses dépendances dans un fichier unique autonome que vous pouvez ensuite distribuer. Habituellement, les systèmes de fichiers CoW sont employés avec des montages fusionnants (*bind mounts*) pour empiler le contenu des dépendances les unes sur les autres de manière efficace.

Docker

Docker est une implémentation de conteneurs conviviale développée et popularisée par Docker Inc. en 2014. Avec Docker, il est facile d'emballer des programmes et leurs dépendances et de les faire fonctionner dans une gamme d'environnements, d'un ordinateur personnel à l'infonuage. Ce qui est si unique à propos de Docker n'est pas l'ensemble de composants de construction (espaces de noms, cgroups, systèmes de fichiers CoW et montages fusionnants), qui existaient bien avant la création de Docker. Ce qui est si spécial, c'est que Docker a combiné ces blocs de construction d'une manière qui les rend faciles à utiliser en masquant la complexité de la gestion des détails de bas niveau tels que les espaces de noms et les cgroups.

Comme indiqué dans la Figure 6.4 et décrit dans le passage qui suit, il existe deux concepts principaux dans Docker : l'image et le conteneur en exécution.

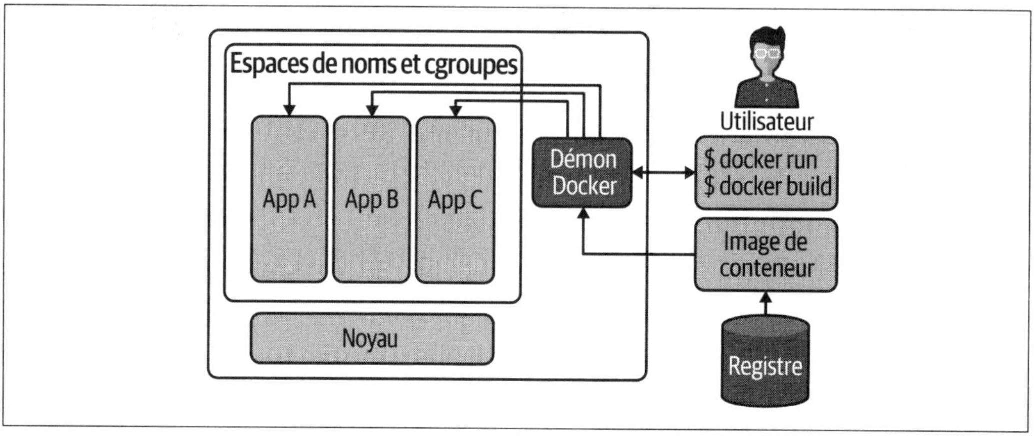

Figure 6.4 : Architecture de haut niveau de Docker.

- Image de conteneur : fichier d'archive compressé qui contient des métadonnées dans des fichiers JSON et les différentes couches, qui sont en réalité des sous-répertoires. Le démon Docker extrait les images de conteneur selon les besoins à partir d'un registre de conteneurs.
- Conteneur en tant qu'objet en exécution (par exemple, app A/B/C) : vous pouvez démarrer, arrêter, tuer et supprimer ce genre d'objet actif. Vous interagissez avec le démon Docker en utilisant un outil sur ligne de commande (CLI) (`docker`). Cet outil envoie des commandes au démon, qui exécute l'opération demandée, comme la construction ou l'exécution d'un conteneur.

Le Tableau 6.2 offre une brève référence des commandes de l'outil `docker`, couvrant à la fois la phase de construction et celle d'exécution. Pour une référence complète et des cas d'utilisation, reportez-vous à la documentation de Docker (`https://oreil.ly/y1c1W`).

Tableau 6.2 : Commandes Docker fréquemment utilisées

Commande	Description	Exemple
`run`	Lance un conteneur	Exécuter NGINX en tant que démon et supprimer le conteneur à la fin : `docker run -d --rm nginx:1.21`
`ps`	Liste les conteneurs	Lister tous les conteneurs (y compris ceux qui ne fonctionnent pas) : `docker ps -a`
`inspect`	Affiche les infos de bas niveau	Pour connaître l'adresse IP du conteneur : `docker inspect -f '{{.NetworkSettings.IPAddress}}'`
`build`	Génère une image de conteneur localement	Construire une image basée sur le répertoire et la balise actuels : `docker build -t some:tag`
`push`	Télécharge une image de conteneur vers un registre	Pousser vers le registre AWS : `docker push public.ecr.aws/some:tag`

Commande	Description	Exemple
`pull`	Télécharge une image de conteneur depuis un registre	Tirer depuis le registre AWS : `docker pull public.ecr.aws/some:tag`
`images`	Liste les images de conteneurs locales	Lister les images d'un certain registre : `docker images ubuntu`
`image`	Gère les images du conteneur	Supprimer toutes les images inutilisées : `docker image prune -all`

Voyons de plus près le composant de construction qu'est l'image de conteneur Docker.

Images de conteneurs

Pour rédiger les instructions définissant comment construire une image de conteneur, vous utilisez un format de fichier en texte brut nommé Dockerfile (`https://oreil.ly/dM8LO`).

Différentes directives sont applicables dans un fichier Dockerfile :

- Images de base : `FROM` (peuvent être multiples pour les phases build/run).
- Métadonnées : `LABEL` (paires clé-valeur pour étiqueter une image et pour le lignage).
- Variables de paramètres d'entrée et d'environnement : `ARGS`, `ENV`.
- Spécifications de construction : `COPY`, `RUN`, etc., pour définir les modalités de construction d'image, couche par couche.
- Spécifications d'exécution : `CMD` et `ENTRYPOINT`, qui déterminent comment le conteneur doit être exécuté.

Avec la commande `docker build`, vous faites produire une image de conteneur à partir d'une collection de fichiers qui représentent votre application (sous forme de source ou binaire) et d'un Dockerfile. Cette image de conteneur est l'artefact que vous pouvez ensuite exécuter ou pousser dans un registre, afin de le distribuer pour que d'autres l'extraient et en demandent l'exécution.

Exécution de conteneurs

Vous pouvez exécuter des conteneurs en session interactive (*via* un terminal) ou en tant que démon (en arrière-plan). La commande `docker run` (`https://oreil.ly/87Yzq`) part d'une image de conteneur et d'un ensemble de données d'entrée d'exécution (variables d'environnement, ports à exposer et volumes à monter). Avec ces informations, Docker crée les espaces de noms et les cgroups nécessaires puis lance l'application définie dans l'image du conteneur (`CMD` ou `ENTRYPOINT`).

Mettons en pratique cette théorie minimale de Docker.

Un exemple : le script greeter conteneurisé

Choisissons d'implanter notre application `greeter` (voir l'encadré en début de chapitre) dans un conteneur puis exécutons-la. Nous devons d'abord définir le fichier Dockerfile, qui contient les instructions pour construire l'image du conteneur :

```
FROM ubuntu:20.04                                                   ❶
LABEL org.opencontainers.image.authors="Michael Hausenblas"         ❷
COPY greeter.sh /app/                                               ❸
WORKDIR /app                                                        ❹
RUN chown -R 1001:1 /app                                            ❺
USER 1001
ENTRYPOINT ["/app/greeter.sh"]                                      ❻
```

❶ Définit l'image de base en utilisant une balise explicite (`20.04`).

❷ Attribue quelques métadonnées via un label.

❸ Copie le script shell. Il peut tout aussi bien s'agir d'un binaire, d'un fichier JAR ou d'un script Python.

❹ Définit le répertoire de travail.

❺ Cette ligne et la suivante définissent l'utilisateur qui exécute l'application. Si vous ne le précisez pas ainsi, l'exécution se fera inutilement en tant que `root`.

❻ Définit ce qu'il faut exécuter, dans notre cas le script shell. Du fait que nous l'avons défini en utilisant `ENTRYPOINT`, nous pouvons transmettre un paramètre en lançant l'exécution ainsi :

```
docker run greeter:1  UN_PARAMETRE
```

Construisons l'image du conteneur :

```
$ sudo docker build -t greeter:1 .                                  ❶
Sending build context to Docker daemon  3.072kB
Step 1/7 : FROM ubuntu:20.04                                        ❷
20.04: Pulling from library/ubuntu
35807b77a593: Pull complete
Digest: sha256:9d6a8699fb5c9c39cf08a0871bd6219f0400981c570894cd8cbea30d3424a31f
Status: Downloaded newer image for ubuntu:20.04
 ---> fb52e22af1b0
Step 2/7 : LABEL org.opencontainers.image.authors="Michael Hausenblas"
 ---> Running in 6aa921276c3b
Removing intermediate container 6aa921276c3b
 ---> def717e3352b
Step 3/7 : COPY greeter.sh /app/
 ---> 5f3eb160fea3
Step 4/7 : WORKDIR /app
 ---> Running in 698c29938a96
Removing intermediate container 698c29938a96
 ---> d73572886c13
Step 5/7 : RUN chown -R 1001:1 /app
 ---> Running in 5b5eb5d1935a
Removing intermediate container 5b5eb5d1935a
```

```
 ---> 42c35a6db6e2
Step 6/7 : USER 1001
 ---> Running in bec92deaac6e
Removing intermediate container bec92deaac6e
 ---> b6e0e27f253b
Step 7/7 : CMD ["/app/greeter.sh"]
 ---> Running in 6d3b439f7e50
Removing intermediate container 6d3b439f7e50
 ---> 433a5f10d84e
Successfully built 433a5f10d84e
Successfully tagged greeter:1
```

❶ Construit l'image de conteneur et l'étiquette (avec `-t greeter:1`). Le signe `.` signifie que l'on utilise le répertoire actuel, ce qui suppose qu'un fichier Dockerfile s'y trouve.

❷ Cette ligne et les suivantes extraient l'image de base et la construisent couche par couche.

Vérifions si l'image du conteneur a bien été construite :

```
$ sudo docker images
REPOSITORY   TAG      IMAGE ID       CREATED          SIZE
greeter      1        433a5f10d84e   35 seconds ago   72.8MB
ubuntu       20.04    fb52e22af1b0   2 weeks ago      72.8MB
```

Nous pouvons dorénavant lancer l'exécution d'un conteneur basé sur l'image nommée `greeter:1` comme ceci :

```
$ sudo docker run greeter:1
Tu es génial !
```

Voilà qui conclut notre tour d'horizon de Docker. Il ne reste qu'à jeter un coup d'œil à quelques outils apparentés.

Autres outils liés aux conteneurs

Docker n'est pas la seule voie possible pour travailler avec les conteneurs OCI ; vous pouvez utiliser un combo sponsorisé par Red Hat réunissant `podman` (`https://podman.io`) et `buildah` (`https://buildah.io`). Ces outils ne nécessitant pas de démon permettent de construire des images de conteneurs OCI (avec `buildah`) et de les exécuter (avec `podman`).

De plus, il existe un certain nombre d'outils qui facilitent le travail avec les conteneurs OCI, les espaces de noms, et les cgroups, notamment les suivants :

- `containerd` (`https://oreil.ly/mIKkm`) : un démon qui gère le cycle de vie du conteneur OCI, du transfert et du stockage des images à la supervision de l'exécution des conteneurs.
- `skopeo` (`https://oreil.ly/UAom6`) : pour la manipulation des images de conteneurs (copie, inspection du manifeste, etc.).

- `systemd-cgtop` (`https://oreil.ly/aDgBa`) : sorte de variante de `top` tenant compte des cgroups qui montre l'utilisation des ressources de manière interactive.
- `nsenter` (`https://oreil.ly/D0Gbc`) : permet d'exécuter un programme dans un espace de noms spécifié et existant.
- `unshare` (`https://oreil.ly/oOigx`) : permet d'exécuter un programme avec des espaces de noms spécifiques (opt in via les drapeaux).
- `lsns` (`https://oreil.ly/jY7Q6`) : liste les informations sur les espaces de noms Linux.
- `cinf` (`https://oreil.ly/yaiMo`) : liste les informations sur les espaces de noms Linux et cgroups associés aux ID de processus.

Cela termine notre visite des conteneurs. Voyons pour conclure quelques gestionnaires de paquetages modernes et la manière dont ils exploitent les conteneurs pour isoler les applications les unes des autres.

Gestionnaires de paquetages modernes

En plus des gestionnaires de paquetages traditionnels, qui sont souvent spécifiques à une distribution, est apparue une nouvelle sorte de gestionnaires de paquetages faisant souvent appel à des conteneurs. Ces nouveaux outils promettent d'être multi-distributions ou de s'adapter à des environnements spécifiques. Par exemple, ils peuvent faciliter l'installation d'applications à interface graphique pour les utilisateurs sur poste de travail Linux.

- Snap (`https://oreil.ly/n4fe6`) : un système de packaging et de déploiement de logiciels conçu et promu par Canonical Ltd. Il est livré avec un bac à sable sandboxing (`https://oreil.ly/ImWPH`) et peut être utilisé dans des environnements de bureau, de cloud et d'IoT.
- FlatPak (`https://oreil.ly/sEEu1`) : optimisé pour les environnements de bureau Linux, utilisant `cgroups`, `namespaces`, `bind`, `mounts` et `seccomp` comme blocs de construction. Bien qu'initialement issu de la partie Red Hat de l'univers des distributions Linux, il est maintenant disponible pour des dizaines d'autres, dont Fedora, Mint, Ubuntu, Arch, Debian, openSUSE et Chrome OS.
- AppImage (`https://oreil.ly/76Uhu`) : existe depuis des années et promeut l'idée qu'une application équivaut à un fichier, c'est-à-dire qu'elle ne nécessite aucune dépendance autre que ce qui est inclus dans le système Linux ciblé. Au fil du temps, un certain nombre de fonctionnalités intéressantes ont trouvé leur chemin dans AppImage, de l'efficacité des mises à jour à l'intégration au bureau en passant par les catalogues de logiciels.
- HomeBrew (`https://oreil.ly/XegIz`) : originaire du monde macOS mais disponible pour Linux et jouissant d'une popularité croissante, il est écrit en Ruby et possède une interface utilisateur puissante et intuitive.

Conclusion

Ce chapitre nous a permis d'aborder différents sujets liés à l'installation, à la maintenance et à l'utilisation des applications sous Linux.

Après avoir défini quelques termes de base, nous nous sommes penchés sur le processus de démarrage de Linux, et nous sommes intéressés à `systemd`, technique désormais standard pour gérer le démarrage et les composants.

Pour distribuer les applications, Linux s'appuie sur des paquetages gérés par des outils gestionnaires. Nous avons discuté de divers gestionnaires et vu comment utiliser des conteneurs pour le développement et les tests ainsi que pour la gestion des dépendances. Les conteneurs Docker utilisent des primitives Linux (les cgroups, les espaces de noms, les systèmes de fichiers CoW) pour procurer une gestion des dépendances au niveau applicatif (*via* les images de conteneurs).

Enfin, nous avons examiné des solutions personnalisées pour la gestion des applications, notamment Snap et HomeBrew.

Si vous souhaitez approfondir les sujets abordés dans ce chapitre, jetez un coup d'œil aux ressources suivantes :

Processus de démarrage et systèmes init :

- Analyse du processus de démarrage de Linux (`https://oreil.ly/bYPw5`)
- Étapes du processus de démarrage de Linux (`https://oreil.ly/k90in`)
- Configurer un service Linux pour qu'il démarre automatiquement après un crash ou un redémarrage (`https://oreil.ly/tvaMe`)

Gestion des paquetages :

- État de la chaîne d'approvisionnement des logiciels en 2021 (`https://oreil.ly/66mo5`)
- Gestion des paquetages Linux (`https://oreil.ly/MFGlL`)
- Tutoriel de compréhension de la gestion des paquetages RPM (`https://oreil.ly/jiRj8`)
- Paquetages Debian (`https://oreil.ly/DmAvc`)

Conteneurs :

- Une introduction pratique à la terminologie des conteneurs (`https://oreil.ly/zn69i`)
- De Docker à l'OCI : qu'est-ce qu'un conteneur ? (`https://oreil.ly/NUxrE`)
- Construire des conteneurs sans Docker (`https://oreil.ly/VofA0`)
- Pourquoi Red Hat investit dans CRI-O et Podman (`https://oreil.ly/KJB90`)
- Démystifier les conteneurs (`https://oreil.ly/Anvty`)
- Conteneurs sans racine (`https://oreil.ly/FLTHf`)

- Plongée dans les pilotes Docker Storage (`https://oreil.ly/8QPPh`)
- En quête d'un meilleur Dockerfile (`https://oreil.ly/MLAom`)

Maintenant que vous connaissez les grands principes des applications, passons d'un système Linux isolé à une configuration interconnectée et donc à son ingrédient incontournable : le réseau.

CHAPITRE 7

Réseaux

Dans ce chapitre, nous entrons dans le détail des fonctions réseau de Linux. Dans un environnement moderne, la pile technique réseau de Linux est un composant indispensable. Que vous souhaitiez accéder à une instance de cloud, naviguer sur le Web ou installer une nouvelle application, vous avez besoin de connectivité, et vous avez besoin d'un moyen d'en contrôler les paramètres.

Nous allons d'abord passer en revue les termes courants du réseau, du niveau matériel jusqu'aux éléments destinés aux utilisateurs, tels que HTTP et SSH. Nous allons également discuter de la pile réseau, des protocoles et des interfaces. Plus précisément, nous nous attarderons sur la pièce maîtresse de désignation sur le Web et Internet : le système de noms de domaines (DNS). Il est intéressant de noter que ce système se trouve non seulement dans les réseaux d'envergure, mais c'est également un composant central utilisé pour la découverte des services dans les environnements de conteneurs tels que Kubernetes.

Nous examinerons ensuite les protocoles et outils de réseau de la couche application : partage de fichiers, accès au Web, systèmes de fichiers en réseau et autres méthodes permettant de partager des données sur le réseau.

Dans la dernière partie du chapitre, nous passerons en revue quelques sujets réseau avancés, de la géo-cartographie à la gestion du temps sur le réseau.

En ce qui concerne le contenu prévisible de ce chapitre, il faut savoir que l'on peut passer beaucoup de temps sur le thème des réseaux sous Linux et des livres entiers leur sont consacrés. Nous adopterons ici une position pragmatique, en abordant les sujets essentiels du point de vue d'un utilisateur final. Les sujets administratifs, tels que la configuration réseau et l'installation des périphériques, sont en général hors cadre ici.

Commençons en toute logique par les fondamentaux de la mise en réseau.

Fondamentaux

Voyons plusieurs cas d'utilisation d'un réseau pour établir une terminologie commune.

Dans les environnements modernes, la mise en réseau joue un rôle central, tant pour l'installation d'applications, la navigation sur le Web et la consultation du courrier ou des médias sociaux, que pour le travail avec des machines distantes (du système embarqué auquel vous vous connectez *via* un réseau local jusqu'aux serveurs des centres de calculs de l'infonuage cloud). En cas de problème, étant donné les nombreux composants et couches d'un réseau, il n'est pas toujours simple de déterminer si ce problème est lié au matériel ou à la pile logicielle.

Un autre défi que le réseau Linux relève est celui des abstractions : vous découvrirez dans ce chapitre qu'il propose une interface de haut niveau à l'utilisateur, lui donnant l'impression que des fichiers ou des applications qui s'exécutent en réalité sur une machine distante sont accessibles localement. Ce confort ne doit pas faire oublier qu'au bout du compte, tout cela se résume à des données binaires qui voyagent sous forme de signaux électriques le long d'un fil ou codés dans des radio-fréquences. Gardez cela à l'esprit lors des dépannages et des tests.

La Figure 7.1 montre les fonctions réseau sous Linux à haut niveau. Il y a un certain type de matériel de mise en réseau, comme des cartes Ethernet ou cartes sans fil ; puis un certain nombre de composants au niveau du noyau, tels que la pile TCP/IP et enfin, dans l'espace utilisateur, une gamme d'outils pour configurer, interroger et utiliser le réseau.

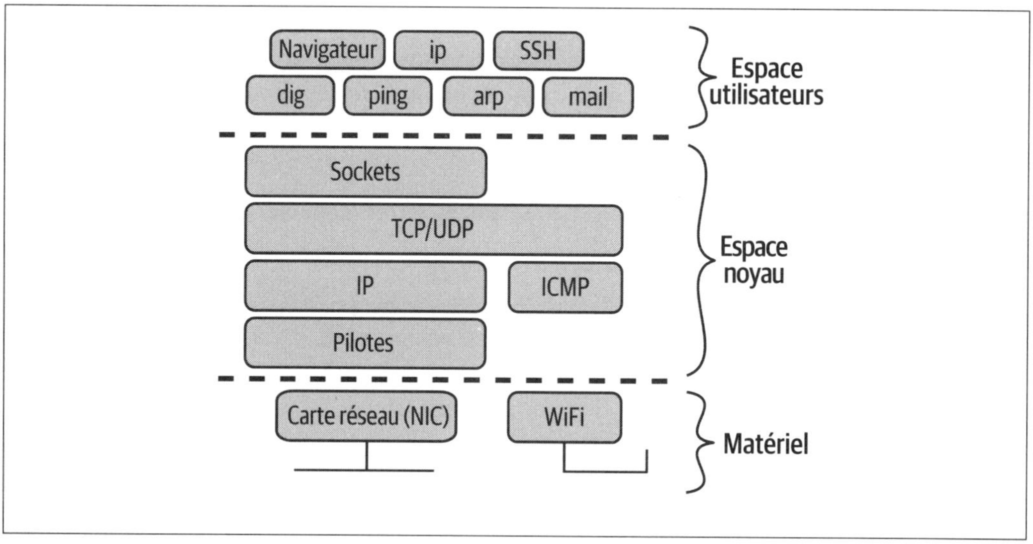

Figure 7.1 : Vue d'ensemble de la mise en réseau Linux.

Plongeons maintenant dans la pile TCP/IP, le cœur des capacités réseau de Linux.

> Contrairement à d'autres domaines de Linux, dans lesquels il faut soit étudier le code source, soit espérer que la conception soit correctement documentée derrière les interfaces et les protocoles, le domaine des réseaux bénéficie de spécifications et de standards disponibles publiquement pour quasiment tous les protocoles et interfaces. Le groupement IETF (Internet Engineering Task Force) place tous les descriptifs techniques RFC en accès libre sur le site `https://datatracker.ietf.org`.
>
> N'hésitez pas à consulter ces RFC (N.d.T. : les principales sont disponibles en français) avant de vous lancer dans l'étude du code source. Ces documents sont écrits par des praticiens pour des praticiens et documentent les bonnes pratiques et la manière d'implémenter les concepts.

La pile TCP/IP

La pile logicielle TCP/IP est représentée dans la Figure 7.2. C'est un modèle de réseau en couches constitué d'un certain nombre de protocoles et d'outils, pour la plupart définis par les spécifications du IETF. Chaque couche doit connaître et savoir communiquer seulement avec ses deux voisines, la couche juste au-dessus et celle juste au-dessous d'elle. Les données sont encapsulées dans des paquets, et chaque couche enveloppe généralement les données dans un en-tête qui contient des informations pertinentes à son niveau. Ainsi, lorsqu'une application veut envoyer des données, elle interagit directement avec la couche supérieure qui ajoutera un en-tête, et ainsi de suite en descendant dans la pile (formant le chemin aller). Inversement, lorsqu'une application veut recevoir des données, celles-ci arrivent dans la couche la plus basse ; chaque couche la traite à son tour en fonction des informations d'en-tête qu'elle y trouve puis transmet le contenu (la charge utile) à sa couche supérieure (formant le chemin retour).

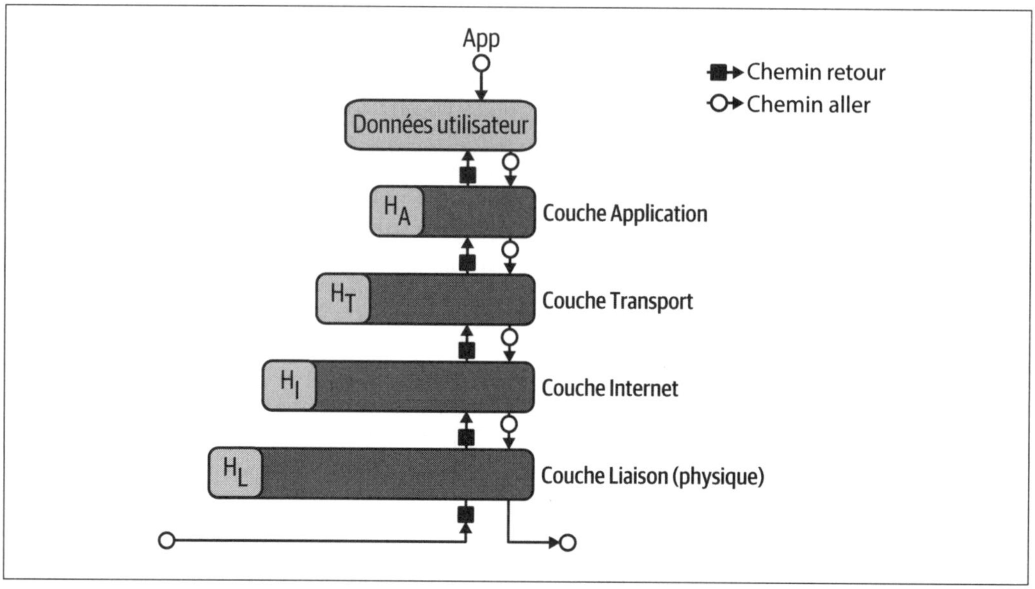

Figure 7.2 : Les couches TCP/IP coopérant pour une communication.

En commençant par le bas de la pile, les quatre couches de la pile TCP/IP sont les suivantes :

- La couche Liaison (Link) : la plus basse de la pile, cette couche s'intéresse au matériel (Ethernet, WiFi) avec les pilotes du noyau. Cette couche gère les modalités de transfert des paquets de données entre des périphériques physiques.
- La couche Internet : exploitant le protocole Internet (IP), cette couche se concentre sur le routage ou acheminement. Elle prend en charge l'envoi de paquets entre les machines sur les réseaux.
- La couche Transport : cette couche contrôle les communications de bout en bout entre hôtes (virtuels ou physiques), avec soit le protocole TCP (pour les communications fiables basées session), soit le protocole UDP (pour les communications sans maintien de connexion). Il traite principalement de la manière dont les paquets sont transmis, y compris l'adressage des services individuels sur chaque machine via les ports numérotés, ainsi que la gestion de l'intégrité des données. En outre, Linux prend en charge les prises sockets comme points de terminaison de la communication.
- La couche Application : cette couche traite des outils et des applications orientés utilisateur : Web, messagerie, SSH, etc.

Nous revenons en détail sur chacun de ces couches dans la suite, la couche Application n'étant abordée qu'après présentation de la fonction de serveur de noms DNS.

Internet et l'OSI

Internet trouve ses racines dans un projet du ministère américain de la Défense lancé dans les années 1960 avec pour objectif la création d'un réseau de communication résilient pour survivre à des attaques. Internet est un réseau de réseaux, c'est-à-dire une foule de réseaux locaux reliés à une infrastructure permettant la communication entre systèmes différents.

Vous avez probablement entendu parler du *modèle OSI* (*Open Systems Interconnection*), un modèle théorique de mise en réseau qui utilise sept couches, la septième, la couche la plus élevée, étant la couche des applications. Le modèle TCP/IP ne comporte lui que quatre couches, mais c'est celui qui a été adopté partout.

Ne vous laissez pas perdre par la numérotation différente des couches. Le matériel correspond à la couche OSI 1 ; la couche Liaison TCP/IP est la couche OSI 2 ; la couche Internet est la couche 3 ; la couche Transport est la couche 4 ; et, pour maintenir la cohérence avec le modèle OSI, la couche Application de TCP/IP correspond à la couche OSI 7.

Cette stratification signifie que l'en-tête et la charge utile d'une couche constituent la charge utile de la couche suivante. Par exemple, dans la Figure 7.2, la charge utile de la couche Internet est constituée de l'en-tête de la couche supérieure Transport H_T et de sa charge utile. En d'autres termes, la couche Internet prend le paquet qu'elle reçoit de la couche Transport, le traite comme une boîte noire d'octets et y ajoute son en-tête en se concentrant sur sa fonction qui est le routage de ce paquet vers la machine cible.

En commençant à nouveau par le bas de la pile TCP/IP, nous nous plaçons dans la couche Liaison.

La couche Liaison

La couche Liaison de la pile TCP/IP s'intéresse aux aspects matériels ou quasi-matériels : des octets de données indifférenciés, des fils électriques, des ondes électromagnétiques, des pilotes de périphériques et autres interfaces réseau.

Voici quelques termes que vous rencontrerez dans ce contexte :

- Ethernet : famille de technologies réseau utilisant des fils de cuivre pour relier des machines ; très répandu dans les réseaux locaux (LAN).
- Sans fil WiFi : protocoles et méthodes de communication de transmission par ondes électromagnétiques.
- Adresse MAC : abréviation de *Media Access Control*, l'adresse MAC est un identifiant sur 48 bits pour reconnaître chaque matériel de façon unique. Cette adresse sert précisément à identifier l'interface réseau. L'adresse MAC contient un code de fabricant d'interface via

un identifiant unique d'organisation (OUI) qui correspond en général aux 24 premiers bits.

- Interface : connexion au réseau. Il peut s'agir d'une interface physique ou virtuelle (logicielle), comme l'interface de rebouclage local `lo`.

Contrôleur d'interface (ou carte) réseau

Une pièce essentielle de l'équipement matériel est le contrôleur d'interface réseau NIC (*Network Interface Controller* (`https://oreil.ly/fZeVJ`)) plus simplement nommée *carte réseau*. Elle fournit la connectivité physique à un réseau en exploitant soit une norme câblée (par exemple, la norme *IEEE 802.3*-2018 pour Ethernet (`https://oreil.ly/9g4Mu`), soit l'une des nombreuses normes sans fil de la famille *IEEE 802.11* (`https://oreil.ly/V5NiL`). Une fois intégrée à un réseau, la carte réseau transforme la représentation numérique des octets à envoyer en signaux électriques ou radioélectriques. L'inverse est vrai pour la voie de réception : la carte transforme les signaux physiques reçus en bits et octets que la suite des logiciels peut traiter.

Voyons une carte réseau en action. Traditionnellement, on utilisait la commande `ifconfig` (désormais considérée comme obsolète) pour interroger les adaptateurs réseau détectés par le système (nous la montrons ici pour information ; en pratique, il est préférable d'utiliser `ip`, comme le montre l'exemple suivant) :

```
$ ifconfig
lo: flags=73<UP,LOOPBACK,RUNNING>  mtu 65536                          ❶
        inet 127.0.0.1  netmask 255.0.0.0
        inet6 ::1  prefixlen 128  scopeid 0x10<host>
        loop  txqueuelen 1000  (Local Loopback)
        RX packets 7218  bytes 677714 (677.7 KB)
        RX errors 0  dropped 0  overruns 0  frame 0
        TX packets 7218  bytes 677714 (677.7 KB)
        TX errors 0  dropped 0 overruns 0  carrier 0  collisions 0

wlp1s0: flags=4163<UP,BROADCAST,RUNNING,MULTICAST>  mtu 1500          ❷
        inet 192.168.178.40  netmask 255.255.255.0  broadcast 192.168.178.255
        inet6 fe80::be87:e600:7de7:e08f  prefixlen 64  scopeid 0x20<link>
        ether 38:de:ad:37:32:0f  txqueuelen 1000  (Ethernet)
        RX packets 2398756  bytes 3003287387 (3.0 GB)
        RX errors 0  dropped 7  overruns 0  frame 0
        TX packets 504087  bytes 85467550 (85.4 MB)
        TX errors 0  dropped 0 overruns 0  carrier 0  collisions 0
```

❶ La première interface trouvée ici est `lo`, l'interface de bouclage local possédant l'adresse IP v4 *`127.0.0.1`*. L'unité de transmission maximale `mtu` est la taille du paquet, ici 65 536 octets (la taille est proportionnelle au débit) ; pour des raisons historiques, la valeur par défaut pour Ethernet était égale à 1 500 octets, mais vous pouvez utiliser des trames jumbo allant jusqu'à 9 000 octets (`https://oreil.ly/NjpnF`).

❷ La deuxième interface détectée est `wlp1s0`, avec une adresse IP v4 égale à *`192.168.178.40`*. Cette interface est une carte réseau et possède donc une adresse MAC (`ether` *`38:de:ad:37:32:0f`*). Au vu des drapeaux montrés (`<UP,BROADCAST,RUNNING,MULTICAST>`), la carte semble opérationnelle.

Pour une approche moderne d'interrogation des capacités réseau (questionner les interfaces et vérifier leur état), utilisez la commande `ip` (`https://oreil.ly/pruUF`). Nous utiliserons cette approche dès que possible dans la suite (l'affichage a été abrégé) :

```
$ ip link show
1: lo: <LOOPBACK,UP,LOWER_UP> mtu 65536 qdisc noqueue                ❶
   state UNKNOWN mode DEFAULT group default qlen 1000
   link/loopback 00:00:00:00:00:00 brd 00:00:00:00:00:00
2: wlp1s0: <BROADCAST,MULTICAST,UP,LOWER_UP> mtu 1500 qdisc noqueue  ❷
   state UP mode DORMANT group default qlen 1000
    link/ether 38:de:ad:37:32:0f brd ff:ff:ff:ff:ff:ff
```

❶ L'interface de bouclage `lo`.

❷ La carte réseau, avec l'adresse MAC *`38:de:ad:37:32:0f`*. Notez que le nom (`wlp1s0` ici) indique quelque chose sur l'interface : c'est une interface sans fil (`wl`) sur le bus PCI 1 (`p1`) et le slot 0 (`s0`). Cette dénomination rend les noms des interfaces plus faciles à gérer. Lorsque vous aviez deux interfaces nommées à l'ancienne (disons, `eth0` et `eth1`), il n'y avait pas de garantie que le redémarrage ou l'ajout d'une autre carte ne pousse pas Linux à renommer les interfaces (ce qui a de fâcheux effets).

Aussi bien pour `ifconfig` que pour `ip link`, la signification des drapeaux tels que `LOWER_UP` ou `MULTICAST` est fournie dans les pages de manuel de `netdevice` (`https://oreil.ly/OTB7R`).

Protocole de résolution d'adresses ARP

Le protocole de résolution d'adresses (ARP) établit la correspondance entre adresses physiques MAC et adresses logiques IP. Il fait le pont entre la couche Liaison et la couche Internet. Voyons-le en action :

```
$ arp                                                  ❶
Address                  HWtype  HWaddress           Flags Mask            Iface
mh9-imac.fritz.box       ether   00:25:4b:9b:64:49   C                     wlp1s0
fritz.box                ether   3c:a6:2f:8e:66:b3   C                     wlp1s0
```

❶ Utilise la commande `arp` pour montrer le cache de mappage entre adresses MAC et noms d'hôtes ou adresses IP. Notez que vous pouvez utiliser `arp -n` pour empêcher la résolution des noms d'hôtes et afficher seulement les adresses IP et pas les noms des machines.

En utilisant une approche plus moderne avec `ip` :

```
$ ip neigh                                                   ❶
192.168.178.34 dev wlp1s0 lladdr 00:25:4b:9b:64:49 STALE
192.168.178.1 dev wlp1s0 lladdr 3c:a6:2f:8e:66:b3 REACHABLE
```

❶ Utilise la commande `ip` pour afficher le cache de mappage entre adresses MAC et adresses IP.

Pour afficher, configurer et dépanner les périphériques sans fil, vous utiliserez la commande `iw` (`https://oreil.ly/fyR0y`). Par exemple, sachant que la carte réseau sans fil porte le nom `wlp1s0`, nous pouvons l'interroger :

```
$ iw dev wlp1s0 info                                             ❶
Interface wlp1s0
        ifindex 2
        wdev 0x1
        addr 38:de:ad:37:32:0f
        ssid FRITZ!Box 7530 QJ                                   ❷
        type managed
        wiphy 0
        channel 5 (2432 MHz), width: 20 MHz, center1: 2432 MHz   ❸
        txpower 20.00 dBm
```

❶ Affiche les informations de base sur l'interface sans fil `wlp1s0`.

❷ Routeur auquel l'interface est connectée (voir aussi l'exemple suivant).

❸ Bande de fréquences WiFi utilisée par l'interface.

On peut recueillir des informations relatives au routeur et au trafic comme ceci :

```
$ iw dev wlp1s0 link                                 ❶
Connected to 74:42:7f:67:ca:b5 (on wlp1s0)
        SSID: FRITZ!Box 7530 QJ
        freq: 2432
        RX: 28003606 bytes (45821 packets)           ❷
        TX: 4993401 bytes (15605 packets)
        signal: -67 dBm
        tx bitrate: 65.0 MBit/s MCS 6 short GI

        bss flags:      short-preamble short-slot-time
        dtim period:    1
        beacon int:     100
```

❶ Affiche des informations de connexion sur l'interface sans fil `wlp1s0`.

❷ Cette ligne et la suivante indiquent le volume d'octets et de paquets émis (TX signifie transmettre) et reçus (RX) via cette interface.

Après cette découverte de la couche la plus basse de la pile TCP/IP, la couche Liaison, remontons dans la pile.

La couche Internet

La deuxième couche en progressant dans la pile TCP/IP est la couche Internet. Elle est chargée de l'acheminement des paquets d'une machine du réseau à une autre. Un principe fort de conception de cette couche consiste à supposer que l'infrastructure réseau technique n'est pas très fiable et que les participants à la transmission (tels que les nœuds du réseau et les interconnexions) peuvent changer.

La couche Internet assure une distribution au mieux (c'est-à-dire sans garantie de performances) en traitant chaque paquet de données indépendamment. Ce sont en conséquence les couches supérieures, généralement la couche Transport, qui doivent traiter les problèmes de fiabilité, y compris l'ordre des paquets, les relances de tentatives et les garanties de livraison.

Parallèle entre routage Internet et courrier postal

Comparons une adresse de couche Internet à une adresse postale, composée du nom du pays, du nom de la voie et du numéro dans la voie.

Ces données m'assurent que je peux envoyer une carte postale à son destinataire de n'importe où dans le monde. Notez également que je n'ai pas besoin de connaître les détails du transport (si ma carte voyage par bateau ou par avion, ou quel chemin exact elle va emprunter). Le contrat entre moi et la Poste est simple : si j'indique la bonne adresse et paie le montant correct (assez de timbres), la Poste s'engage à livrer la carte.

De même, votre machine est identifiée au niveau de la couche Internet *via* son adresse logique.

Dans cette couche, le protocole dominant pour identifier logiquement les machines de façon unique pour le monde entier est le protocole Internet IP. Deux versions coexistent : IP version 4 (IP v4) et son successeur IP v6.

IP v4

IP v4 définit des numéros uniques sur 32 bits pour identifier un hôte ou un processus agissant en tant que point de terminaison dans une communication TCP/IP.

Une façon d'écrire les adresses IP v4 consiste à répartir les 32 bits en quatre segments de 8 bits séparés par un point, chaque segment ayant une valeur comprise entre 0 et 255, correspondant à 1 octet (soit 8 bits). Prenons un exemple concret :

```
 63.32.106.149
\_/\_/ \_/ \_/
 |  |   |   └─ ❹
 |  |   └───── ❸
 |  └───────── ❷
 └──────────── ❶
```

❶ Premier octet, sous forme binaire *00111111*.

❷ Deuxième octet, sous forme binaire *00100000*.

❸ Troisième octet, sous forme binaire *01101010*.

❹ Quatrième octet, sous forme binaire *10010101*.

L'en-tête IP est défini dans la RFC 791 (`https://oreil.ly/7u93r`) et les spécifications IETF connexes (voir Figure 7.3).

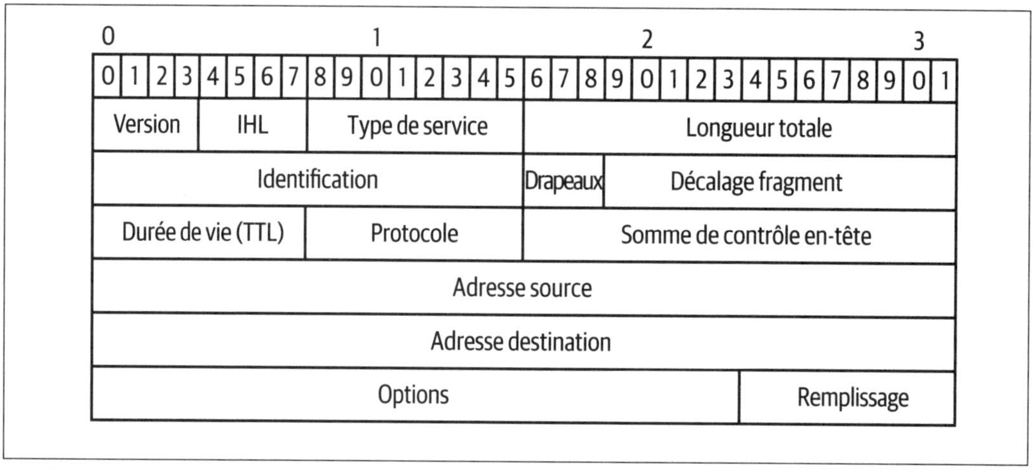

Figure 7.3 : Format de l'en-tête IP selon la RFC 791.

Cet en-tête possède un certain nombre de champs, les plus importants étant les suivants :

- Adresse source (32 bits) : adresse IP de l'expéditeur.
- Adresse destination (32 bits) : adresse IP du destinataire.
- Protocole (8 bits) : type de charge utile (type de couche supérieure suivante), selon la RFC 790 (`https://oreil.ly/Y8PPz`) ; par exemple, TCP, UDP ou ICMP.
- Durée de vie, Time To Live (8 bits) : temps maximal pendant lequel le paquet est autorisé à exister.
- Type de service (8 bits) : peut servir au suivi de la qualité de service (QoS).

Étant donné qu'Internet est un réseau de réseaux, il semble naturel de faire la différence entre les réseaux eux-mêmes et les machines individuelles (hôtes) qui en constituent les points de terminaison. Les plages d'adresses IP sont donc attribuées aux réseaux et, au sein de ces réseaux, aux hôtes individuels.

Aujourd'hui, la seule méthode pertinente pour attribuer des adresses IP est CIDR (`https://oreil.ly/VDVuy`). Le format CIDR se compose de deux parties :

- La première partie représente l'adresse réseau. Cela ressemble à une adresse IP normale ; par exemple, *10.0.0.0*.
- La deuxième partie définit le nombre de bits (et donc d'adresses IP) qui se trouvent dans la plage réseau ; par exemple, */24*.

Voici un exemple complet de plage CIDR :

```
10.0.0.0/24
```

Dans cet exemple, les 24 premiers bits (3 octets) identifient le réseau, et les 8 derniers (soit 32 bits au total) sont les adresses IP permettant de distinguer 256 machines hôtes (2^8). La première adresse IP dans cette plage CIDR est *10.0.0.0* et la dernière est *10.0.0.255*. Au sens strict, seules les adresses de *10.0.0.1* à *10.0.0.254* peuvent être attribuées à des hôtes puisque les adresses *.0* et *.255* sont réservées. De plus, nous pouvons dire que le masque de réseau est *255.255.255.0* puisque les 24 premiers bits représentent le réseau.

En pratique, vous n'avez pas besoin de vous souvenir de tous ces calculs. Si vous avez affaire à des plages CIDR au quotidien, vous le savez tout simplement. Si vous souhaitez effectuer des calculs de plages CIDR, par exemple pour savoir le nombre d'IP possibles dans une plage, servez-vous des outils suivants :

- Des outils en ligne tels que ceux disponibles sur `https://cidr.xyz` et `https://ipaddress-guide.com/cidr`.
- Des outils en ligne de commande comme mapcidr (`https://oreil.ly/2uTwU`) et cidrchk (`https://oreil.ly/g88Yk`) (ce second outil a été créé par votre serviteur).

Quelques plages d'adresses IP v4 sont réservées (`https://oreil.ly/97Tp7`) :

- *127.0.0.0* : sous-réseau réservé aux adresses locales, la plus importante étant l'adresse de bouclage local *127.0.0.1*.
- *169.254.0.0/16* : (de *169.254.0.0* à *169.254.255.255*). Adresses de liaison locale, ce qui signifie que les paquets qui y sont adressés ne doivent pas être diffusés vers d'autres branches du réseau. Certains fournisseurs de nuages tels que Amazon Web Services s'en servent pour des services spéciaux (métadonnées).
- *224.0.0.0/24* : (de *224.0.0.0* à *239.255.255.255*). Plage réservée à la multidiffusion.

Le document RFC 1918 (`https://oreil.ly/2Ijxk`) définit ces plages IP privées.

Une plage IP privée signifie que les adresses IP qu'elle contient ne sont pas routables sur l'Internet public ; il est donc prudent de les attribuer en interne (par exemple, dans le contexte de votre entreprise) :

- De *10.0.0.0* à *10.255.255.255* (préfixe *10/8*).
- De *172.16.0.0* à *172.31.255.255* (préfixe *172.16/12*).

- De *192.168.0.0* à *192.168.255.255* (préfixe *192.168/16*).

Une autre adresse IP v4 intéressante est *0.0.0.0*. Il s'agit d'une adresse non routable qui connaît plusieurs cas d'utilisation et différentes significations selon le contexte, mais la plus importante, du point de vue du serveur, est que *0.0.0.0* désigne toutes les adresses IP v4 présentes dans la machine. C'est une excellente façon de dire « écouter sur toutes les adresses IP disponibles » comme source jusqu'à ce qu'elle se transforme en une IP connue.

Après cette séquence théorique, passons à l'action en interrogeant une machine pour ce qui concerne ses mécanismes IP (sortie abrégée) :

```
$ ip addr show                                                          ❶
1: lo: <LOOPBACK,UP,LOWER_UP> mtu 65536 qdisc noqueue
    state UNKNOWN group default qlen 1000
    link/loopback 00:00:00:00:00:00 brd 00:00:00:00:00:00
    inet 127.0.0.1/8 scope host lo                                      ❷
       valid_lft forever preferred_lft forever
    inet6 ::1/128 scope host
       valid_lft forever preferred_lft forever
2: wlp1s0: <BROADCAST,MULTICAST,UP,LOWER_UP> mtu 1500 qdisc
    noqueue state UP group default qlen 1000
    link/ether 38:de:ad:37:32:0f brd ff:ff:ff:ff:ff:ff
    inet 192.168.178.40/24 brd 192.168.178.255 scope global dynamic     ❸
    noprefixroute wlp1s0
       valid_lft 863625sec preferred_lft 863625sec
    inet6 fe80::be87:e600:7de7:e08f/64 scope link noprefixroute
       valid_lft forever preferred_lft forever
```

❶ Liste les adresses de toutes les interfaces.

❷ Adresse IP de l'interface de bouclage (*127.0.0.1* comme prévu).

❸ Adresse IP (privée) de la carte réseau sans fil. Notez qu'il s'agit de l'adresse IP locale du réseau local de la machine, qui n'est pas routable publiquement puisqu'elle appartient à la plage *192.168/16*.

L'espace d'adressage IP v4 (le nombre maximal d'adresses différentes) est déjà épuisé depuis quelque temps. Les besoins réels se sont avérés bien supérieurs à que les concepteurs d'Internet avaient imaginé, d'autant plus après l'apparition de terminaux de poche (telliphones, tablettes) et autres appareils mobiles, et de l'Internet des objets IoT. Une solution durable était nécessaire.

C'est le standard IP v6 qui constitue cette solution au problème d'épuisement des adresses.

Malheureusement, au moment où nous écrivons ces lignes, l'écosystème dans son ensemble n'a toujours pas fait le passage à IP v6, en partie pour des raisons d'infrastructure mais aussi en raison d'un manque d'outils prenant en charge la v6. Cela signifie que, pour l'instant, vous devrez encore composer avec IP v4 et ses limites et solutions de contournement (`https://oreil.ly/XSiTu`).

Jetons donc un coup d'œil à l'avenir (que nous espérons pas trop éloigné) : IP v6.

IP v6

IP v6 (*Internet Protocol* version 6) (`https://oreil.ly/T0ISm`) utilise des valeurs sur 128 bits pour identifier les points d'extrémité d'une communication TCP/IP. Cela permet environ 10^{38} adresses différentes. Contrairement à IP v4, IP v6 utilise une représentation hexadécimale de huit groupes de 16 bits chacun, en séparant les groupes par un signe deux-points (`:`).

Quelques conventions permettant d'abréger une adresse IP v6, par exemple la suppression des zéros initiaux ou la compression de séquences ininterrompues de zéros en les remplaçant par deux signes deux-points consécutifs (`::`). Par exemple, l'adresse de bouclage IP v6 peut être écrite en abrégé sous la forme *`::1`* (la variante IP v4 serait *`127.0.0.1`*).

Tout comme IP v4, IP v6 définit un certain nombre d'adresses spéciales réservées ; l'APNIC propose une liste des types d'adresses IP v6 (`https://oreil.ly/isoL1`).

Un point essentiel est que IP v4 et IP v6 ne sont pas compatibles. Cela signifie que la prise en charge de IP v6 doit être incluse dans chaque participant au réseau : périphériques (comme votre téléphone), routeurs et logiciels de serveur. Cette prise en charge de IP v6 s'est déjà révélée, du moins dans le contexte Linux, assez répandue. Par exemple, la commande `ip addr` vue dans la section sur IP v4 montrerait déjà par défaut les adresses IP v6.

ICMP (Internet Control Message Protocol)

Le document RFC 792 (`https://oreil.ly/6Nphe`) définit le protocole de messages de contrôle ICMP (*Internet Control Message Protocol*) qui sert aux composants de bas niveau pour émettre des messages d'erreur et des informations opérationnelles concernant, par exemple, la disponibilité.

Voyons ICMP en action en testant l'accessibilité d'un site web avec l'outil `ping` :

```
$ ping mhausenblas.info
PING mhausenblas.info (185.199.109.153): 56 data bytes
64 bytes from 185.199.109.153: icmp_seq=0 ttl=38 time=23.140 ms
64 bytes from 185.199.109.153: icmp_seq=1 ttl=38 time=23.237 ms
64 bytes from 185.199.109.153: icmp_seq=2 ttl=38 time=23.989 ms
64 bytes from 185.199.109.153: icmp_seq=3 ttl=38 time=24.028 ms
64 bytes from 185.199.109.153: icmp_seq=4 ttl=38 time=24.826 ms
64 bytes from 185.199.109.153: icmp_seq=5 ttl=38 time=23.579 ms
64 bytes from 185.199.109.153: icmp_seq=6 ttl=38 time=22.984 ms
^C
--- mhausenblas.info ping statistics ---
7 packets transmitted, 7 packets received, 0.0% packet loss
round-trip min/avg/max/stddev = 22.984/23.683/24.826/0.599 ms
```

Vous pouvez également utiliser `gping` (`https://oreil.ly/1Y5qv`) qui sait tâter (« pinguer ») plusieurs cibles à la fois et produire un graphique sur la ligne de commande (voir Figure 7.4).

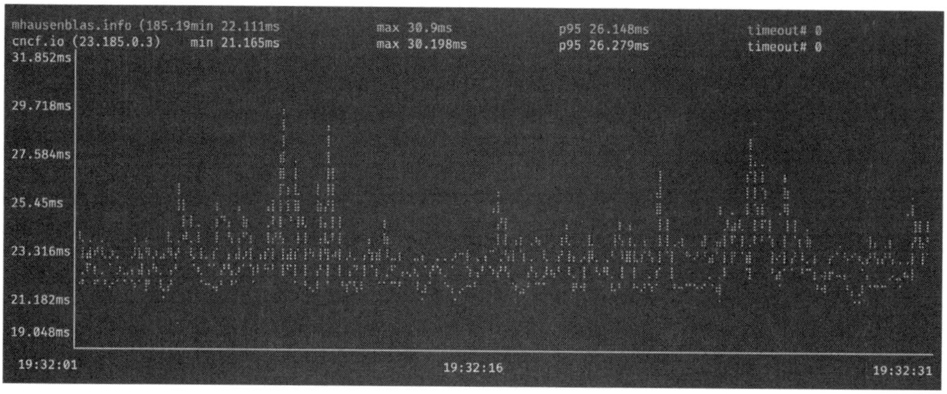

Figure 7.4 : Test d'accès à deux sites Web avec ***gping****.*

Notez qu'un outil équivalent est disponible pour IP v6, le bien-nommé `ping6` (`https://oreil.ly/F6q6B`).

Routage

Une partie de la pile réseau de Linux se charge des opérations de routage, qui consistent à décider pour chaque paquet où l'envoyer. Le site de destination peut être un processus sur la même machine ou une adresse IP sur une machine distante.

Les détails exacts de l'implémentation du routage dépassent le cadre de ce chapitre. Nous en donnerons un aperçu général : l'outil `iptables` (`https://oreil.ly/roRsv`) est largement utilisé pour manipuler les tables de routage ; par exemple, pour rerouter des paquets sous certaines conditions ou implanter un pare-feu. Cet outil utilise à son tour `netfilter` (`https://www.netfilter.org`) pour intercepter et manipuler les paquets.

Ce qu'il faut absolument savoir, c'est comment interroger et afficher les informations de routage, comme suit :

```
$ sudo route -n                                   ❶
Kernel IP routing table
Destination     Gateway         Genmask         Flags Metric Ref    Use Iface
0.0.0.0         192.168.178.1   0.0.0.0         UG    600    0        0 wlp1s0
169.254.0.0     0.0.0.0         255.255.0.0     U     1000   0        0 wlp1s0
192.168.178.0   0.0.0.0         255.255.255.0   U     600    0        0 wlp1s0
```

❶ Utilise la commande `route` avec l'option `-n` pour afficher les adresses IP numériques.

La signification détaillée des résultats affichés par `route` est la suivante :

- `Destination` : adresse IP de la destination ; la valeur *`0.0.0.0`* signifie qu'elle est non spécifiée ou inconnue, ce qui l'envoie potentiellement vers la passerelle.

- `Gateway` : (passerelle) : adresse servant aux paquets qui ne sont pas sur le même réseau.
- `Genmask` : masque de sous-réseau utilisé.
- `Flags` : UG signifie que le réseau est en place (Up) et que c'est une passerelle (Gateway).
- `Iface` : interface réseau que va utiliser le paquet.

Une méthode moderne consiste à utiliser `ip` comme ceci :

```
$ sudo ip route
default via 192.168.178.1 dev wlp1s0 proto dhcp metric 600
169.254.0.0/16 dev wlp1s0 scope link metric 1000
192.168.178.0/24 dev wlp1s0 proto kernel scope link src 192.168.178.40 metric 600
```

Comment savoir s'il est en panne ? Nous pouvons vérifier la connectivité comme ceci :

```
$ traceroute mhausenblas.info
traceroute to mhausenblas.info (185.199.108.153), 30 hops max, 60 byte packets
 1  _gateway (192.168.5.2)  1.350 ms  1.306 ms  1.293 ms
```

> Nous verrons plusieurs outils de dépannage et de mesure des performances TCP/IP dans la section sur la supervision du Chapitre 8.

Pour compléter cette visite de la couche Internet, je mentionnerai brièvement le protocole BGP de passerelle de frontière (*Border Gateway Protocol*) (`https://oreil.ly/QMc1v`) défini dans la RFC 4271 (`https://oreil.ly/iwRNE`), parmi d'autres spécifications IETF. Bien qu'il soit peu probable que vous interagissiez directement avec BGP (sauf si vous travaillez chez un fournisseur de réseau ou si vous administrez tout un réseau), il est crucial d'être conscient de son existence et de comprendre dans ses grandes lignes ce qu'il fait.

Comme nous l'avons déjà précisé, Internet est véritablement un réseau de réseaux. Dans la terminologie BGP, un de ces réseaux est désigné en tant que *système autonome* (AS). Pour que le routage IP fonctionne, les AS doivent partager leurs données de routage et d'accessibilité, et faire connaître les routes possibles pour livrer les paquets par Internet.

Quand Facebook disparaît d'Internet

Fin 2021, nous avons vu l'impact que peut avoir une mauvaise configuration de ce protocole fondamental BGP. Lisez le compte-rendu de cette avarie sur Wikipédia : `https://fr.wikipedia.org/wiki/Panne_de_Facebook_(2021)`.

Maintenant que vous connaissez le fonctionnement élémentaire de la couche Internet, avec les adresses et le routage, passons à la couche supérieure.

La couche Transport

Dans la troisième des quatre couches, tout est question de modalités de communication entre des points d'extrémité. Les protocoles sont orientés soit avec, soit sans maintien de la connexion. La fiabilité, la qualité de service et une livraison respectant l'ordre initial sont des critères de choix entre les deux approches.

> Des protocoles modernes tels que HTTP/3 (`https://oreil.ly/ecuPK`) sont apparus pour tenter de combiner différentes fonctionnalités, par exemple pour introduire des caractéristiques fonctionnelles typiques de UDP dans un protocole de plus haut niveau.

Ports réseau

Un concept central de la couche Transport est celui de *port*. Quel que soit le protocole utilisé, des ports sont nécessaires pour établir la connexion. Un port est un numéro unique sur 16 bits qui identifie un service disponible à une adresse IP. Pensez-y de la manière suivante : une seule machine (réelle ou virtuelle) peut proposer un certain nombre de services actifs (en cours d'exécution). (Nous verrons en détail la couche Application plus loin.) Pour profiter d'un de ces services, il faut l'identifier en complément de l'adresse IP de la machine.

Nous faisons la distinction entre les éléments suivants :

- Les ports connus (de 0 à 1023) : destinés à des programmes démons tels qu'un serveur SSH ou un serveur web. Pour pouvoir utiliser (se lier à) un port connu, il faut disposer de privilèges élevés (`root` ou `CAP_NET_BIND_SERVICE`).
- Ports enregistrés (de 1024 à 49151) : gérés par l'autorité *IANA* (*Internet Assigned Numbers Authority*) au moyen d'une procédure documentée publiquement.
- Ports dynamiques (de 49152 à 65535) : ne pouvant pas être enregistrés, ces ports sont donc figés. Ils peuvent servir à l'allocation automatique d'un port temporaire (par exemple, si votre application se connecte à un serveur web, elle a besoin d'un port elle-même, comme second point d'extrémité de la communication) ainsi que pour des services privés (par exemple, internes à une entreprise).

Vous pouvez afficher la liste des ports et mappages en vigueur en consultant le fichier `/etc/services`. Il existe une liste complète des numéros de ports TCP et UDP que vous pouvez consulter si vous n'êtes pas sûr (`https://oreil.ly/VBp7N`).

Pour voir les ports utilisés sur votre machine locale uniquement (et non sur la machine de quelqu'un d'autre ou vers une adresse IP non locale) :

```
$ nmap -A localhost                                   ❶

Starting Nmap 7.60 ( https://nmap.org ) at 2021-09-19 14:53 IST
Nmap scan report for localhost (127.0.0.1)
```

```
Host is up (0.00025s latency).
Not shown: 999 closed ports
PORT    STATE SERVICE VERSION
631/tcp open  ipp     CUPS 2.2                                   ❷
| http-methods:
|_  Potentially risky methods: PUT
| http-robots.txt: 1 disallowed entry
|_/
|_http-server-header: CUPS/2.2 IPP/2.1
|_http-title: Home - CUPS 2.2.7

Service detection performed. Please report any incorrect results
at https://nmap.org/submit/ .
Nmap done: 1 IP address (1 host up) scanned in 6.93 seconds
```

❶ Scrutation des ports sur la machine locale.

❷ Un port ouvert, le 631, a été détecté, utilisant le protocole d'impression Internet (IPP).

Voyons maintenant comment ces ports sont utilisés dans les différents protocoles de la couche Transport.

Protocole TCP de contrôle de transmission

Le protocole *TCP* (*Transmission Control Protocol*) est un protocole de la couche Transport orienté connexion sur lequel se fondent un certain nombre de protocoles de niveau supérieur, notamment HTTP et SSH (voir la couche Application, plus loin). Il s'agit d'un protocole basé sessions qui garantit la livraison des paquets dans le bon ordre et gère les retransmissions en cas d'erreurs.

L'en-tête TCP est défini dans la RFC 793 (`https://oreil.ly/4BY3T`) et les spécifications connexes du IETF (voir Figure 7.5). Parmi ses champs de données, les plus importants sont les suivants :

- Port source (16 bits) : numéro de port utilisé par l'expéditeur.
- Port de destination (16 bits) : numéro de port utilisé par le récepteur.
- Numéro de séquence (32 bits) : utilisé pour gérer le respect de l'ordre des paquets.
- Numéro d'acquittement (32 bits) : ce numéro et les drapeaux `SYN` et `ACK` forment le cœur de ce que l'on appelle le *handshake* à trois voies de TCP/IP (`https://oreil.ly/Icea3`).
- Drapeaux (9 bits) : les plus importants, les bits `SYN` (synchronisation) et `ACK` (accusé de réception).
- Fenêtre (16 bits) : la taille de la fenêtre de réception.
- Somme de contrôle (16 bits) : valeur numérique de contrôle d'intégrité de l'en-tête TCP, utilisée pour détecter les erreurs.
- Données : charge utile à acheminer.

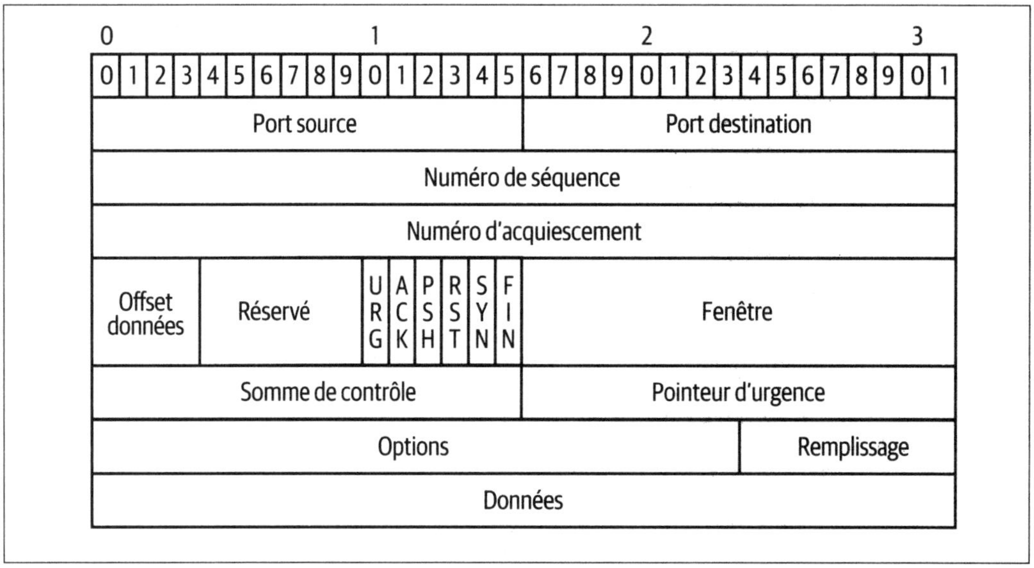

Figure 7.5 : Format de l'en-tête TCP selon la RFC 793.

TCP suit l'état de la connexion du début (établissement) à la fin. L'expéditeur et le destinataire doivent négocier certaines choses, de la quantité de données à transmettre (taille de la fenêtre TCP) au niveau de qualité de service QoS.

Du point de vue sécurité, TCP est dépourvu de tout mécanisme de protection. En d'autres termes, les données utiles sont envoyées en clair ; quiconque s'immisce (et par principe, de nombreux sauts sont requis) entre l'expéditeur et le récepteur peut inspecter le paquet de données. (Voir les outils d'analyse de paquets réseau en fin de chapitre pour des détails sur l'utilisation de Wireshark et de tshark.) Pour crypter le message, vous devez utiliser le protocole *TLS* (*Transport Layer Security*), si possible en version 1.3, conformément à la spécification RFC 8446 (`https://oreil.ly/6dTwf`).

Passons maintenant à l'autre protocole de couche Transport essentiel, celui sans conservation d'état : UDP.

Protocole UDP de datagramme utilisateur

UDP (*User Datagram Protocol*) est un protocole de couche Transport sans connexion permettant d'envoyer des messages (appelés datagrammes dans UDP) sans étape initiale de configuration de la connexion (que fait TCP avec l'étape *handshake*). Toutefois, UDP prend en charge les sommes de contrôle des datagrammes pour assurer leur intégrité. Plusieurs protocoles de niveau application, et notamment NTP et DHCP ainsi que DNS qui utilisent UDP.

La spécification RFC 768 (`https://oreil.ly/dysc4`) définit l'en-tête UDP comme illustré par la Figure 7.6. Ses champs les plus importants sont les suivants :

- Port source (16 bits) : le port utilisé par l'expéditeur ; facultatif et, si non, utilisez 0.
- Port de destination (16 bits) : le port utilisé par le récepteur.
- Longueur (16 bits) : longueur totale de l'en-tête et des données UDP.
- Somme de contrôle (16 bits) : Peut servir à la vérification des erreurs.
- Données : charge utile du datagramme.

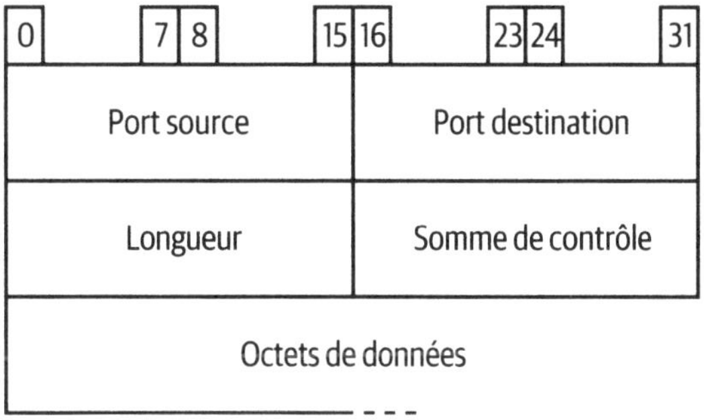

Figure 7.6 : Format de l'en-tête UDP selon la RFC 768.

UDP est un protocole très simple. Il suppose que le protocole de niveau supérieur qui fonctionne au-dessus de lui prenne en charge de nombreuses opérations que le protocole TCP gère lui-même. En revanche, UDP impose beaucoup moins de charge au processeur, ce qui permet d'atteindre des débits élevés. Il est très simple à utiliser ; voir aussi la page du manuel UDP (`https://oreil.ly/NJiAQ`).

Sockets

Une interface de communication de haut niveau de Linux est constituée des prise réseau *sockets* (`https://oreil.ly/C7gQA`). Vous pouvez les considérer comme des points de terminaison d'une communication, avec leur identité distincte : une paire composée du numéro de port TCP ou UDP et de l'adresse IP.

Il est probable que vous n'utiliserez les sockets que si vous souhaitez développer des outils ou des applications liés au réseau, mais vous devez au moins savoir comment les interroger. Par exemple, dans le contexte du démon Docker (`https://oreil.ly/OUD5V`), vous devez au moins connaître les permissions requises pour le socket.

Voyons comment utiliser la commande ss (https://oreil.ly/qtCkK) pour afficher des informations relatives aux sockets. Supposons que nous voulions obtenir un aperçu des sockets TCP utilisés sur un système :

```
$ ss -s                                                                        ❶
Total : 913 (kernel 0)
TCP:   10 (estab 4, closed 1, orphaned 0, synrecv 0, timewait 1/0), ports 0   ❷

Transport Total     IP        IPv6                                             ❸
*         0         -         -
RAW       1         0         1
UDP       10        8         2
TCP       9         8         1
INET      20        16        4
FRAG      0         0         0
```

❶ Utilise la commande ss pour interroger les ports (avec -s pour demander un résumé).

❷ Résumé pour TCP ; globalement, 10 sockets utilisés.

❸ Aperçu plus détaillé, décomposé par types et versions de IP.

Maintenant, qu'en est-il de UDP ? Pouvons-nous obtenir ces informations, peut-être avec quelques détails, tels que les adresses IP des terminaux ? C'est également possible avec ss (sortie éditée) :

```
$ ss -ulp ❶
State    Recv-Q  Send-Q   Local Address:Port      Peer Address:Port
UNCONN   0       0              0.0.0.0:60360          0.0.0.0:*
UNCONN   0       0        127.0.0.53%lo:domain         0.0.0.0:*
UNCONN   0       0              0.0.0.0:bootpc         0.0.0.0:*
UNCONN   0       0              0.0.0.0:ipp            0.0.0.0:*
UNCONN   0       0              0.0.0.0:mdns           0.0.0.0:*
UNCONN   0       0                 [::]:mdns              [::]:*
UNCONN   0       0                 [::]:38359             [::]:*
```

❶ Utilise ss : le paramètre -u se limite aux sockets UDP, -l permet de sélectionner les sockets en écoute (*listen*) et -p montre aussi les informations sur le processus (aucune dans notre cas).

Un autre outil que vous pourriez trouver pratique dans ce contexte (sockets et processus) est lsof (https://oreil.ly/YBhMB). Par exemple, voici comment voir quels sockets UDP Chrome sont utilisés sur ma machine (sortie éditée) :

```
$ lsof -c chrome -i udp | head -5                                 ❶
COMMAND   PID USER   FD  TYPE   DEVICE     NODE NAME
chrome   3131  mh9  cwd   DIR      0,5   265463 /proc/5321/fdinfo
chrome   3131  mh9  rtd   DIR      0,5   265463 /proc/5321/fdinfo
chrome   3131  mh9  txt   REG    253,0  3673554 /opt/google/chrome/chrome
chrome   3131  mh9  mem   REG    253,0  3673563 /opt/google/chrome/icudtl.dat
chrome   3131  mh9  mem   REG    253,0 12986737 /usr/lib/locale/locale-archive
```

❶ Utilise `lsof` avec `-c` pour sélectionner spécifiquement un processus par son nom ainsi que pour limiter à UDP avec `-i`. Notez que la sortie globale serait de plusieurs dizaines de lignes ; je l'ai réduite à cinq avec la commande `head -5` dans le tube pipe.

Nous avons donc décrit les trois couches inférieures de la pile TCP/IP. La quatrième, la couche Application (ou couche 7), a tellement de choses à faire que deux sections lui sont consacrées. Nous allons d'abord découvrir le système d'attribution de noms à l'échelle mondiale, puis nous nous pencherons sur un certain nombre de protocoles et d'applications tels que le Web.

Serveur de noms DNS

Nous savons maintenant que la couche Internet de la pile TCP/IP définit des adresses IP servant à identifier les machines, qu'elles soient virtuelles ou physiques. Dans le contexte des conteneurs (vus au chapitre précédent), nous allons jusqu'à attribuer des adresses IP à chaque conteneur individuellement. Deux problèmes se posent avec les adresses IP numériques, qu'elles soient IP v4 ou IP v6 :

- En tant qu'humains, nous mémorisons généralement mieux les lettres des noms que les chiffres des nombres. Lorsque vous désignez un site web à un ami, vous avez tendance à lui dire de visiter l'adresse `ietf.org` plutôt que `4.31.198.44` qui est l'adresse IP de ce site.
- En raison de la manière dont Internet et ses applications sont construits, les adresses IP changent souvent. Dans une configuration classique, vous pourriez basculer votre site vers un nouveau serveur avec, donc, une nouvelle adresse IP. Dans le contexte des conteneurs, vous pourriez être réimplanté sur un hôte différent, auquel cas le conteneur obtiendrait d'office une nouvelle adresse IP.

Les adresses IP sont donc difficiles à retenir et elles peuvent changer, tandis qu'un nom (pour un serveur ou un service) reste le même. Ce constat est valable depuis les débuts d'Internet et depuis qu'Unix supporte la pile TCP/IP.

Au départ, la façon de résoudre le problème était de maintenir localement (dans le contexte d'une seule machine) une correspondance entre des noms et des adresses IP grâce à un fichier spécial nommé `/etc/hosts`. Le centre d'informations réseau (NIC) partageait un fichier unique nommé `HOSTS.TXT` *via* un serveur FTP avec tous les hôtes participants.

Très vite, il est apparu que cette approche centralisée ne pouvait pas suivre la montée en puissance d'Internet. Au début des années 1980 a été proposé un système distribué. Paul Mockapetris en était l'architecte principal.

Le DNS est un système mondial et hiérarchique d'attribution de noms pour les hôtes et les services sur Internet. Parmi les nombreux documents RFC concernés, le principal est le RFC 1034 (`https://oreil.ly/rbQNY`). Ses conseils de mise en œuvre réunis dans le document RFC 1035 (`https://oreil.ly/c1eYB`) sont toujours valables ; il est vivement recommandé de les lire si vous voulez en savoir encore plus sur l'approche de conception du DNS.

Le DNS utilise un certain nombre de termes, dont voici les principaux :

- Espace de noms de domaine : une structure arborescente avec le point `.` comme racine ; chaque nœud et feuille de l'arbre contient des informations sur un espace. Les étiquettes (63 octets maximum de longueur) le long du chemin d'une feuille à la racine constituent un nom de domaine pleinement qualifié (*FQDN*). Par exemple, `demo.mhausenblas.info.` est un FQDN avec ce que l'on appelle le domaine de premier niveau `.info`. Notez que le point final tout à fait à droite symbolise la racine mais est presque toujours omis.
- Enregistrements de ressources : la charge utile dans les nœuds ou les feuilles de l'espace des noms de domaines (ils sont décrits plus loin).
- Serveurs de noms : programmes serveurs qui détiennent des informations sur la structure de l'arborescence du domaine. Si un serveur de noms possède les informations complètes pour un espace, il est appelé *serveur de noms d'autorité*. Les informations faisant autorité sont organisées en zones.
- Résolveurs : programmes qui extraient des informations des serveurs de noms en réponse aux demandes de résolution de noms des clients. Ils sont locaux à la machine et aucun protocole explicite n'est défini pour l'interaction entre un résolveur et un client. Généralements des fonctions de librairie permettent de réaliser la résolution DNS.

La Figure 7.7 montre une configuration complète d'un système DNS, comprenant le programme utilisateur, le résolveur et le(s) serveur(s) de noms, comme décrit dans la RFC 1035. Dans le processus d'interrogation, le résolveur questionne tour à tour tous les serveurs de noms (NS) d'autorité en commençant par la racine ou, si cette fonction est disponible, en utilisant une requête récursive dans laquelle un serveur de noms se charge d'interroger ses collègues au nom d'un résolveur demandeur.

> Bien qu'ils soient toujours là, nous n'utilisons généralement plus, dans les systèmes modernes, les anciennes configurations de résolveur DNS (`https://oreil.ly/2plq1`) situées dans `/etc/resolv.conf`, surtout à partir du moment où le protocole DHCP est déployé.

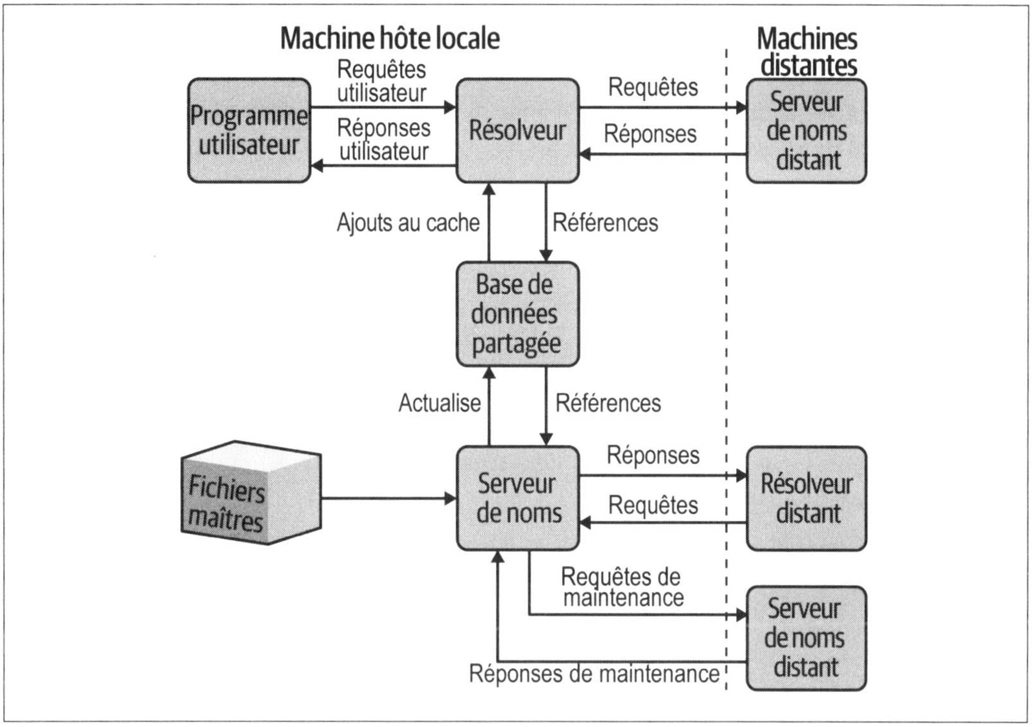

Figure 7.7 : Une configuration DNS complète typique.

DNS applique un système de nommage hiérarchique, dont la racine comporte 13 serveurs racine (`https://oreil.ly/hNppq`). Ces serveurs magistraux gèrent les enregistrements pour les domaines de premier niveau. Directement sous ce niveau racine se trouvent les domaines de premier niveau *TLD* (*Top Level Domain*) (`https://oreil.ly/secgy`) :

- Domaine de premier niveau d'infrastructure : géré par l'IANA pour le compte du IETF et comprenant, par exemple, `exemple` et `localhost`.
- Domaines génériques de premier niveau (gTLD) : domaines génériques comportant trois caractères ou plus, tels que `.org` ou `.com`.
- Domaines de premier niveau à code pays (ccTLD) : domaines attribués en fonction des codes pays sur deux lettres selon ISO tels que `.fr` ou `.de` (`https://oreil.ly/lBWjD`).
- Domaines de premier niveau sponsorisés (sTLD) : pour les entités ou organisations privées qui établissent et font appliquer des règles pour limiter l'éligibilité au domaine, par exemple `.aero` ou `.gouv`.

Examinons de plus près certains éléments opérationnels de DNS et voyons comment les utiliser.

Enregistrements DNS

Un serveur de noms gère des enregistrements qui mémorisent le type, la charge utile et d'autres champs, notamment la durée de vie TTL (*Time To Live*) qui est l'intervalle de temps au bout duquel l'enregistrement est censé être éliminé. Vous pouvez considérer le nom FQDN comme incarnant l'adresse du nœud et l'enregistrement de ressource (RR) comme la charge utile, les données du nœud.

DNS possède plusieurs types d'enregistrements (`https://oreil.ly/5QTJ9`) dont voici les plus importants (par ordre alphabétique) :

- Enregistrements `A` (RFC 1035) et `AAAA` (RFC 3596) : enregistrements d'adresses IP v4 et IP v6 respectivement ; généralement utilisés pour mapper (relier) un nom d'hôte à une adresse IP de l'hôte.
- Enregistrements `CNAME` (RFC 1035) : enregistrements de noms canoniques servant à créer un alias d'un nom pour un autre.
- Enregistrements `NS` (RFC 1035) : enregistrements de serveurs de noms déléguant une zone DNS pour utiliser des serveurs de noms d'autorité.
- Enregistrements `PTR` (RFC 1035) : enregistrements pointeurs servant à faire des recherches DNS inversées ; constituent l'opposé des enregistrements `A`.
- Enregistrements `SRV` (RFC 2782) : enregistrements de localisation de services. Ils constituent un mécanisme de découverte générique et non codé en dur comme c'était le cas avec le type d'enregistrement `MX` des échanges de courriel.
- Enregistrements `TXT` (RFC 1035) : enregistrements texte destinés à l'origine à véhiculer du texte lisible par les humains. Au fil du temps, on leur a trouvé un nouveau cas d'usage : peuvent de nos jours contenir des données exploitables par une machine dans le cadre d'extensions de DNS liées à la sécurité.

Il existe enfin des enregistrements génériques (`https://oreil.ly/yL039`) dont le nom commence par un astérisque (par exemple, `*.mhausenblas.info`). Ils servent de fourre-tout pour capter toutes les demandes de noms inexistants.

Voyons maintenant comment utiliser ces enregistrements. Les enregistrements DNS sont présentés sous forme textuelle dans des *fichiers de zone* (`https://oreil.ly/4Ngai`) qu'un serveur de noms tel que `bind` sait lire et incorporer dans sa base de données :

```
$ ORIGIN exemple.com.                          ❶
$TTL 3600                                      ❷
@       SOA nse.example.com. nsmaster.example.com. (
              1234567890 ; numéro de série
              21600      ; rafraîchir au bout de 6 heures
              3600       ; retente au bout d'une heure
              604800     ; expire au bout d'une semaine
              3600 )     ; TTL minimale de une heure
```

```
example.com.  IN  NS    nse                      ❸
example.com.  IN  MX    10 mail.example.com.     ❹
example.com.  IN  A     1.2.3.4                  ❺
nse           IN  A     5.6.7.8                  ❻
www           IN  CNAME example.com.             ❼
mail          IN  A     9.0.0.9                  ❽
```

❶ Début de ce fichier de zone dans l'espace de noms (notez le point final dans l'adresse).

❷ Temps d'expiration TTL par défaut en secondes pour tous les enregistrements RR qui ne définissent pas leur propre TTL.

❸ Serveur de noms de ce domaine.

❹ Serveur de messagerie de ce domaine.

❺ Adresse IP v4 de ce domaine.

❻ Adresse IP v4 du serveur de noms.

❼ Faire de `www.example.com` un alias pour ce domaine, c'est-à-dire `example.com`.

❽ Adresse IP v4 du serveur de messagerie.

En regroupant tous les concepts présentés, nous pouvons analyser l'exemple présenté dans la Figure 7.8. Il montre une partie de l'espace mondial des noms de domaine avec un exemple concret de FQDN, `demo.mhausenblas.info` :

- `.info` : un domaine de premier niveau (TLD) générique géré par la société Afilias qui se trouve à `https://www.afilias.info`.
- `mhausenblas.info` : un domaine que j'ai acheté. Dans cette zone, je peux définir des sous-domaines comme bon me semble.
- `demo.mhausenblas.info` : le sous-domaine que j'ai attribué pour faire des démonstrations.

Notez dans cet exemple comment chaque entité (Afilias ou moi-même) ne s'occupe que de sa partie, sans qu'aucune coordination ne soit nécessaire. Par exemple, pour créer le sous-domaine `demo`, il m'a suffi de modifier les paramètres DNS de ma zone, sans avoir à demander de l'aide ou une autorisation de quiconque chez Afilias. Ce point apparemment mineur est au cœur de la nature décentralisée de DNS et c'est ce qui le rend si évolutif.

Maintenant que nous savons comment est structuré l'espace des noms de domaine et comment sont représentées les informations dans les nœuds, tentons quelques requêtes.

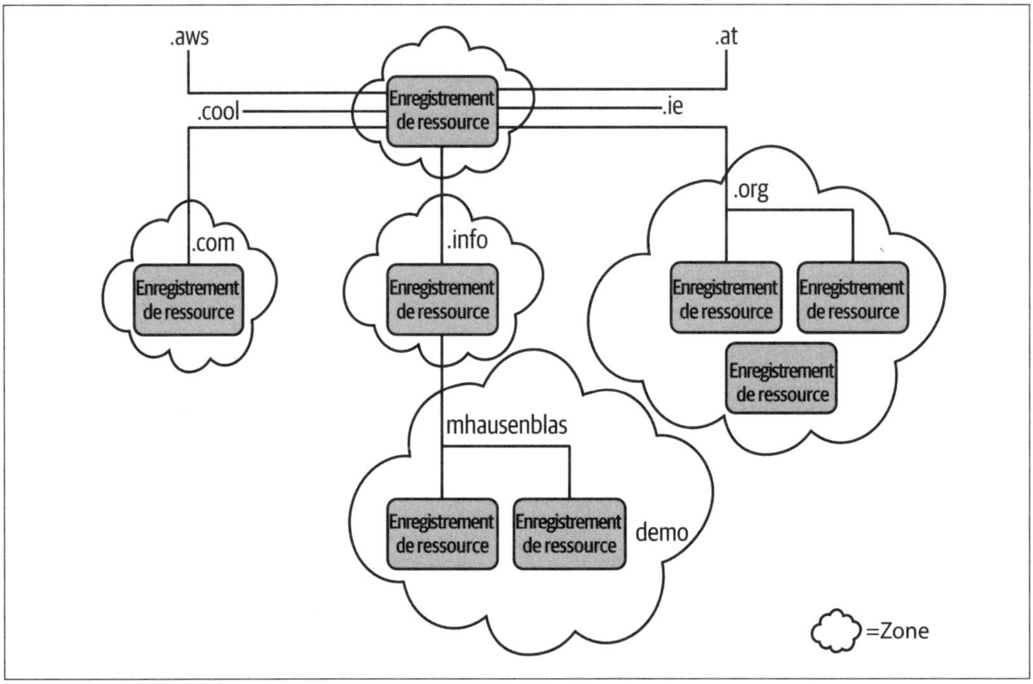

Figure 7.8 : Un espace de noms de domaine avec un exemple de chemin qualifié (FQDN).

Recherches DNS (lookup)

Une fois toute cette infrastructure en place, principalement des serveurs de noms et des résolveurs, nous pouvons découvrir l'exécution de requêtes DNS. Il y a beaucoup de logique dans l'évaluation et la construction d'une procédure de résolution (définie pour l'essentiel dans les RFC 1034 et 1035), mais les détails dépassent les objectifs de ce livre. Voyons comment effectuer une telle requête sans avoir à en maîtriser les mécanismes internes.

Vous disposez de la commande `host` pour interroger les noms locaux (et globaux) et les résoudre en adresses IP et *vice versa* :

```
$ host -a localhost              ❶
Trying "localhost.fritz.box"
Trying "localhost"
;; ->>HEADER<<- opcode: QUERY, status: NOERROR, id: 49150
;; flags: qr rd ra; QUERY: 1, ANSWER: 2, AUTHORITY: 0, ADDITIONAL: 0

;; QUESTION SECTION:
;localhost.                     IN      ANY

;; ANSWER SECTION:
localhost.              0       IN      A       127.0.0.1
localhost.              0       IN      AAAA    ::1
```

```
Received 71 bytes from 127.0.0.53#53 in 0 ms

$ host mhausenblas.info                            ❷
mhausenblas.info has address 185.199.110.153
mhausenblas.info has address 185.199.109.153
mhausenblas.info has address 185.199.111.153
mhausenblas.info has address 185.199.108.153

$ host 185.199.110.153                             ❸
153.110.199.185.in-addr.arpa domain name pointer cdn-185-199-110-153.github.com.
```

❶ Recherche d'adresses IP locales.

❷ Recherche de nom de domaine totalement qualifié FQDN.

❸ Recherche inversée de l'adresse IP pour trouver un FQDN ; équivalent au CDN de GitHub.

Une façon plus polyvalente de chercher les enregistrements DNS est d'utiliser la commande `dig` :

```
$ dig mhausenblas.info                                          ❶
; <<>> DiG 9.10.6 <<>> mhausenblas.info
;; global options: +cmd
;; Got answer:
;; ->>HEADER<<- opcode: QUERY, status: NOERROR, id: 43159
;; flags: qr rd ra; QUERY: 1, ANSWER: 4, AUTHORITY: 2, ADDITIONAL: 5

;; OPT PSEUDOSECTION:
; EDNS: version: 0, flags:; udp: 1232
;; QUESTION SECTION:
;mhausenblas.info.              IN      A

;; ANSWER SECTION:                                              ❷
mhausenblas.info.       1799    IN      A       185.199.111.153
mhausenblas.info.       1799    IN      A       185.199.108.153
mhausenblas.info.       1799    IN      A       185.199.109.153
mhausenblas.info.       1799    IN      A       185.199.110.153

;; AUTHORITY SECTION:                                           ❸
mhausenblas.info.       1800    IN      NS      dns1.registrar-servers.com.
mhausenblas.info.       1800    IN      NS      dns2.registrar-servers.com.

;; ADDITIONAL SECTION:
dns1.registrar-servers.com. 47950 IN    A       156.154.132.200
dns2.registrar-servers.com. 47950 IN    A       156.154.133.200
dns1.registrar-servers.com. 28066 IN    AAAA    2610:a1:1024::200
dns2.registrar-servers.com. 28066 IN    AAAA    2610:a1:1025::200

;; Query time: 58 msec
;; SERVER: 172.16.173.64#53(172.16.173.64)
;; WHEN: Wed Sep 15 19:22:26 IST 2021
;; MSG SIZE  rcvd: 256
```

❶ Avec `dig`, recherche des enregistrements DNS du nom de domaine FQDN `mhausenblas.info`.

❷ Enregistrements A du DNS.

❸ Serveur de noms faisant autorité.

Il existe des alternatives à `dig`, notamment `dog` et `nslookup` (voir Annexe B).

> Un dicton que vous rencontrerez souvent est : « C'est toujours le DNS. » Mais qu'est-ce que cela signifie ? Son dépannage suppose de comprendre que le DNS est une base de données distribuée contenant de nombreux éléments changeants. Lorsque vous déboguez des problèmes de DNS, vous devez tenir compte de la durée de vie TTL des enregistrements et de la présence de nombreux caches mémoire, depuis les caches locaux de votre application jusqu'au résolveur, en passant par tous les nœuds intermédiaires entre vous et les serveurs de noms.

Dans la présentation théorique de DNS, nous avons mentionné le type d'enregistrement `SRV` qui sert de mécanisme de découverte générique. Plutôt que de définir un nouveau type d'enregistrement pour un nouveau service dans un RFC, la communauté a trouvé un moyen générique pour accueillir tous les nouveaux types de services. Ce mécanisme est décrit dans la RFC 2782 (`https://oreil.ly/DIKbI`) ; il explique comment les enregistrements `SRV` peuvent servir à communiquer l'adresse IP et le numéro de port d'un service *via* le DNS.

Voyons cela en pratique. Supposons que nous voulions savoir quels services de tchatche (« chat »), plus spécifiquement ceux de type *XMPP* (*Extensible Messaging and Presence Protocol*) (`https://oreil.ly/rDmcx`), sont utilisables :

```
$ dig +short _xmpp-client._tcp.gmail.com. SRV        ❶
20 0 5222 alt3.xmpp.l.google.com.
5 0 5222 xmpp.l.google.com.                          ❷
20 0 5222 alt4.xmpp.l.google.com.
20 0 5222 alt2.xmpp.l.google.com.
20 0 5222 alt1.xmpp.l.google.com.
```

❶ La commande `dig` avec son option `+short` demande de n'afficher que la partie pertinente de la réponse. La partie `xmpp-client._tcp` satisfait au format prescrit par la RFC 2782. Le `SRV` en fin de commande précise quel type d'enregistrement nous intéresse.

❷ Nous obtenons cinq réponses. Une instance de service est disponible à l'adresse `xmpp.l.google.com:5222` avec un TTL de 5 secondes. Si vous disposez d'un logiciel client XMPP (par exemple, Jabber), vous pouvez citer cette adresse dans votre configuration.

Nous avons atteint la fin de la section consacrée au DNS. Étudions maintenant quelques autres protocoles et outils situés dans la couche Application.

La couche Application

Intéressons-nous à l'espace utilisateur auquel correspondent les protocoles, outils et logiciels utilisateur de la couche Application. En tant qu'utilisateur vous-même, vous passerez probablement la plupart de votre temps à ce niveau, en utilisant des composants tels qu'un navigateur web ou un client de messagerie.

Les composants du Web

Le réseau web a été développé au départ par Sir Tim Berners-Lee au début des années 1990 à partir de trois composants principaux :

- *Des localisateurs de ressources uniformes* (*URL*) (*Uniform Resource Locator*) : spécifié par la RFC 1738, suivie d'un certain nombre de mises à jour et de RFC connexes, le concept d'URL définit à la fois l'identité et l'emplacement d'une ressource sur le réseau web. Cette ressource peut être une simple page statique ou un processus complexe qui génère du contenu de manière dynamique.
- *Un protocole de transfert hypertexte (HTTP)* (*Hypertext Transfer Protocol*) : protocole de la couche Application qui édicte comment interagir avec du contenu disponible via des localisateurs URL en conformité avec la RFC 2616 pour la v1.1. Des versions plus modernes sont apparues depuis, comme HTTP/2 définie dans la RFC 7540 et HTTP/3 (préliminaire au moment de la rédaction de ce livre). Les concepts HTTP de base sont :
  - **des méthodes HTTP** (`https://oreil.ly/FFWuP`) , parmi lesquelles `GET` pour les opérations en lecture et `POST` pour celles en écriture. Ces méthodes constituent une interface fonctionnelle de type CRUD (créer, mettre à jour, supprimer).
  - **des conventions de nommage des ressources** (`https://oreil.ly/ttnOq`), qui dictent la façon de former les adresses URL.
  - **des codes d'état HTTP** (`https://oreil.ly/LppmX`) , avec la plage de valeurs *2xx* pour signifier une réussite, la plage *3xx* pour les redirections, la plage *4xx* pour les erreurs côté client et la plage *5xx* pour les erreurs côté serveur.
- *Un langage de balisage hypertexte* (HTML) (*Hyper Text Markup Language*) : initialement spécification du W3C, le langage HTML est devenu une norme qui évolue. Celle-ci est décrite dans la page WHATWG (`https://oreil.ly/lUcHo`). Le balisage hypertexte permet de définir la nature des éléments des pages tels que les en-têtes ou les titres.

> ## Le W3C et les standards
>
> Techniquement, ni le IETF ni le W3C (World Wide Web Consortium) ne produisent de normes. Ils établissent des spécifications au moyen de processus formels que la communauté accepte ensuite comme standards de fait. Je vous conseille de lire et d'essayer de comprendre ces spécifications. Personnellement, c'est en 2006, après avoir utilisé et construit des sites et des applications web pendant près de dix ans, que j'ai commencé à m' impliquer dans le travail du W3C et à le prendre au sérieux ; mes bénéfices ont été énormes.

Voyons de plus près comment les identifiants URI (la version générique des URL) sont construits (conformément à la RFC 3986) et comment cela correspond aux URL de HTTP :

```
michaelh:12345678@http://example.com:4242/this/is/the/way?orisit=really#another
\______/ \______/ \__/   \__________/\____________/ \__________/ \_____/
   |        |      |           |             |               |         |
   v        v      v           v             v               v         v
user password  scheme  authority            path          query    fragment
```

Les composants sont les suivants :

- `user` et `password` (tous deux facultatifs) : initialement utilisés pour l'authentification de base, ces composants ne devraient plus être employés. Au lieu de cela, pour le protocole HTTP, vous devriez utiliser un véritable mécanisme d'authentification (`https://oreil.ly/EHNfN`) ainsi que HTTPS (`https://oreil.ly/Dvuh4`) pour le cryptage.
- `scheme` : fait référence au schéma URL (`https://oreil.ly/R9QeW`), une spécification IETF définissant sa signification. Pour HTTP, ce schéma est appelé `http`, qui est en fait une famille de spécifications HTTP, par exemple la RFC 2616.
- `authority` : la partie de nommage hiérarchique. Pour HTTP, elle comprend :
  - — **un nom d'hôte**, sous la forme d'un nom FQDN de DNS ou d'une adresse IP ;
  - — **un port**, avec une valeur par défaut de 80 (donc `exemple.com:80` et `exemple.com` sont identiques).
- `path` : partie spécifique au schéma donnant plus de détails sur les ressources.
- `query` et `fragment` (tous deux facultatifs) : le premier des deux apparaît après le signe `?` pour les données non hiérarchiques (par exemple, pour exprimer des balises ou des données de formulaire) ; le second composant apparaît après le caractère `#` pour les ressources secondaires (dans le contexte HTML, cela sera par exemple une section d'une page).

De nos jours, le Web a évolué bien au-delà de ses humbles racines des années 1990, avec une foule de technologies telles que JavaScript/ECMAScript (`https://oreil.ly/b8kFe`) et les feuilles de styles CSS (`https://oreil.ly/rSlYl`) qui sont devenues essentielles. Ces ajouts, JavaScript pour les contenus dynamiques côté client et CSS pour les styles, ont finalement abouti aux applications web monopages (`https://oreil.ly/E1SJu`).

Bien que ce sujet dépasse le cadre de ce livre, il est important de se rappeler qu'une bonne connaissance des bases (URL, HTTP et HTML) est un atout considérable pour comprendre comment les choses fonctionnent et résoudre les problèmes.

Voyons maintenant les spécifications web en action en simulant un flux de bout en bout, en commençant par le côté du serveur HTTP. Vous pouvez assez facilement activer un simple serveur HTTP qui se limite à servir le contenu d'un répertoire de deux façons : en utilisant Python (`https://oreil.ly/clti0`) ou l'outil netcat (`nc`) (`https://oreil.ly/AaCJG`).

Pour servir le contenu d'un répertoire avec Python, vous procéderiez ainsi :

```
$ python3 -m http.server                                              ❶
Serving HTTP on :: port 8000 (http://[ :]:8000/) ...                  ❷
::ffff:127.0.0.1 - - [21/Sep/2021 08:53:53] "GET / HTTP/1.1" 200 -    ❸
```

❶ Utilise le module Python intégré `http.server` pour servir le contenu du répertoire actuel (c'est-à-dire le répertoire à partir duquel vous avez lancé la commande).

❷ Confirme qu'il est prêt à servir sur le port 8000. Cela signifie que vous pourriez saisir l'adresse `http://localhost:8000` dans votre navigateur pour voir le contenu du répertoire servi.

❸ Montre qu'une requête HTTP vers la racine (`/`) a été émise et servie avec succès (code de réponse HTTP 200).

Voyons maintenant comment nous pouvons utiliser `curl` (`https://curl.se`), un puissant et populaire outil pour interagir avec tout type d'adresse URL, afin d'obtenir le contenu du serveur web que nous avons démarré dans l'exemple précédent (vérifiez qu'il est toujours en cours d'exécution ou relancez-le dans une session séparée si vous l'aviez arrêté) :

```
$ curl localhost:8000
<!DOCTYPE HTML PUBLIC "-//W3C//DTD HTML 4.01//EN"
                      "http://www.w3.org/TR/html4/strict.dtd">
<html>
<head>
<meta http-equiv="Content-Type" content="text/html; charset=utf-8">
<title>Directory listing for /</title>
</head>
<body>
<h1>Directory listing for /</h1>
<hr>
<ul>
<li><a href="app.yaml">app.yaml</a></li>
<li><a href="Dockerfile">Dockerfile</a></li>
<li><a href="example.json">example.json</a></li>
<li><a href="gh-user-info.sh">gh-user-info.sh</a></li>
<li><a href="main.go">main.go</a></li>
<li><a href="script.sh">script.sh</a></li>
<li><a href="test">test</a></li>
</ul>
<hr>
</body>
```

Si vous voulez faire des actions plus avancées que l'accès à un répertoire statique, tournez-vous vers un véritable serveur web tel que NGINX (`https://docs.nginx.com`). Vous pouvez, par exemple, exécuter NGINX à l'aide de Docker avec la commande suivante :

```
$ docker run --name monserveurweb \          ❶
         --rm -d \                           ❷
         -v "$PWD":/usr/share/nginx/html:ro \ ❸
         -p 8042:80 \                        ❹
         nginx:1.21                          ❺
```

❶ Lance le conteneur *`monserveurweb`* ; vous pouvez le vérifier avec la commande `docker ps` qui liste les conteneurs en cours d'exécution.

❷ L'option `--rm` supprime le conteneur à la sortie, et `-d` le transforme en démon (détachement du terminal et exécution en arrière-plan).

❸ Monte le répertoire courant (`$PWD`) dans le conteneur en tant que répertoire de contenu source NGINX. Notez que `$PWD` est une syntaxe bash. Dans Fish, vous écririez `(pwd)`.

❹ Rend le port 80 interne du conteneur disponible sur l'hôte via le port 8042. Cela signifie que vous pourriez accéder au serveur web via `http://localhost:8042` sur votre machine.

❺ Image du conteneur à utiliser (`nginx:1.21`) et utilisation implicitement de Docker Hub puisque nous n'avons pas spécifié la partie registre.

Le Tableau 7.1 montre quelques options communes de `curl`. Cette sélection est fondée sur mon historique d'utilisation pour un éventail de tâches, allant du développement à l'administration système.

Tableau 7.1 : Options utiles de curl

Option	Forme longue	Description et cas d'usage
`-v`	`--verbose`	Pour une sortie détaillée, à utiliser pour le débogage.
`-s`	`--silent`	Silence `curl` : ne pas afficher d'indicateur de progression ni de message d'erreur.
`-L`	`--location`	Suivre les redirections de pages (codes de réponse HTTP 3XX).
`-o`	`--output`	Par défaut, le contenu va dans `stdout` ; si vous voulez le stocker dans un fichier, ajoutez cette option.
`-m`	`--max-time`	Temps maximum (en secondes) que vous êtes prêt à attendre pour que l'opération aboutisse.
`-I`	`--head`	Récupérer uniquement les en-têtes (attention : tous les serveurs HTTP ne prennent pas en charge la méthode HEAD pour un chemin).
`-k`	`--insecure`	Par défaut, les appels HTTPS sont vérifiés. Utilisez cette option pour ignorer les erreurs lorsque cela n'est pas possible.

Lorsque `curl` n'est pas disponible, vous pouvez opter pour `wget` (`https://oreil.ly/0jYJj`), plus limité mais suffisant pour les interactions simples concernant HTTP.

Secure Shell

Secure Shell (SSH) (`https://oreil.ly/dNVgt`) est un protocole réseau crypté permettant d'offrir de manière sécurisée des services réseau sur un réseau non sécurisé. Par exemple, vous pouvez utiliser `ssh` en remplacement de `telnet` pour vous connecter à une machine distante et transférer des données en toute sécurité entre les machines (virtuelles).

Voyons SSH en action. J'ai provisionné une machine virtuelle dans le nuage avec l'adresse IP *`63.32.106.149`* et le nom d'utilisateur fourni par défaut *`ec2-user`*. Pour me connecter à la machine, je peux faire ce qui suit (notez que la sortie est aménagée et suppose que vous ou quelqu'un d'autre a créé au préalable des informations d'identification dans son fichier `~/.ssh/lml.pem`) :

```
$ ssh \                                        ❶
    -i ~/.ssh/lml.pem \                        ❷
    ec2-user@63.32.106.149                     ❸
...
https://aws.amazon.com/amazon-linux-2/
11 package(s) needed for security, out of 35 available
Run "sudo yum update" to apply all updates.
[ec2-user@ip-172-26-8-138 ~]$                  ❹
```

❶ Utilise la commande `ssh` pour se connecter à une machine distante.

❷ Exploite le fichier d'identité `~/.ssh/lml.pem` plutôt qu'un mot de passe. Fournir ce fichier est une bonne pratique mais, dans notre cas, ce ne serait pas strictement nécessaire puisqu'il se trouve dans l'emplacement par défaut `~/.ssh`.

❸ Désignation de la machine cible SSH au format `nomuser@nomhote`.

❹ Une fois que le processus de connexion est réussi, l'invite confirme que j'ai ouvert une session sur la machine cible et que je peux l'utiliser comme si elle était locale.

Quelques conseils généraux sur l'utilisation de SSH :

- Si vous activez un serveur SSH et autorisez d'autres personnes à se connecter par `ssh` à votre machine, vous devez absolument désactiver l'authentification par mot de passe (`https://oreil.ly/Jz5tA`). Cela obligera les utilisateurs à créer une paire de clés et à partager leur clé publique avec vous. Vous pourrez ainsi l'ajouter dans le fichier `~/.ssh/authorized_keys`. Vous autoriserez les connexions par ce mécanisme.
- Utilisez `ssh -tt` pour forcer l'affectation du terminal pseudo-tty.
- Si vous avez des problèmes d'affichage, utilisez `export TERM=xterm` lorsque vous vous connectez par `ssh` à la machine.

- Configurez les délais d'attente pour les sessions ssh dans votre client. Sur une base par utilisateur, cela se fait généralement via ~/.ssh/config ; définissez les options de ServerAliveInterval et de ServerAliveCountMax pour maintenir vos connexions actives.
- Si vous rencontrez des problèmes et avez exclu les problèmes de droits locaux avec la ou les clés, essayez de lancer ssh avec l'option -v, ce qui vous donne des détails sur ce qui se passe (vous pouvez augmenter le volume de détails en répétant la lettre, comme dans -vvv).

SSH n'est pas seulement utilisé directement par les humains ; il l'est aussi comme bloc de construction sous le capot, par exemple, dans les outils de transfert de fichiers.

Transfert de fichiers

Une opération réseau très courante consiste à transférer des fichiers, entre votre machine locale et un serveur ou entre deux machines d'un réseau local.

Pour copier vers et depuis des systèmes distants, vous pouvez utiliser l'outil frugal scp (abréviation de *Secure CoPy*)]. Étant donné que scp utilise par défaut ssh, il s'agit de s'assurer que le mot de passe (ou, mieux encore, l'authentification par clé) est en place.

Supposons une machine distante ayant l'adresse IP v4 *63.32.106.149* vers laquelle nous voulons copier un fichier depuis notre machine locale :

```
$ scp copyme \                                  ❶
      ec2-user@63.32.106.149:/home/ec2-user/    ❷
copyme 100% 0 0.0KB/s 00:00
```

❶ La source est le fichier nommé copyme dans le répertoire courant.

❷ La destination est le répertoire /home/ec2-user/ sur la machine à l'adresse *63.32.106.149*.

La synchronisation des fichiers avec rsync (https://oreil.ly/eC6Kz) est beaucoup plus pratique et rapide que scp. Sous le capot, rsync utilise SSH par défaut.

Voyons comment utiliser rsync pour transférer des fichiers depuis le sous-répertoire ~/data/ de la machine locale vers l'hôte *63.32.106.149* :

```
$ rsync -avz \                 ❶
        ~/data/ \              ❷
        mh9@:63.32.106.149 :   ❸

building file list ... done
./
example.txt

sent 155 bytes  received 48 bytes  135.33 bytes/sec
total size is 10  speedup is 0.05
```

```
$ ssh ec2-user@63.32.106.149 -- ls                    ❹
example.txt
```

❶ Option -a pour archiver (incrémentiel en préservant), -v pour voir des détails et -z pour utiliser la compression.

❷ Répertoires source (puisque -a suppose -r qui rend récursif).

❸ Destination au format `utilisateur@hote`.

❹ Vérifie si les données sont arrivées en exécutant un listage `ls` sur la machine distante. La ligne suivante montre que cela a fonctionné et que les données sont arrivées en bon ordre puisque le nom de fichier apparaît.

Si vous n'êtes pas sûr de ce que fera `rsync`, utilisez l'option de test à blanc `--dry-run` en plus des autres. Elle vous dira ce que l'outil va faire sans effectuer l'opération.

`rsync` est également un excellent outil pour effectuer des sauvegardes de répertoires car il peut être configuré pour copier seulement les fichiers qui ont été ajoutés ou modifiés.

> N'oubliez pas le signe `:` à la fin du nom d'hôte ! Sans cela, `rsync` va considérer la source ou la destination comme un sous-répertoire local. La commande fonctionnera bien, mais plutôt d'être copiés sur la machine distante, les fichiers se retrouveront sur votre machine locale. Par exemple, `user@example.com` comme destination désigne un sous-répertoire nommé `user@example.com/` dans le répertoire local courant.

Un cas d'utilisation que vous verrez souvent est celui dans lequel quelqu'un met à disposition des fichiers dans un *baquet* (*bucket*) Amazon S3. Pour télécharger ces fichiers, vous pouvez utiliser l'outil AWS CLI (`https://oreil.ly/mqQcr`) avec sa commande `s3` comme suit. Nous utilisons un jeu de données provenant du registre Open Data (`https://oreil.ly/cbYMH`) dans un baquet S3 public (sortie modifiée pour s'adapter) :

```
$ aws s3 sync \                                                ❶
      s3://commoncrawl/contrib/c4corpus/CC-MAIN-2016-07/ \     ❷
      .\                                                       ❸
      --no-sign-request                                        ❹
download: s3://commoncrawl/contrib/c4corpus/CC-MAIN-2016-07/
Lic_by-nc-nd_Lang_af_NoBoilerplate_true_MinHtml_true-r-00009.seg-00000.warc.gz to
./Lic_by-nc-nd_Lang_af_NoBoilerplate_true_MinHtml_true-r-00009.seg-00000.warc.gz
download: s3://commoncrawl/contrib/c4corpus/CC-MAIN-2016-07/
Lic_by-nc-nd_Lang_bn_NoBoilerplate_true_MinHtml_true-r-00017.seg-00000.warc.gz to
./Lic_by-nc-nd_Lang_bn_NoBoilerplate_true_MinHtml_true-r-00017.seg-00000.warc.gz
download: s3://commoncrawl/contrib/c4corpus/CC-MAIN-2016-07/
Lic_by-nc-nd_Lang_da_NoBoilerplate_true_MinHtml_true-r-00004.seg-00000.warc.gz to
./Lic_by-nc-nd_Lang_da_NoBoilerplate_true_MinHtml_true-r-00004.seg-00000.warc.gz
...
```

❶ Utilise la commande `aws s3` pour synchroniser les fichiers d'un baquet à accès public.

❷ Il s'agit du baquet source, `s3://commoncrawl`, et du chemin exact de la source que nous voulons synchroniser. Attention : il y a plus de 8 Go de données dans ce répertoire, donc n'essayez ceci que si le coût en bande passante ne vous dérange pas.

❸ La destination est le répertoire courant, symbolisé par un point isolé (`.`).

❹ Ignore/passe l'authentification puisqu'il s'agit d'un baquet à accès public (et donc aussi les données qu'il contient).

Le protocole de transfert de fichiers (FTP) conforme à la RFC 959 (`https://oreil.ly/Okegf`) reste utilisé, mais nous ne recommandons plus d'y recourir. Il n'est pas sûr, et de nombreuses alternatives meilleures sont disponibles, notamment celles vues dans cette section. FTP n'est donc plus vraiment indispensable.

Systèmes de fichiers réseau NFS

Un moyen largement reconnu et utilisé pour partager des fichiers depuis un emplacement central d'un réseau est le système de fichiers réseau *NFS* (*Network File System*). Développé à l'origine par Sun Microsystems au début des années 1980, il a connu de multiples itérations réunies dans la RFC 7530 (`https://oreil.ly/Uy4CZ`) et autres spécifications IETF connexes. Il est devenu très stable.

En général, vous mettez en place un serveur NFS maintenu par un fournisseur d'infonuage ou un service informatique centralisé dans une configuration professionnelle. Il ne reste plus ensuite qu'à installer le logiciel client (généralement *via* un paquetage nommé `nfs-common`) pour pouvoir monter un répertoire source à partir du serveur NFS comme ceci :

```
$ sudo mount nfs.example.com:/rep_source  /opt/rep_cible_mount
```

De nombreux fournisseurs de services d'infonuage cloud, tels que AWS et Azure, proposent désormais NFS en tant que service.

C'est un bon moyen de fournir à votre application en mal d'espace de stockage un agrandissement conséquent de manière agréable qui équivaut presque à un périphérique de stockage local. Pour les applications multimédias cependant, un stockage réseau attaché NAS (`https://oreil.ly/JrQ8m`) est probablement un meilleur choix.

Partages Windows

Si vous avez des machines Windows dans votre réseau local et que vous souhaitiez en partager les données, vous pouvez utiliser la fonction *SMB* (*Server Message Block*) (`https://oreil.ly/mTAMe`), un protocole initialement développé chez IBM dans les années 1980, ou son successeur appartenant à Microsoft, *CIFS* (*Common Internet File System*) (`https://oreil.ly/qMEjj`).

En pratique, vous utiliserez sans doute *Samba* (`https://www.samba.org`), la suite de programmes d'interopérabilité Windows pour Linux qui permet de partager des fichiers.

Sujets réseau avancés

Dans cette section, nous abordons certains protocoles et outils réseau plus pointus concernant la pile TCP/IP. Leur utilisation est hors de portée d'un utilisateur occasionnel. Si vous êtes développeur ou administrateur système, vous voudrez en avoir au moins entendu parler.

whois

L'outil `whois` (`https://oreil.ly/3m97l`) est un client pour le service d'annuaire *whois* permettant de rechercher des informations sur les enregistrements et les utilisateurs. Si vous souhaitez, par exemple, découvrir qui se cache derrière le domaine `ietf.org` (notez que vous pouvez payer votre registraire de domaine pour qu'il maintienne cette information privée), vous devrez procéder ainsi :

```
$ whois ietf.org                                                    ❶
% IANA WHOIS server
% for more information on IANA, visit http://www.iana.org
% This query returned 1 object

refer:        whois.pir.org

domain:       ORG

organisation: Public Interest Registry (PIR)
address:      11911 Freedom Drive 10th Floor,
address:      Suite 1000
address:      Reston, VA 20190
address:      United States

contact:      administrative
name:         Director of Operations, Compliance and Customer Support
organisation: Public Interest Registry (PIR)
address:      11911 Freedom Drive 10th Floor,
address:      Suite 1000
address:      Reston, VA 20190
address:      United States
phone:        +1 703 889 5778
fax-no:       +1 703 889 5779
e-mail:       ops@pir.org
...
```

❶ Utilise `whois` pour rechercher les informations d'enregistrement du domaine.

Protocole de configuration dynamique d'hôte DHCP

Le protocole DHCP de configuration dynamique d'hôte (`https://oreil.ly/C8vOE`) sait attribuer automatiquement une adresse IP à un hôte. Il s'agit d'une configuration client/serveur qui élimine la nécessité de configurer manuellement les périphériques réseau.

La configuration et la gestion d'un serveur DHCP sortent du cadre de ce livre, mais vous pouvez utiliser `dhcpdump` (`https://oreil.ly/uPvGn`) pour rechercher les paquets DHCP.

Pour cela, un périphérique de votre réseau local doit se joindre en tentant d'acquérir une adresse IP. Vous devrez donc être un peu patient pour voir quelque chose apparaître (sortie abrégée) :

```
$ sudo dhcpdump -i wlp1s0                          ❶
  TIME: 2021-09-19 17:26:24.115
    IP: 0.0.0.0 (88:cb:87:c9:19:92) > 255.255.255.255 (ff:ff:ff:ff:ff:ff)
    OP: 1 (BOOTPREQUEST)
 HTYPE: 1 (Ethernet)
  HLEN: 6
  HOPS: 0
   XID: 7533fb70
   ...
OPTION:  57 (  2) Maximum DHCP message size 1500
OPTION:  61 (  7) Client-identifier         01:88:cb:87:c9:19:92
OPTION:  50 (  4) Request IP address         192.168.178.42
OPTION:  51 (  4) IP address leasetime       7776000 (12w6d)
OPTION:  12 ( 15) Host name                  MichaelminiiPad
...
```

❶ Avec `dhcpdump`, reniflage des paquets DHCP sur l'interface `wlp1s0`.

Référence d'horloge NTP

Le site NTP (*Network Time Protocol*) (`http://www.ntp.org`) sert à synchroniser les horloges des ordinateurs en réseau. Par exemple, en utilisant la commande `ntpq` (`https://oreil.ly/0JxbJ`) (un programme standard de requête NTP), vous pouvez lancer une demande de synchronisation auprès d'un serveur de temps comme ceci :

```
$ ntpq -p                                                                    ❶
     remote           refid      st t when poll reach   delay   offset  jitter
==============================================================================
 0.ubuntu.pool.n .POOL.          16 p    -   64    0    0.000    0.000   0.000
 1.ubuntu.pool.n .POOL.          16 p    -   64    0    0.000    0.000   0.000
 2.ubuntu.pool.n .POOL.          16 p    -   64    0    0.000    0.000   0.000
 3.ubuntu.pool.n .POOL.          16 p    -   64    0    0.000    0.000   0.000
 ntp.ubuntu.com  .POOL.          16 p    -   64    0    0.000    0.000   0.000
 ...
 ntp17.kashra-se 90.187.148.77    2 u    7   64    1   27.482   -3.451   2.285
 golem.canonical 17.253.34.123    2 u   13   64    1   20.338    0.057   0.000
 chilipepper.can 17.253.34.123    2 u   12   64    1   19.117   -0.439   0.000
 alphyn.canonica 140.203.204.77   2 u   14   64    1   91.462   -0.356   0.000
 pugot.canonical 145.238.203.14   2 u   13   64    1   20.788    0.226   0.000
```

❶ L'option -p demande d'afficher une liste des pairs connus de la machine avec leur état.

Habituellement, NTP fonctionne en arrière-plan, géré par systemd et d'autres démons ; il est donc peu probable que vous ayez à l'interroger manuellement.

Inspection du trafic réseau avec wireshark et tshark

Si vous voulez faire une analyse de trafic réseau à bas niveau, c'est-à-dire voir exactement les paquets à travers la pile, vous pouvez utiliser soit l'outil en ligne de commande tshark (https://oreil.ly/n7Urm) soit sa version à interface graphique, wireshark (https://oreil.ly/YQrSa).

Dans l'exemple, après avoir découvert *via* ip link que je dispose d'une interface réseau appelée wlp1s0, je capture le trafic à ce niveau (sortie adaptée) :

```
$ sudo tshark -i wlp1s0 tcp                                                    ❶
Running as user "root" and group "root". This could be dangerous.
Capturing on 'wlp1s0'
    1 0.000000000 192.168.178.40 □ 34.196.251.55 TCP 66 47618 □ 443
    [ACK] Seq=1 Ack=1 Win=501 Len=0 TSval=3796364053 TSecr=153122458
    2 0.111215098 34.196.251.55 □ 192.168.178.40 TCP 66
    [TCP ACKed unseen segment] 443 □ 47618 [ACK] Seq=1 Ack=2 Win=283
    Len=0 TSval=153167579 TSecr=3796227866
    ...
    8 7.712741925 192.168.178.40 □ 185.199.109.153 HTTP 146 GET / HTTP/1.1     ❷
    9 7.776535946 185.199.109.153 □ 192.168.178.40 TCP 66 80 □ 42000 [ACK]
    Seq=1 Ack=81 Win=144896 Len=0 TSval=2759410860 TSecr=4258870662
   10 7.878721682 185.199.109.153 □ 192.168.178.40 TCP 2946 HTTP/1.1 200 OK
   [TCP segment of a reassembled PDU]
   11 7.878722366 185.199.109.153 □ 192.168.178.40 TCP 2946 80 □ 42000
   [PSH, ACK] Seq=2881 Ack=81 Win=144896 Len=2880 TSval=2759410966 \
   TSecr=4258870662
   [TCP segment of a reassembled PDU]
   ...
```

❶ Utilise tshark pour capturer le trafic réseau sur l'interface réseau wlp1s0 en ne gardant que le trafic TCP.

❷ Dans une autre session, émission d'une commande curl pour ouvrir une session HTTP pour interagir dans la couche Application. On peut également utiliser l'outil moins puissant mais plus largement disponible tcpdump pour la même tâche.

Autres outils réseau

Il existe un certain nombre d'outils réseau sophistiqués dont voici une sélection :

- socat : (https://oreil.ly/R4Upv) établit deux flux bidirectionnels d'octets et permet le transfert de données entre les deux extrémités.

- `geoiplookup` : (`https://oreil.ly/huZpl`) permet de mapper une adresse IP à une région géographique.
- Tunnels : alternative simple aux VPN et autres solutions de mise en réseau site à site. Rendu possible par des outils tels que les *inlets* (`https://docs.inlets.dev`).
- BitTorrent : système poste-à-poste qui regroupe les fichiers dans un paquet appelé *torrent*. Le site `https://oreil.ly/Z4rak` maintient une sélection de logiciels clients pour BitTorrent.

Conclusion

Dans ce chapitre, nous avons défini les principaux termes des réseaux : le niveau matériel des cartes réseau, la pile TCP/IP, les composants de la couche Application (HTTP), *etc.*

Linux fournit une implémentation puissante de la pile TCP/IP, basée sur des standards. Vous pouvez l'exploiter depuis des programmes (par exemple, avec les sockets) et en mode interactif pour des interrogations (généralement avec la commande `ip`).

Nous avons aussi présenté les protocoles et interfaces de la couche Application qui constituent la plupart des flux réseau quotidiens. Les outils concernés sont notamment `curl` pour les transferts et `dig` pour les recherches DNS.

Vous pouvez approfondir les sujets abordés dans ce chapitre grâce aux ressources suivantes :

Pile TCP/IP :

- *Understanding Linux Network Internal*, par Ch. Benvenuti (`https://oreil.ly/pXRxW`)
- Un protocole pour l'intercommunication des réseaux de paquets (`https://oreil.ly/wRxdI`)
- Page web sur la configuration du serveur DHCP (`https://oreil.ly/S6ZFJ`)
- Bonjour IP v6 : un tutoriel minimal pour utilisateurs d'IP v4" (https ://oreil.ly/DPgZc)
- Comprendre IP v6 (7 parties) (`https://oreil.ly/91jkO`)
- Collection d'articles sur IP v6 (Johannes Weber) (`https://oreil.ly/MUcxG`)
- Site web BGP Expert (Iljitsch van Beijnum) (`https://oreil.ly/K47dS`)
- Tout ce que vous avez toujours voulu savoir sur UDP (`https://oreil.ly/CCrfA`)

DNS :

- Une introduction à la terminologie et aux composants du DNS (`https://oreil.ly/K31GM`)
- Comment installer et configurer un serveur DNS Linux (`https://oreil.ly/eKdtK`)
- Anatomie d'une recherche DNS sous Linux (`https://oreil.ly/KkVSf`)
- TLD - Placer le *.fun* au sommet du DNS (`https://oreil.ly/qwRTx`)

Couche Application et fonctions réseau avancées :

- Les tunnels SSH expliqués (`https://oreil.ly/3yhlV`)
- Tout sur curl (`https://oreil.ly/OzB6P`)
- Comment configurer un serveur DHCP sous Linux (`https://oreil.ly/hrLpo`)
- Installer et configurer serveur et client NTP sous Linux (`https://oreil.ly/kHZhw`)
- Wiki NFS (`https://oreil.ly/IOS4b`)
- Utiliser Wireshark en ligne de commande Linux avec TShark (`https://oreil.ly/1ttt0`)
- Premiers pas avec socat (`https://oreil.ly/LWXCj`)
- Géocartographie du trafic réseau (`https://oreil.ly/TAd0b`)

Dans le prochain chapitre, nous aborderons l'observabilité et les techniques de supervision du fonctionnement du système.

CHAPITRE 8

Observabilité

Vous avez besoin de visibilité sur ce qui se passe dans votre système, depuis le noyau jusqu'aux parties directement accessibles à l'utilisateur ? Vous gagnez en général cette visibilité en sachant utiliser l'outil approprié à cette tâche.

Ce chapitre est consacré à la collecte et à l'utilisation de différents signaux et mesures que Linux et ses applications génèrent pour que vous puissiez prendre des décisions éclairées. Par exemple :

- déterminer combien un processus consomme de mémoire ;
- comprendre dans quel délai vous risquez de manquer d'espace de stockage disque ;
- bénéficier d'une alerte concernant des événements spécifiques liés à la sécurité.

Pour établir un vocabulaire commun, nous allons d'abord examiner les différents types de signaux envisageables, tels que les journaux du système ou des applications, les métriques et les traces de processus. Nous verrons comment procéder au dépannage et à la mesure des performances puis nous nous concentrerons sur les journaux, en passant en revue les différentes options. Nous couvrirons ensuite la supervision de différents types de ressources (cycles CPU, mémoire, trafic d'entrées/sorties, *etc.*). Nous passerons en revue les différents outils utilisables et détaillerons quelques configurations complètes.

Vous apprendrez que l'observabilité est souvent réactive plutôt que préventive : quelque chose se bloque ou ralentit ; vous commencez à scruter les processus et leur consommation de puissance processeur ou d'espace mémoire, et vous fouillez dans les journaux. L'observabilité peut aussi prendre un caractère d'investigation, par exemple lorsque vous avez besoin de savoir combien de temps prennent certains algorithmes. Enfin et surtout, vous pouvez utiliser l'observabilité prédictive (plutôt que réactive). Vous pouvez notamment être prévenu d'une condition future éventuelle par extrapolation d'un comportement actuel (l'écart entre utilisation théorique et pratique d'un disque est un bon exemple d'indice à extrapoler).

La meilleure synthèse visuelle de l'observabilité est probablement celle du maestro des performances Brendan Gregg. La Figure 8.1 tirée de son site Linux Performance (`https://oreil.ly/KlzQP`) donne une idée de la richesse des composants et outillages disponibles.

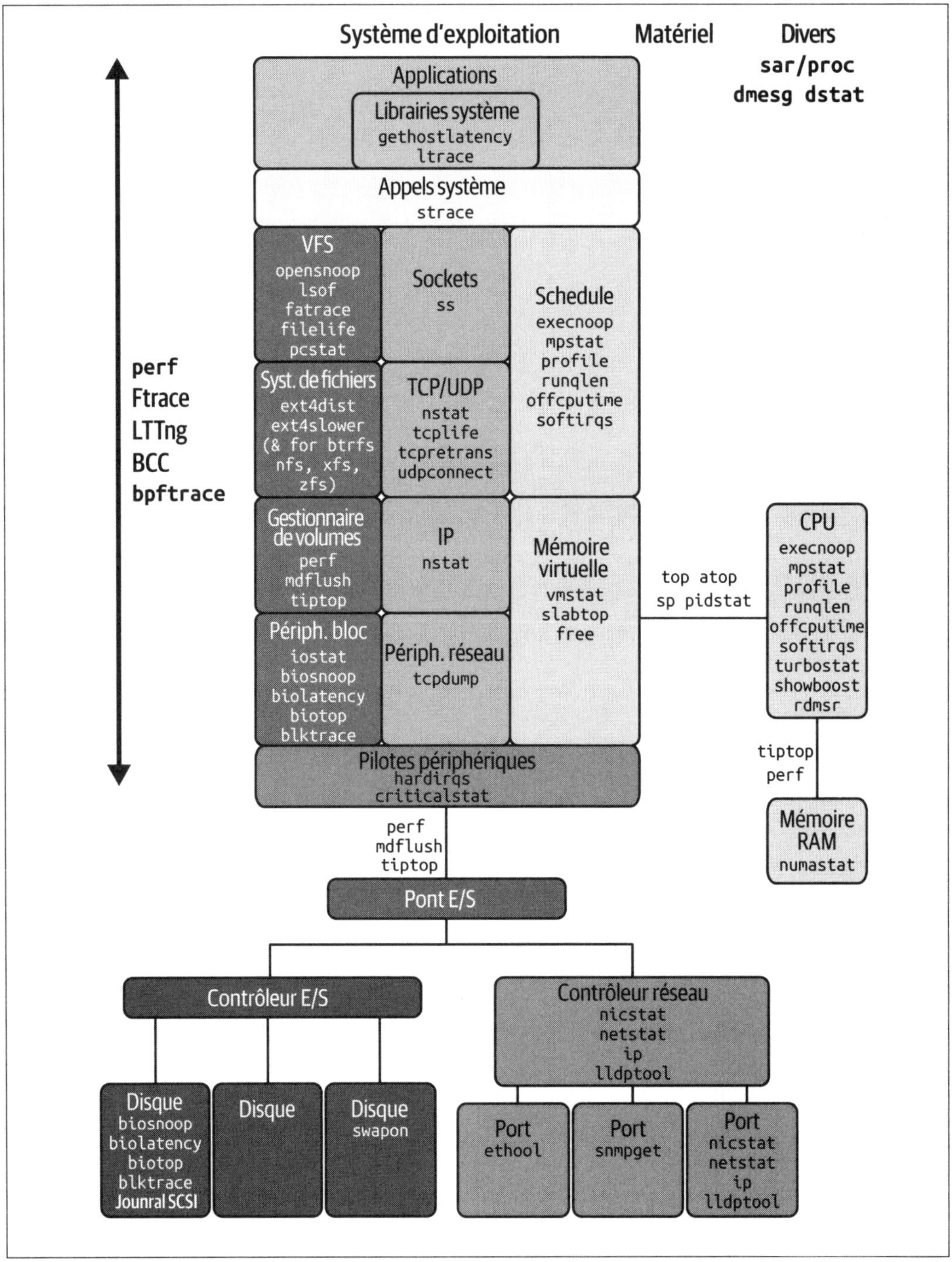

Figure 8.1 : Synthèse des outils d'observabilité Linux (d'après Brendan Gregg, licence CC BY-SA 4.0).

L'observabilité est un sujet passionnant avec de nombreux cas d'utilisation et un grand nombre d'outils disponibles en open source ; établissons d'abord une stratégie et définissons quelques termes fondamentaux.

Principes

Avant d'entrer dans la terminologie de l'observabilité, voyons comment transformer les données fournies en informations exploitables et s'en servir utiliser pour résoudre un problème ou optimiser une application de manière structurée.

Stratégie d'observation

Une stratégie largement établie dans le contexte de l'observabilité est la boucle OODA, soit *Observer-Orienter-Décider-Agir* (`https://oreil.ly/zLLET`). Elle offre un moyen structuré de tester une hypothèse fondée sur des données observées et d'agir en conséquence, c'est-à-dire un moyen d'obtenir des informations exploitables à partir d'indices ou de signaux.

Supposons, par exemple, qu'une application semble trop lente et qu'il existe en outre de multiples raisons à cela (manque de mémoire, manque de cycles CPU, engorgement des entrées/sorties réseau, *etc.*). Vous mesurez d'abord la consommation de chaque ressource puis modifiez le volume affecté à chaque ressource une par une (en maintenant constants les autres paramètres) afin d'évaluer le résultat.

Les performances s'améliorent-elles après que vous avez procuré plus de mémoire RAM à l'application ? Si oui, vous avez peut-être trouvé la solution. Si non, continuez avec une autre ressource, en mesurant toujours la consommation et en essayant de faire le lien avec l'impact sur la situation.

Terminologie

L'observabilité connaît un petit nombre de termes consacrés et tous n'ont pas de définition formelle. En outre, les significations peuvent différer légèrement selon que l'on considère une seule machine ou une configuration distribuée en réseau :

- **Observabilité** : capacité à permettre de connaître l'état interne d'un système (tel que Linux) en exploitant des informations rendues disponible à l'extérieur de ce système, généralement dans ce but. Par exemple, si vous remarquez que votre système ralentit, vous chercherez à connaître la quantité de mémoire principale disponible, pour découvrir qu'une application en particulier monopolise tout l'espace mémoire. Vous pourrez alors décider de forcer à quitter pour remédier à la situation.

L'observabilité est parfois désignée avec le numéronyme `o11y`, car il y a 11 lettres entre le o et le y de l'anglais *observability*.

- **Types de signaux :** différentes manières de représenter et d'émettre des informations sur l'état d'un système, soit *via* des moyens symboliques (le contenu à exploiter est du texte, comme dans les journaux), soit avec des valeurs numériques (comme avec les métriques) ou une combinaison de ces deux moyens. Nous reviendrons sur la description des types de signaux plus loin dans ce chapitre.
- **Source** : lieu de génération des signaux, potentiellement de différents types. Les sources peuvent être le système d'exploitation ou une application.
- **Destination** : lieu de consommation, de stockage et de retraitement des signaux. Nous appelons *frontal* une destination qui propose une interface utilisateur (texte CLI, graphique GUI ou TUI). Par exemple, un visualiseur de journaux ou un tableau de bord traçant des séries temporelles est un frontal, alors qu'un seau S3 ne l'est pas (mais peut toujours agir comme une destination pour, disons, les journaux).
- **Télémétrie** : processus d'extraction des signaux à partir des sources et de leur transport (routage, expédition) vers des destinations, souvent en employant des agents collecteurs qui prétraitent éventuellement ces signaux (par exemple, filtrage ou sous-échantillonnage).

Types de signaux

Les signaux constituent les moyens de communiquer l'état d'un système pour traitement ultérieur ou interprétation. En général, nous faisons la distinction entre une charge utile textuelle (bien adaptée aux recherches et à l'interprétation par un humain) et une charge utile numérique (mieux adaptée aux traitements par des machines puis, après mise en forme, adaptée aux humains). Les trois types de signaux fondamentaux qui sont pertinents pour notre discussion dans ce chapitre sont : les journaux, les métriques et les traces.

Journaux (logs)

Les journaux constituent un type de signal fondamental que tout système génère dans une certaine mesure. Ce sont des événements discrets avec une charge utile textuelle (littéraire, en opposition à numérique) destinée à l'étude par des humains. Typiquement, les événements sont horodatés. Idéalement, les journaux sont structurés de manière que chaque portion du journal possède une signification univoque. Cette signification est potentiellement exprimée par un schéma formel afin que la validation puisse être automatisée.

Il est intéressant de noter que, si chaque journal possède une certaine structure (même si elle n'est pas bien définie et que l'analyse syntaxique soit difficile, potentiellement à cause des délimiteurs ou des cas limites), vous entendrez souvent parler de *journalisation structurée*. Cela signifie simplement que le journal visé est structuré selon le format JSON.

Bien que l'automatisation du contenu des journaux soit difficile (étant donné leur nature textuelle), les journaux sont toujours très utiles pour les humains ; ils resteront probablement le genre de signal dominant pendant un certain temps. Les journaux sont le type de signal le plus important (pour nos considérations), et c'est pourquoi nous leur consacrerons une bonne partie de ce chapitre.

Métriques

Les métriques sont des points de données numériques échantillonnés (en général, périodiquement) et formant une série temporelle. Les points de données individuels peuvent avoir un contexte supplémentaire sous forme de dimensions ou de métadonnées d'identification. Normalement, vous ne consommez pas directement les métriques brutes ; vous utilisez une sorte d'agrégation ou de représentation graphique ou recevez une notification lorsqu'une certaine condition est remplie. Les métriques peuvent être utiles à la fois pour les tâches opérationnelles et pour le dépannage afin de répondre à des questions telles que le nombre de transactions qu'une application a effectuées ou le temps passé pour réaliser une certaine opération (en *x* minutes).

Nous distinguons différents types de métriques :

- **Compteurs** : la valeur d'un compteur ne peut qu'augmenter (ou être remise à zéro). Un exemple de métrique de compteur est le nombre total de demandes traitées par un service ou le nombre d'octets envoyés par une interface sur une période donnée.
- **Jauges** : Une valeur de jauge peut augmenter ou diminuer. Par exemple, vous jaugez la mémoire principale globale disponible ou le nombre de processus en cours d'exécution.
- **Histogrammes** : Une manière sophistiquée de construire une distribution de valeurs. En utilisant des baquets, les histogrammes permettent d'évaluer la manière dont les données sont globalement structurées. Ils vous permettent également de faire des déclarations floues (telles que « 50 % ou 90 % des valeurs entrent dans une certaine fourchette »).

Nous reviendrons sur la supervision plus loin, notamment sur une gamme d'outils que vous pouvez utiliser pour des cas simples. Un exemple avancé de configuration de métriques est proposé dans la section consacrée à Prometheus et Grafana.

Traces

Les traces sont une collection dynamique d'informations d'exécution (par exemple, des informations sur les appels syscall réalisés par un processus, ou la séquence d'événements dans le noyau pour une cause donnée). Les traces sont souvent utilisées non seulement pour le débogage mais aussi pour l'évaluation des performances. Nous étudierons le traçage et le profilage, plus loin dans ce chapitre.

Journalisation

Comme mentionné, les journaux forment des collections d'événements distincts avec une charge utile textuelle, collections optimisées pour l'exploitation par des humains. Décomposons cette déclaration pour mieux la comprendre.

- **Événements distincts :** pensez aux événements avec une granularité en rapport avec la base de code source. Vous voulez partager des informations sur ce qui se passe dans le code en utilisant un élément de journal (atomique). Par exemple, vous émettez une ligne de journal indiquant qu'une connexion à une base de données a été établie avec succès. Un autre élément de journal pourrait consister à signaler une erreur parce qu'un fichier était introuvable. Maintenez limitée et spécifique la portée des messages de journal, afin qu'il soit plus facile pour quelqu'un qui les utilise de trouver l'emplacement correspondant dans le code source.
- **Charge utile textuelle :** la charge utile d'un message de journal est de nature textuelle. Les consommateurs sont *a priori* des humains. En d'autres termes, peu importe que vous utilisiez un visualiseur de journaux en ligne de commande ou un système de traitement de journaux sophistiqué avec une interface visuelle graphique, c'est un humain qui lit et interprète le contenu du message et décide d'une action en conséquence.

D'un point de vue structurel, un journal comprend globalement les éléments suivants :

- **Une collection d'éléments de journal, de messages ou de lignes :** incarnant des informations sur des événements distincts.
- **Des métadonnées ou un contexte :** sur une base par message ou globalement (pour l'ensemble du fichier journal, par exemple).
- **Un format pour interpréter chaque message de journal individuellement :** définissant les parties et les significations du journal. Deux formats répandus sont les messages en lignes séparées et le format JSON.

Le Tableau 8.1 montre quelques formats de journal répandus. Il en existe de nombreux autres plus spécifiques et à portée plus limitée, par exemple pour les bases de données ou les langages de programmation.

Tableau 8.1 : Formats de journaux courants

Format	Lien	Description
Format d'événement commun	`https://oreil.ly/rHBWs`	Développé par ArcSight ; utilisé pour les périphériques et cas d'usage de sécurité
Format de journalisation commun	`https://oreil.ly/Da7uC`	Pour les serveurs web ; voir aussi le format de journal étendu.
Format enrichi Graylog	`https://oreil.ly/6MBHm`	Développé par Graylog ; améliore Syslog
Syslog		Pour les systèmes d'exploitation, les applis, les périphériques ; voir la description de syslog plus loin
Métrique embarquée	`https://oreil.ly/LeXhe`	Développé par Amazon (à la fois journaux et métriques)

Vous ferez montre de bonne pratique en prenant soin de limiter l'impact des journaux sur les performances (assurant des recherches rapides tout en maintenant une faible empreinte mémoire et disque). Dans ce contexte, la rotation des journaux est avisée, par exemple avec `logrotate` (`https://oreil.ly/jX6Jy`).

Le concept avancé de *température des données* peut s'avérer utile : on relègue les fichiers journaux les plus anciens vers un support de stockage moins onéreux même si plus lent (disque attaché, baquet S3, Glacier).

Un sujet mérite votre plus grande vigilance à propos des informations collectées pour vos journalisations, surtout dans les environnements de production. Chaque fois que vous décidez d'émettre un message à journaliser dans une application, vous devez vous demander si vous ne risquez pas ainsi de divulguer des informations sensibles ou confidentielles : mots de passe, clés d'accès API ou même simplement informations d'identification d'un utilisateur (adresse e-mail, ID du compte).

Le problème est que les journaux sont généralement stockés sous une forme persistante (sur le disque local ou dans un télédisque de type baquet S3). Cela signifie que même longtemps après l'arrêt du processus générateur, quelqu'un pourrait avoir accès à des informations sensibles et s'en servir pour une attaque.

Pour gérer l'importance relative ou la ventilation des contenus des journaux entre destinataires, on définit souvent des niveaux (par exemple, `DEBUG` pour le développement, `INFO` pour le suivi de l'état normal ou `ERROR` pour les situations inattendues qui demandent une intervention humaine).

Passons à la pratique et commençons par quelque chose de simple : découvrons le répertoire central des journaux de Linux (sortie abrégée) :

```
$ ls -al /var/log
drwxrwxr-x   8 root      syslog              4096 Jul 13 06:16 .
drwxr-xr-x  13 root      root                4096 Jun  3 07:52 ..
drwxr-xr-x   2 root      root                4096 Jul 12 11:38 apt/          ❶
-rw-r-----   1 syslog    adm                 7319 Jul 13 07:17 auth.log      ❷
-rw-rw----   1 root      utmp                1536 Sep 21 14:07 btmp          ❸
drwxr-xr-x   2 root      root                4096 Sep 26 08:35 cups/         ❹
-rw-r--r--   1 root      root               28896 Sep 21 16:59 dpkg.log      ❺
-rw-r-----   1 root      adm                51166 Jul 13 06:16 dmesg         ❻
drwxrwxr-x   2 root      root                4096 Jan 24  2021 installer/    ❼
drwxr-sr-x+  3 root      systemd-journal     4096 Jan 24  2021 journal/      ❽
-rw-r-----   1 syslog    adm                 4437 Sep 26 13:30 kern.log      ❾
-rw-rw-r--   1 root      utmp              292584 Sep 21 15:01 lastlog       ❿
drwxr-xr-x   2 ntp       ntp                 4096 Aug 18  2020 ntpstats/     ⓫
-rw-r-----   1 syslog    adm               549081 Jul 13 07:57 syslog        ⓬
```

❶ Journaux du gestionnaire de paquetages `apt`.

❷ Journaux des tentatives de connexion (réussies et échouées) et des processus d'authentification.

❸ Tentatives de connexion ayant échoué.

❹ Journaux relatifs aux impressions.

❺ Journaux du gestionnaire de paquetages `dpkg`.

❻ Journaux des pilotes de périphériques ; utilisez `dmesg` pour les inspecter.

❼ Journaux d'installation du système (lors de celle de la distribution Linux elle-même).

❽ Emplacement de `journalctl` (nous abordons cet outil plus loin).

❾ Journaux du noyau kernel.

❿ Dernières connexions de tous les utilisateurs (`lastlog` pour les inspecter).

⓫ Journaux liés à NTP (décrit plus loin).

⓬ Emplacement de `syslogd` (décrit plus loin).

Une approche habituelle pour exploiter les journaux en direct (au fil de l'eau) consiste à poursuivre les journaux, c'est-à-dire à voir s'afficher à la fin du journal les nouvelles lignes ajoutées (affichage abrégé) :

```
$ tail -f /var/log/syslog                                                    ❶
Sep 26 15:06:41 starlite nm-applet[31555]: ... 'GTK_IS_WIDGET (widget)' failed
Sep 26 15:06:41 starlite nm-dispatcher: ... new request (3 scripts)
Sep 26 15:06:41 starlite systemd[1]: Starting PackageKit Daemon...
Sep 26 15:06:41 starlite nm-dispatcher: ... start running ordered scripts...
Sep 26 15:06:42 starlite PackageKit: daemon start                            ❷
^C
```

❶ Suivi des journaux du processus `syslogd` grâce à l'option `-f`.

❷ Exemple de ligne de journal (voir la section sur `syslog` pour le format).

> Pour visualiser la sortie du journal d'un processus et en même temps la stocker dans un fichier, utilisez la commande `tee` (`https://oreil.ly/X1Gqo`) comme ceci :
>
> ```
> $ monprocessus | tee -a monjournal.log
> ```
>
> Vous voyez alors la sortie de *`monprocessus`* dans le terminal, et les données sont en même temps stockées dans le fichier `monjournal.log`. Notez que nous utilisons l'option `-a` pour ajouter au contenu existant du fichier (sinon, il serait écrasé).

Voyons maintenant les deux systèmes de journalisation Linux les plus utilisés.

Syslog

Syslog est une norme de journalisation convenant à une vaste gamme de sources, du noyau et des démons aux applications de l'espace utilisateur. Il trouve ses racines dans les environnements réseau. Aujourd'hui, le protocole comprend un format texte défini dans la RFC 5424 (`https://oreil.ly/1Qqng`) accompagné de scénarii de déploiement et de considérations de sécurité. La Figure 8.2 montre le format à haut niveau de Syslog. Sachez qu'il existe de nombreux autres champs facultatifs et rarement utilisés.

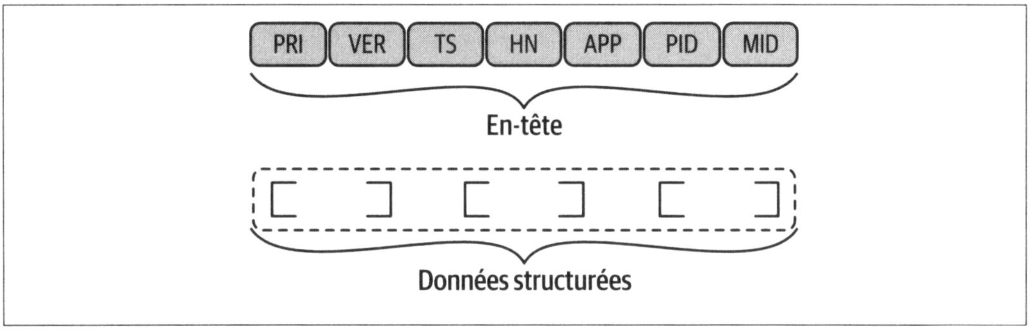

Figure 8.2 : Format de Syslog selon la RFC 5424.

Le format Syslog tel que défini dans la RFC 5424 possède les champs d'en-tête suivants (`TS` et `HN` sont les plus utilisés) :

- `PRI` : priorité/gravité du message.
- `VER` : numéro de protocole Syslog (généralement omis car il ne peut être que 1).
- `TS` : heure de création du message au format ISO 8601.
- `HN` : identifiant de la machine ayant émis le message.

- `APP` : identifiant de l'application (ou du périphérique) ayant émis le message.
- `PID` : identifiant du processus ayant émis le message.
- `MID` : identifiant de message facultatif.

Le format prévoit ensuite des *données structurées*, c'est-à-dire les données utiles versées dans une liste structurée : des paires clé-valeur avec pour chaque élément les délimiteurs `[` et `]`.

Habituellement, on utilise l'outil `syslogd` (`https://oreil.ly/su6IX`) pour gérer les journaux, mais d'autres options sont devenues disponibles :

- `syslog-ng` (`https://oreil.ly/qETe9`) : démon de journalisation amélioré utilisable en remplacement de `syslogd` et prenant en charge le TLS, le filtrage fondé sur les contenus et la journalisation dans une base de données au format PostgreSQL ou MongoDB. Disponible depuis fin 1990.
- `rsyslog` (`https://oreil.ly/QDPmv`) : enrichit le protocole Syslog et peut être utilisé en parallèle de `systemd`. Disponible depuis 2004.

Malgré son âge, la famille de protocoles et d'outils Syslog existe toujours et est largement répandue. Cependant, `systemd` est devenu le standard de fait des systèmes `init`. Il est utilisé dans toutes les principales distributions Linux, ce qui permet d'envisager une nouvelle façon d'aborder la journalisation : celle de `systemd`.

journalctl

Dans la présentation de `systemd` du Chapitre 6, nous avons brièvement évoqué un composant de son écosystème qui est responsable de la gestion des journaux : `journalctl` (`https://oreil.ly/M4sbo`). Contrairement à Syslog et aux autres systèmes vus jusqu'à présent, `journalctl` utilise un format binaire pour stocker les entrées du journal, ce qui permet un accès plus rapide et une empreinte de stockage plus faible.

Le format de stockage binaire a suscité quelques critiques au départ, car les commandes familières `tail`, `cat` et `grep` ne pouvaient plus être utilisées pour exploiter les journaux. Ceci étant dit, bien que l'on doive apprendre une nouvelle manière d'interagir avec les journaux dans le cas de `journalctl`, la courbe d'apprentissage n'est pas trop ardue.

Voyons comment réaliser quelques tâches courantes. Si vous lancez `journalctl` sans paramètre, l'outil va se présenter sous l'aspect d'un paginateur interactif (vous pouvez utiliser les touches fléchées ou la barre d'espacement pour faire défiler le contenu et quitter avec `q`).

Pour restreindre la plage de temps considérée, vous pouvez, par exemple, procéder ainsi :

```
$ journalctl --since "3 hours ago"                                      ❶

$ journalctl --since "2021-09-26 15:30:00" --until "2021-09-26 18:30:00"  ❷
```

❶ Limitation de la plage de temps aux trois dernières heures.

❷ Autre syntaxe de limitation, avec des heures de début et de fin explicites.

Vous pouvez limiter la sortie aux événements concernant certaines entités spécifiques comme ceci (en supposant ici qu'il existe un service portant le nom `abc.service`) :

```
$ journalctl -u abc.service
```

> L'outil `journalctl` offre une puissante technique pour formater le rendu des éléments du journal. Avec le paramètre `--output` (ou `-o` en abrégé), vous pouvez optimiser la sortie pour un certain cas d'utilisation. Les valeurs importantes sont les suivantes :
>
> `cat` : forme courte, sans horodatage ni source.
>
> `short` : format par défaut imitant le format de sortie Syslog.
>
> `json` : une entrée au format JSON pour chaque ligne (en vue d'automatisation).

Pour profiter de la même expérience de suivi des journaux en temps réel qu'avec `tail -f`, écrivez ceci :

```
$ journalctl -f
```

Rassemblons toutes ces informations dans un exemple concret : supposons que vous vouliez relancer un composant de sécurité de votre distribution Linux qui est géré `systemd` : AppArmor (`https://www.apparmor.net`).

Nous redémarrons le service dans un terminal avec la commande `systemctl restart apparmor`. Dans un autre terminal, nous lançons la commande suivante (sortie éditée ; le réel montre une entrée de journal par ligne) :

```
$ journalctl -f -u apparmor.service                                    ❶
-- Logs begin at Sun 2021-01-24 14:36:30 GMT. --
Sep 26 17:10:02 starlite apparmor[13883]: All profile caches have been cleared,
                                          but no profiles have been unloaded.
Sep 26 17:10:02 starlite apparmor[13883]: Unloading profiles will leave already
                                          running processes permanently
...
Sep 26 17:10:02 starlite systemd[1]: Stopped AppArmor initialization.
Sep 26 17:10:02 starlite systemd[1]: Starting AppArmor initialization...  ❷
Sep 26 17:10:02 starlite apparmor[13904]:  * Starting AppArmor profiles
Sep 26 17:10:03 starlite apparmor[13904]: Skipping profile in
                                     /etc/apparmor.d/disable: usr.sbin.rsyslogd
Sep 26 17:10:09 starlite apparmor[13904]:    ...done.
Sep 26 17:10:09 starlite systemd[1]: Started AppArmor initialization.
```

❶ Suivi des journaux du service AppArmor.

❷ Dès que `systemd` a arrêté le service, il est redémarré.

Après avoir vu en détail la journalisation, intéressons-nous, dans la section suivante, à l'exploitation des valeurs numériques avec les métriques dans le cadre plus large de la surveillance ou supervision.

Surveillance/supervision

La supervision consiste à collecter des valeurs numériques (métriques) à propos de systèmes et d'applications pour des raisons diverses. Vous pouvez par exemple vouloir connaître la durée d'exécution d'un processus ou le volume de ressources qu'il consomme (suivi des performances) ou avoir à dépanner un système en régime dégradé. Les deux types d'activités que vous effectuerez le plus souvent dans ce contexte sont les suivantes :

- suivi d'une ou de plusieurs métriques dans le temps ;
- alerte à propos d'une condition.

Dans cette section, nous allons d'abord passer en revue quelques fondamentaux et outils incontournables. Au fur et à mesure de notre progression, nous aborderons des techniques avancées qui ne s'appliquent que dans certaines situations.

Partons d'un exemple simple affichant quelques métriques de base, telles que la durée d'activité d'un système, l'utilisation de l'espace mémoire, *etc.* Nous utilisons la commande `uptime` (`https://oreil.ly/smiz6`) :

```
$ uptime                                                                ❶
08:48:29 up 21 days, 20:59,  1 user,  load average: 0.76, 0.20, 0.09    ❷
```

❶ Utilise la commande `uptime` pour obtenir quelques métriques de base du système.

❷ Avec des virgules séparatrices, la sortie indique la durée d'activité du système, le nombre d'utilisateurs connectés et, dans la partie des charges moyennes (`load average`), trois jauges : les moyennes sur 1 minute, sur 5 minutes et sur 15 minutes. Ces moyennes correspondent au nombre de travaux dans la file d'attente d'exécution ou en attente d'une opération d'entrée/sorties disque ; les chiffres sont normalisés et indiquent à quel point les processeurs sont occupés. Par exemple, la moyenne de charge pour les cinq dernières minutes est ici de 0,2 (ce qui, pris isolément, ne dit pas grand-chose ; il faut la comparer aux autres valeurs et les suivre au cours du temps).

Nous surveillons ensuite l'utilisation de la mémoire avec la commande `free` (sortie adaptée) :

```
$ free -h                                                          ❶
              total    used    free  shared  buff/cache   available
Mem:           7.6G    1.3G    355M    395M        6.0G        5.6G ❷
Swap:          975M    1.2M    974M  3
```

❶ Affiche l'utilisation de la mémoire sous une présentation conviviale.

❷ Statistiques mémoire : mémoire totale/utilisée/libre/partagée, mémoire occupée par les tampons et la mise en cache (ajoutez l'option `-w` si vous ne voulez pas la valeur combinée) et mémoire libre.

❸ Quantité totale/utilisée/libre de l'espace de remisage swap (pages mémoire temporairement stockées sur disque).

Une façon plus sophistiquée d'étudier l'utilisation de la mémoire passe par la commande `vmstat` (`https://oreil.ly/x8wrI`) (abréviation de *Virtual Memory Stats*). L'exemple suivant utilise cette dernière de façon auto-actualisée (sortie adaptée) :

```
$ vmstat 1                                                                   ❶
procs -----------memory--------- ---swap-- ----io---- -system- -----cpu-----
r  b  swpd   free   buff  cache   si    so    bi    bo   in   cs us sy id wa st  ❷
4  0  1184 482116 682388 5447048   0     0    12   105   28  191  6  3 91  0  0
0  0  1184 483444 682388 5446600   0     0    0      0  369  522  1  0 99  0  0
0  0  1184 483696 682392 5446600   0     0    0    104  278  374  1  1 99  0  0
^C
```

❶ Affichage des statistiques mémoire. Le paramètre *1* demande d'afficher une nouvelle ligne de résumé chaque seconde.

❷ Quelques en-têtes de colonnes importants : la colonne `r` indique le nombre de processus en cours d'exécution ou en attente de CPU (nécessairement inférieur ou égal au nombre de cœurs installés), `free` est l'espace libre en mémoire principale (en ko), `in` le nombre d'interruptions par seconde et `cs` le nombre de changements de contexte par seconde. De `us` à `st`, on trouve les pourcentages de temps CPU total passés dans l'espace utilisateur, l'espace noyau, l'état de pause Idle et autres.

Pour voir combien de temps réclame une opération, utilisez la commande `time` :

```
$ time (ls -R /etc 2&> /dev/null)  ❶

real 0m0.022s                      ❷
user 0m0.012s                      ❸
sys 0m0.007s                       ❹
----
```

❶ Mesure le temps que prend l'énumération récursive de tous les sous-répertoires `/etc` (nous abandonnons toutes les données en sortie, y compris les erreurs en écrivant `2&> /dev/null`).

❷ Temps passé au total (d'horloge murale) ;pas vraiment utile autrement que pour les performances.

❸ Temps consommé par `ls` elle-même (espace utilisateur).

❹ Temps d'attente de `ls` jusqu'à ce que Linux agisse (espace noyau).

Lorsque vous cherchez à connaître la durée d'une opération, une bonne approximation consiste à prendre la somme des temps user et sys ; le rapport des deux vous donne une bonne idée de l'endroit où elle passe la plupart de son temps d'exécution.

Voyons maintenant des sujets plus spécifiques : les interfaces réseau et les périphériques bloc.

Périphériques d'E/S et interfaces réseau

L'outil iostat (https://oreil.ly/L4Pbu) sert à surveiller les périphériques d'entrée/sortie (sortie éditée) :

```
$ iostat -z --human                                                        ❶
Linux 5.4.0-81-generic (starlite)   09/26/21     _x86_64_      (4 CPU)

avg-cpu:  %user   %nice %system %iowait  %steal   %idle
           5.8%    0.0%    2.7%    0.1%    0.0%   91.4%

Device             tps    kB_read/s    kB_wrtn/s    kB_read    kB_wrtn
loop0             0.00         0.0k         0.0k     343.0k       0.0k
loop1             0.00         0.0k         0.0k       2.8M       0.0k
...
sda               0.38         1.4k        12.4k       2.5G      22.5G  ❷
dm-0              0.72         1.3k        12.5k       2.4G      22.7G
...
loop12            0.00         0.0k         0.0k       1.5M       0.0k
```

❶ iostat sert à afficher les métriques des périphériques d'entrée/sortie. Avec l'option -z, nous demandons de n'afficher que les périphériques ayant connu une certaine activité ; l'option --human rend la sortie plus lisible (les unités sont exprimées sous une forme digeste pour un humain).

❷ Exemple de ligne : la colonne tps indique le nombre de transferts (requêtes) par seconde pour ce périphérique, read indique le volume de données lues et wrtn, celui de données écrites.

Nous pouvons ensuite interroger les interfaces réseau avec la commande ss (https://oreil.ly/BAIiv) qui sait aspirer les statistiques des prises réseau *sockets*. La commande suivante liste les sockets TCP et UDP avec les identifiants des processus (sortie éditée) :

```
$ ss -atup                                                                  ❶
Netid State   Recv-Q  Send-Q  Local Address:Port          Peer Address:Port
udp   UNCONN  0       0             0.0.0.0:60360              0.0.0.0:*
...
udp   UNCONN  0       0             0.0.0.0:ipp                0.0.0.0:*
udp   UNCONN  0       0             0.0.0.0:789                0.0.0.0:*
udp   UNCONN  0       0         224.0.0.251:mdns               0.0.0.0:*
udp   UNCONN  0       0             0.0.0.0:mdns               0.0.0.0:*
udp   ESTAB   0       0      192.168.178.40:51008    74.125.193.113:443
...
tcp   LISTEN  0       128           0.0.0.0:sunrpc             0.0.0.0:*
```

```
tcp   LISTEN  0       128     127.0.0.53%lo:domain          0.0.0.0:*
tcp   LISTEN  0       5           127.0.0.1:ipp             0.0.0.0:*
tcp   LISTEN  0       4096        127.0.0.1:45313           0.0.0.0:*
tcp   ESTAB   0       0      192.168.178.40:57628    74.125.193.188:5228     ❷
tcp   LISTEN  0       128              [::]:sunrpc             [::]:*
tcp   LISTEN  0       5               [::1]:ipp                [::]:*
```

❶ Utilise `ss` avec les options suivantes : `-a` pour tout sélectionner (c'est-à-dire, les deux sockets d'écoute et de non-écoute) ; `-t` et `-u` pour sélectionner respectivement TCP et UDP ; `-p` pour savoir quels processus utilisent les sockets.

❷ Exemple de socket en cours d'utilisation. Il s'agit d'une connexion TCP établie entre l'adresse locale IP v4 *`192.168.178.40`* et l'adresse distante *`74.125.193.188`*, celle-ci semblant inactive : les deux files d'attente de réception (`Recv-Q`) et de transmission (`Send-Q`) rapportent zéro.

> Une façon obsolète de collecter et d'afficher les statistiques des interfaces est `netstat` (`https://oreil.ly/UBqge`). Par exemple, si vous souhaitez avoir une vue continuellement mise à jour de TCP et UDP, incluant l'ID du processus et utilisant les adresses IP plutôt que les FQDN, vous pouvez opter pour `netstat -ctulpn`.

Le nom de l'outil `lsof` signifie « liste des fichiers ouverts ». Cet outil polyvalent possède de nombreux cas d'usage. L'exemple suivant le démontre dans le contexte des connexions réseau (sortie adaptée) :

```
$ sudo lsof -i TCP:1-1024                                    ❶
COMMAND     PID            USER   FD   TYPE DEVICE SIZE/OFF NODE NAME
...
rpcbind   26901            root    8u  IPv4 615970     0t0  TCP *:sunrpc (LISTEN)
rpcbind   26901            root   11u  IPv6 615973     0t0  TCP *:sunrpc (LISTEN)
```

❶ Liste les ports TCP privilégiés (nécessite les privilèges `root`).

Un autre exemple d'utilisation de `lsof` est une vue centrée sur un processus : si vous connaissez le PID d'un processus (ici, Chrome), vous pouvez utiliser `lsof` pour suivre notamment les descripteurs de fichiers et les entrées/sorties (sortie adaptée) :

```
$ lsof -p 5299
COMMAND  PID USER   FD TYPE  DEVICE  SIZE/OFF     NODE NAME
chrome  5299  mh9  cwd  DIR   253,0      4096  6291458 /home/mh9
chrome  5299  mh9  rtd  DIR   253,0      4096        2 /
chrome  5299  mh9  txt  REG   253,0 179093936  3673554 /opt/google/chrome/chrome
...
```

Il existe de nombreux autres outils de suivi des performances, par exemple `sar` (`https://oreil.ly/dYWwR`) (couvrant une vaste gamme de compteurs, agréable pour les scripts) et `perf` (`https://oreil.ly/TJ4gP`). Nous reviendrons sur certains dans le dernier chapitre.

Maintenant que vous connaissez les outils individuels, passons aux outils intégrés qui permettent de surveiller Linux de manière interactive.

Moniteurs de performance intégrés

Utiliser les outils tels que `lsof` ou `vmstat` est un bon point de départ, y compris dans les scripts. Pour une surveillance plus pratique, vous préférerez néanmoins une solution intégrée. Généralement fourni avec une interface utilisateur textuelle (TUI), parfois en couleurs, ce genre d'outil propose les fonctionnalités suivantes :

- prise en charge de plusieurs types de ressources (CPU, RAM, E/S) ;
- tri et filtrage interactifs (par processus, utilisateur, ressource) ;
- mises à jour en direct et exploration des détails tels qu'un groupe de processus, voire des cgroups et des espaces de noms.

Par exemple, le très répandu outil `top` (`https://oreil.ly/NqKO2`) fournit une vue d'ensemble dans son en-tête (un peu comme ce que nous avons vu dans la sortie de `uptime`) puis un rendu tabulaire des détails CPU et mémoire, suivi d'une liste de processus que vous pouvez suivre (sortie éditée) :

```
top - 12:52:54 up 22 days,  1:04,  1 user,  load average: 0.23, 0.26, 0.23    ❶
Tasks: 263 total,   1 running, 205 sleeping,   0 stopped,   0 zombie          ❷
%Cpu(s):  0.2 us,  0.4 sy,  0.0 ni, 99.3 id,  0.0 wa,  0.0 hi,  0.0 si, \
  0.0 st%                                                                     ❸
KiB Mem:  7975928 total,   363608 free,  1360348 used,  6251972 buff/cache
KiB Swap:   999420 total,   998236 free,     1184 used.  5914992 avail Mem

PID USER      PR  NI    VIRT    RES    SHR S  %CPU %MEM     TIME+ COMMAND     ❹
  1 root      20   0  225776   9580   6712 S   0.0  0.1   0:25.84 systemd
...
433 root      20   0  105908   1928   1700 S   0.0  0.0   0:00.05  '- lvmetad
...
775 root      20   0   36552   4240   3880 S   0.0  0.1   0:00.16  '- bluetoothd
789 syslog    20   0  263040   4384   3616 S   0.0  0.1   0:01.98  '- rsyslogd
```

❶ Résumé du système (comparez avec la sortie de `uptime`).

❷ Statistiques des tâches.

❸ Statistiques d'utilisation CPU (utilisateur, noyau, etc.) ; similaire à la sortie de `vmstat`.

❹ Liste dynamique des processus, incluant des détails au niveau de chacun d'eux ; comme la sortie de `ps aux`.

Bien que `top` soit disponible dans pratiquement tous les environnements, il existe plusieurs alternatives :

- `htop` (`https://oreil.ly/P9elE`) : amélioration incrémentale de `top` plus rapide et avec une interface utilisateur plus agréable.
- `atop` (`https://oreil.ly/luRoU`) : alternative puissante à `top`. En plus de la CPU et de la mémoire, couvre les ressources telles que les E/S et les statistiques réseau dans les moindres détails.
- `below` (`https://oreil.ly/XdOHB`) : outil relativement nouveau remarquable surtout parce qu'il est compatible cgroups v2. D'autres outils ne comprennent pas les cgroups et ne fournissent donc qu'une vue globale des ressources.

> Voici les touches clavier indispensables pour utiliser `top` :
>
> `?` : pour lister l'aide (y compris les correspondances des touches).
>
> `V` : pour basculer de et vers l'arborescence du processus.
>
> `m` : pour trier par utilisation de la mémoire.
>
> `P` : pour trier par consommation CPU.
>
> `k` : pour envoyer un signal (comme avec `kill`).
>
> `q` : pour quitter.

Figure 8.3 : Capture écran de l'outil htop.

Il existe d'autres outils de surveillance intégrés qui vont au-delà des données élémentaires ou se spécialisent dans certains cas d'usage. En voici quelques-uns :

- `glances` (`https://oreil.ly/zOC9e`) : puissant outil hybride qui couvre les périphériques en plus des ressources habituelles.

- `guide` (`https://oreil.ly/uqBH1`) **:** analyseur de performances intégré qui permet d'afficher et de représenter graphiquement une série de métriques.
- `neoss` (`https://oreil.ly/O4BHS`) **:** pour la surveillance du trafic réseau ; remplacement de `ss` offrant une belle interface utilisateur.
- `mtr` (`https://oreil.ly/uL38A`) **:** pour la surveillance du trafic réseau ; puissante alternative à `traceroute` (voir la section sur le routage du Chapitre 7 pour des détails sur `traceroute`).

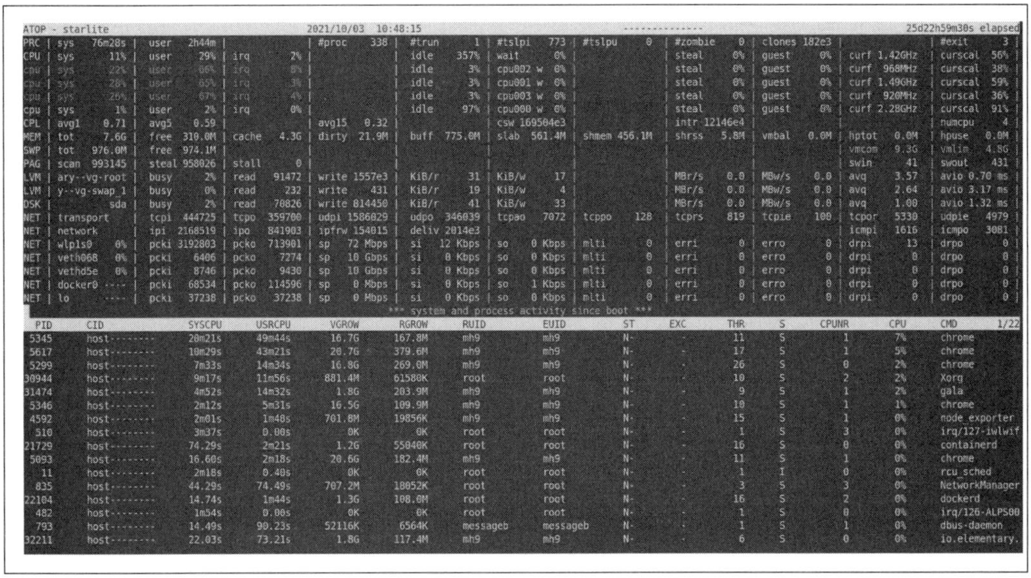

Figure 8.4 : Capture écran de l'outil atop.

Voyons maintenant comment produire ce genre de données depuis votre propre code.

Instrumentation

Jusqu'à présent, nous nous sommes concentrés sur les signaux provenant du noyau ou des applications existantes (c'est-à-dire le code qui ne vous appartient pas). Abordons maintenant la manière dont vous pouvez, comme pour les journaux, enrichir votre code pour qu'il génère des métriques.

Le processus d'insertion de code nécessaire à cet objectif vous concerne si vous développez des logiciels. Ce processus généralement appelé *instrumentation* comporte deux stratégies d'instrumentation principales :

- l'*auto-instrumentation* (aucun effort supplémentaire à prévoir pour vous en tant que développeur) ;

- l'*instrumentation personnalisée* selon laquelle vous insérez manuellement des extraits de code pour, par exemple, générer une métrique à un certain point de progression de votre code.

Vous pouvez utiliser StatsD (`https://oreil.ly/XOYFE`) avec des librairies côté client disponibles pour plusieurs langages de programmation (Ruby, Python, NodeJS et Go). StatsD est intéressant, mais il souffre de quelques limitations, surtout dans un environnement dynamique tel que Kubernetes ou l'IoT.

Dans ces environnements, une approche différente, parfois qualifiée d'*extractive* (*pull-based*) ou *scraping*, est généralement préférable. Les applications exposent les métriques (généralement *via* un point de terminaison HTTP) ; un agent contacte ce point de terminaison pour récupérer les métriques, ce qui épargne de devoir configurer l'application pour lui faire connaître l'endroit où elle doit envoyer ses métriques.

Nous reviendrons sur ce sujet dans la section consacrée à Prometheus et à Grafana.

Observabilité avancée

Maintenant que vous connaissez les bases de l'observabilité de Linux, tournons-nous vers quelques sujets plus avancés dans ce domaine.

Traçage et profilage

Le terme *traçage* est équivoque : dans le contexte de Linux, sur une machine unique, il signifie « capturer les traces successives laissées par l'exécution d'un processus (appels de fonction dans l'espace utilisateur, appels système syscall, *etc.*) ».

> Dans une configuration distribuée comme avec des micro-services conteneurisés dans Kubernetes ou un ensemble de fonctions lambda appartenant à une application sans serveur, on a tendance à abréger l'expression « traçage distribué » (`https://oreil.ly/tTjY9`) (par exemple, avec OpenTelemetry et Jaeger) en « traçage », mais ce type de traçage spécifique sort du cadre de ce livre.

Il existe un certain nombre de sources de données dans le contexte d'une seule machine Linux. Vous pouvez utiliser les éléments suivants comme sources de traçage :

- **Noyau Linux :** les traçages peuvent provenir de fonctions du noyau ou être déclenchés par syscalls. Par exemple, les sondes du noyau (`https://oreil.ly/lAolL`) (*kprobes*) ou les *tracepoints* du noyau (`https://oreil.ly/wZcXE`).
- **Espace utilisateur :** appels de fonctions d'application, par exemple *via* des sondes `uprobe` d'espace utilisateur (`https://oreil.ly/I8ICY`) qui peuvent servir de sources de traces.

Les cas d'usage des traces sont les suivants :

- débogage d'un programme en utilisant, par exemple, l'outil de traçage `strace` (`https://strace.io`) ;
- analyse des performances avec un frontal en utilisant `perf` (`https://oreil.ly/izMpR`).

> Vous pourriez être tenté d'utiliser `strace` partout, mais restez conscient de la surcharge qu'entraîne l'outil, particulièrement en environnement de production. Un article de Brendan Gregg a fait le point sur ce sujet (`https://oreil.ly/eSLOT`).

La Figure 8.5 donne un exemple de sortie de `sudo perf top` générant un résumé par processus.

```
Samples: 11K of event 'cycles', 4000 Hz, Event count (approx.): 2991897199 lost: 0/0 drop: 0/0
Overhead  Shared Object                    Symbol
  24.75%  perf                             [.] __symbols__insert
   8.88%  perf                             [.] rb_next
   4.83%  [kernel]                         [k] module_get_kallsym
   3.06%  perf                             [.] rb_insert_color
   2.28%  perf                             [.] d_demangle_callback
   1.34%  [kernel]                         [k] clear_page_erms
   1.30%  [kernel]                         [k] acpi_os_read_port
   1.18%  [kernel]                         [k] number
   1.15%  libc-2.27.so                     [.] __libc_calloc
   1.15%  [kernel]                         [k] acpi_idle_do_entry
   1.10%  [kernel]                         [k] format_decode
   1.04%  perf                             [.] dso__load_sym
   1.00%  libc-2.27.so                     [.] cfree
   0.96%  [kernel]                         [k] kallsyms_expand_symbol.constprop.1
   0.88%  [kernel]                         [k] memcpy_erms
   0.87%  [kernel]                         [k] vsnprintf
   0.71%  [kernel]                         [k] string_nocheck
   0.61%  [kernel]                         [k] get_page_from_freelist
   0.60%  perf                             [.] symbol__new
   0.55%  perf                             [.] rb_erase
   0.49%  perf                             [.] __dso__load_kallsyms
   0.41%  libelf-0.170.so                  [.] gelf_getsym
   0.41%  libc-2.27.so                     [.] getdelim
   0.40%  libc-2.27.so                     [.] 0x0000000000093d39
   0.39%  perf                             [.] __demangle_java_sym
   0.37%  libelf-0.170.so                  [.] gelf_getshdr
   0.35%  [kernel]                         [k] change_protection_range
   0.34%  [kernel]                         [k] psi_task_change
   0.33%  libc-2.27.so                     [.] malloc
   0.33%  [kernel]                         [k] update_iter
   0.33%  perf                             [.] java_demangle_sym
   0.31%  perf                             [.] eprintf
   0.30%  [kernel]                         [k] __handle_mm_fault
   0.30%  [kernel]                         [k] update_blocked_averages
   0.29%  [kernel]                         [k] native_irq_return_iret
   0.28%  perf                             [.] rust_is_mangled
For a higher level overview, try: perf top --sort comm,dso
```

Figure 8.5 : Capture d'écran de l'outil de traçage perf.

À l'avenir, il semble que eBPF (présenté dans le Chapitre 2) va devenir la norme pour implémenter le traçage, surtout pour les cas personnalisés. Il dispose d'un écosystème riche et un support croissant de la part des constructeurs. Si vous cherchez une méthode de traçage à l'épreuve du temps, assurez-vous qu'elle utilise eBPF.

Un cas d'utilisation particulier du traçage est le profilage, c'est-à-dire le repérage des sections de code les plus souvent appelées. Quelques outils de bas niveau pour le profilage incluent `pprof` (`https://oreil.ly/tETfk`), ValGrind (`https://oreil.ly/p9HQJ`) et les *graphes en flammes* (`https://oreil.ly/bCgbJ`).

Il existe de nombreuses options pour exploiter la sortie de `perf` de manière interactive et visualiser les traces ; voir par exemple le blog de Mark Hansen, "Linux perf Profiler UIs" (`https://oreil.ly/dGH1S`).

Le *profilage continu* est une variante avancée du profilage qui capture les traces (noyau et espace utilisateur) au fil du temps. Une fois collectées ces traces horodatées, vous pouvez les visualiser dans des graphiques, les comparer et en explorer des détails. Un exemple très prometteur est le projet open source basé sur eBPF `parca` (`https://www.parca.dev`), illustré dans la Figure 8.6.

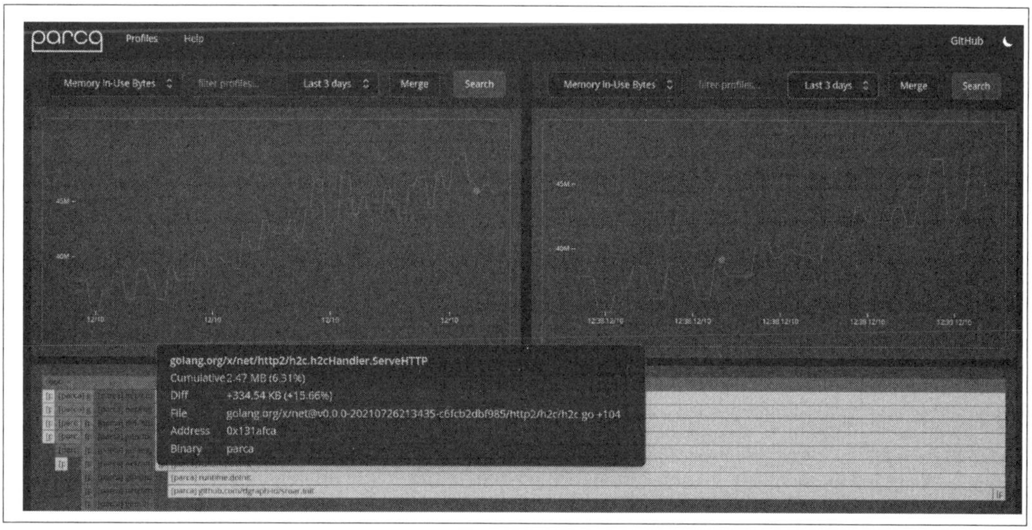

Figure 8.6 : Capture d'écran de parca, un outil de profilage continu.

Prometheus et Grafana

Si vous exploitez des métriques au cours du temps (des séries temporelles), vous aurez avantage à considérer le duo Prometheus (`https://prometheus.io`) et Grafana (`https://grafana.com`).

Je vous propose une configuration simple, à une seule machine, qui permet de produire un tableau de bord de supervision et même d'alerter sur les événements survenant dans la machine Linux.

Nous utiliserons l'outil préparateur Node Exporter (`https://oreil.ly/0L4KJ`) pour exposer une gamme de métriques système, du CPU à la mémoire et au réseau. Nous utiliserons ensuite Prometheus pour s'alimenter auprès du Node Exporter : Prometheus appelle un point de terminaison HTTP que l'exportateur de nœuds propose *via* le chemin URL `/metrics`, renvoyant les métriques au format OpenMetrics (`https://openmetrics.io`). Pour cela, nous devons configurer Prometheus avec l'URL du point final HTTP de l'exportateur de nœuds. La dernière étape de la configuration consiste à utiliser Prometheus comme source de données dans Grafana, qui affiche les données de séries chronologiques (métriques dans le temps) dans des tableaux de bord et sait même signaler certaines conditions, comme un espace disque quasiment saturé ou des processeurs surchargés.

Dans un premier temps, vous téléchargez et décompressez le fichier archive `tar` de l'exportateur de nœuds, et vous faites exécuter le binaire avec `./node_exporter &` en arrière-plan. Vous pouvez vérifier qu'il s'exécute correctement ainsi (sortie éditée) :

```
$ curl localhost:9100/metrics
...
# TYPE go_gc_duration_seconds summary
go_gc_duration_seconds{quantile="0"} 7.2575e-05
go_gc_duration_seconds{quantile="0.25"} 0.00011246
go_gc_duration_seconds{quantile="0.5"} 0.000227351
go_gc_duration_seconds{quantile="0.75"} 0.000336613
go_gc_duration_seconds{quantile="1"} 0.002659194
go_gc_duration_seconds_sum 0.126529838
go_gc_duration_seconds_count 390
...
```

Une fois la source de données configurée, nous lançons à la fois Prometheus et Grafana en tant que conteneurs. Pour ce qui suit, vous aurez besoin de Docker installé et configuré.

Vous créez un fichier de configuration Prometheus portant le nom `prometheus.yml` avec le contenu suivant :

```
global:
  scrape_interval: 15s
  evaluation_interval: 15s
  external_labels:
      monitor: 'mymachine'
scrape_configs:
  - job_name: 'prometheus'              ❶
    static_configs:
    - targets: ['localhost:9090']
  - job_name: 'machine'                 ❷
    static_configs:
    - targets: ['172.17.0.1:9100']
```

❶ Prometheus génère lui-même des métriques, que nous incluons (autosurveillance).

❷ Voici notre exportateur de nœuds. Étant donné que nous exécutons Prometheus dans Docker, nous ne pouvons pas utiliser `localhost`, mais l'adresse IP que Docker utilise par défaut.

Nous utilisons le fichier de configuration de Prometheus créé dans l'étape précédente et le montons dans le conteneur *via* un volume :

```
$ docker run --name prometheus \
        --rm -d -p 9090:9090 \                                                    ❶
        -v /home/mh9/lml/o11y/prometheus.yml:/etc/prometheus/prometheus.yml \    ❷
        prom/prometheus:main
```

❶ Les paramètres spécifiés font que Docker va supprimer le conteneur en sortie (`--rm`), l'exécuter en tant que processus démon (`-d`) et exposer le port 9090 (`-p`) afin que nous puissions l'utiliser depuis notre machine.

❷ Mappage de notre fichier de configuration en tant que volume dans le conteneur. Notez que vous devrez remplacer mon chemin `/home/mh9/lml/o11y/` par le chemin dans lequel vous avez stocké le fichier chez vous. De plus, il doit s'agir d'un chemin absolu. Donc, si vous voulez rendre l'exemple plus polyvalent, vous profiterez de `$PWD` dans bash ou de `(pwd)` dans Fish à la place de ce chemin figé.

Après avoir exécuté la commande précédente, ouvrez l'adresse *`localhost:9000`* dans votre navigateur et cliquez sur **`Targets`** dans le menu déroulant **`Status`** en haut. Vous devriez, après quelques secondes, obtenir à peu près le résultat que montre la Figure 8.7. Cela confirme que Prometheus a réussi à récupérer les métriques de lui-même et du nœud exportateur.

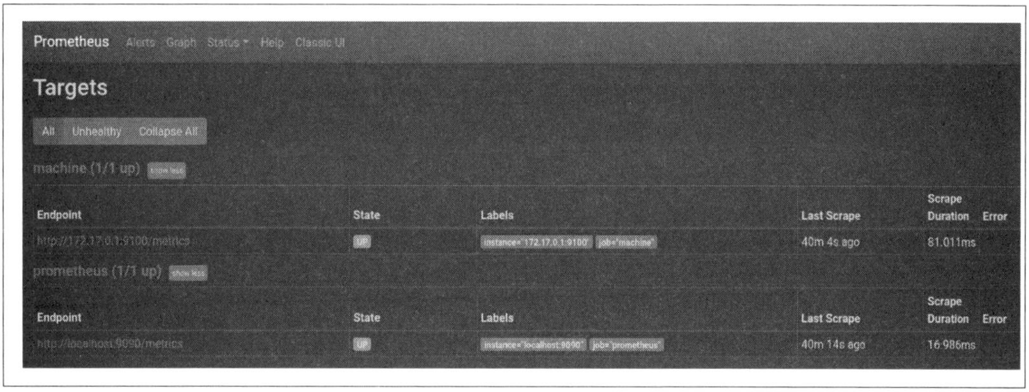

Figure 8.7 : Capture d'écran des cibles de Prometheus dans l'interface web.

Nous pouvons alors lancer Grafana :

```
$ docker run --name grafana \
        --rm -d -p 3000:3000 \
        grafana/grafana:8.0.3
```

Après la commande précédente, nous ouvrons la page *localhost:3000* dans le navigateur et indiquons *admin* pour le nom d'utilisateur et le mot de passe. Ensuite, nous devons faire deux choses :

- Ajouter Prometheus comme source de données dans Grafana, en utilisant l'URL *172.17.0.1:9100*.
- Importer le tableau de bord complet depuis Node Exporter (`https://oreil.ly/RpCDe`).

Une fois cela fait, vous devriez obtenir une interface similaire à celle de la Figure 8.8.

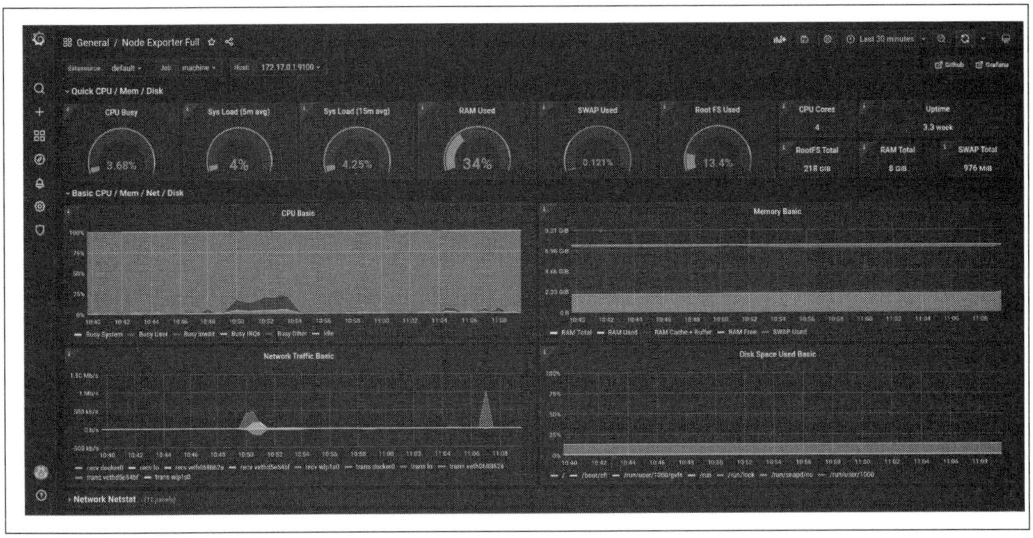

Figure 8.8 : Capture d'écran de l'interface utilisateur Grafana avec le tableau de bord Node Exporter.

Nous venons de voir un outillage moderne permettant une observabilité avancée sous Linux. Étant donné que la configuration Prometheus-Grafana est plus élaborée et comporte un certain nombre de composants à intégrer, vous ne l'utiliserez probablement pas pour une utilisation occasionnelle. L'outillage natif de Linux moins ambitieux vu en début de chapitre devrait faire l'affaire.

Dans les contextes plus exigeants, par exemple la domotique ou les serveurs multimédias, vous souhaiterez disposer d'une solution plus complète telle que le duo Prometheus-Grafana.

Conclusion

Nous venons de voir comment faire en sorte que vous ne soyez pas sans ressources lorsque vous rencontrez des problèmes avec votre système Linux. Les principaux types de signaux que vous utilisez en général pour les diagnostics sont les journaux (textuels) et les métriques (numériques). Pour les cas avancés, vous pouvez adopter des techniques de profilage, rendant compte de l'utilisation des ressources par les processus ainsi que les contextes d'exécution (fichiers source et lignes de code exécutées).

Vous pouvez approfondir les sujets abordés dans ce chapitre grâce aux ressources suivantes :

Principes :

- *Systems Performance*, par Brendan Gregg, Addison-Wesley (`https://oreil.ly/sxtPd`)
- Analyse des performances de Linux en 60 000 millisecondes (`https://oreil.ly/YVxJt`)

Journalisation :

- Guide complet de la journalisation Linux (`https://oreil.ly/fMNT7`)
- Unix/Linux-System Logging (`https://oreil.ly/hnMGz`)
- syslog-ng sur ArchWiki (`https://oreil.ly/wzRqG`)
- Site web de fluentd (`https://oreil.ly/hJ3nr`)

Surveillance :

- 80 outils de surveillance Linux pour SysAdmin (`https://oreil.ly/C4ZJX`)
- StatsD et surveillance : types de métriques, formats et exemples de code (`https://oreil.ly/JaUEK`)

Sujets avancés :

- Performances de Linux (`https://oreil.ly/EIPYd`)
- Systèmes de traçage Linux (`https://oreil.ly/SuGPM`)
- Profilerpedia : carte de l'écosystème du profilage de logiciels (`https://oreil.ly/Sk0zL`)
- Sur l'état du profilage continu (`https://oreil.ly/wHLqr`)
- Site web de eBPF (`https://oreil.ly/DFYMN`)
- Surveiller les métriques des hôtes Linux avec l'exportateur de nœuds (`https://oreil.ly/5fA6z`)

Ce chapitre et ceux qui l'ont précédé ont présenté les éléments de base de Linux, du noyau au shell en passant par les systèmes de fichiers et les connexions réseau. Le dernier chapitre de ce livre est un recueil de sujets avancés qui n'avaient pas leur place dans les autres chapitres. Pour la plupart des tâches quotidiennes, vous en savez déjà maintenant assez pour pouvoir vous débrouiller.

CHAPITRE 9
Sujets avancés

Dans ce dernier chapitre, nous couvrons un éventail de sujets, des machines virtuelles à la sécurité en passant par de nouvelles manières d'utiliser Linux. Ce que ces sujets ont en commun, c'est qu'ils ne sont pertinents pour vous que si vous avez un besoin spécifique en tête, par exemple dans une configuration professionnelle.

Nous commencerons par voir comment les processus d'une même machine peuvent communiquer et partager des données. Il existe plusieurs mécanismes de communication interprocessus (IPC) ; nous nous concentrerons sur des mécanismes bien établis et répandus : les signaux, les tubex nommés et les prises sockets de domaine Unix.

Nous nous pencherons ensuite sur les machines virtuelles (VM). Contrairement aux conteneurs présentés dans le Chapitre 6 (parfaits pour gérer les dépendances au niveau application), les VM assurent une excellente isolation pour vos traitements. Vous ferez souvent face à des VM dans un contexte de cloud public et dans les centres de calcul. Cela dit, l'utilisation de VM peut également être utile localement, par exemple pour réaliser des tests ou simuler des systèmes distribués.

Le chapitre se poursuivra en s'intéressant aux distributions Linux modernes, généralement axées sur les conteneurs et supposant l'immuabilité. Vous trouverez souvent ces distributions dans un contexte de systèmes distribués tels que Kubernetes.

Nous nous intéresserons ensuite à des sujets relatifs à la sécurité : Kerberos, une suite d'authentification largement utilisée, puis les modules d'authentification enfichables (PAM), un mécanisme d'extension que Linux fournit pour les authentifications.

Dans la dernière partie du chapitre, nous passons en revue des solutions et cas d'usage de Linux qui ne sont pas encore très répandus à l'heure où nous écrivons ces lignes. Du fait qu'ils pourraient s'avérer pertinents, nous pensons qu'ils valent la peine d'être présentés.

Communications interprocessus IPC

Linux offre une longue liste de mécanismes de communication interprocessus (IPC) (`https://oreil.ly/tWp40`), allant des pipes/tubex aux prises réseau *sockets* et à la mémoire partagée. IPC permet à un processus de communiquer, de synchroniser des activités et de partager des données. Par exemple, le démon Docker (`https://oreil.ly/aZur8`) utilise des sockets configurables pour gérer les conteneurs. Passons en revue quelques options IPC populaires et leurs cas d'usage.

Signaux

Les *signaux* (`https://oreil.ly/0y6ru`) ont été initialement développés pour que le noyau puisse informer les processus de l'espace utilisateur de la survenue d'événements. Pensez aux signaux comme à une notification asynchrone envoyée à un processus. De nombreux signaux sont définis (la commande `man 7 signal` permet d'en savoir plus). La plupart d'entre eux sont associés à une action implicite (par défaut), par exemple l'arrêt ou la fin du processus.

Pour la plupart des signaux, c'est vous qui définissez un gestionnaire spécifique au lieu de laisser Linux exécuter l'action implicite. Cela vous permet, par exemple, de faire un travail de nettoyage ou bien d'ignorer certains signaux. Le Tableau 9.1 liste les signaux les plus courants avec lesquels vous devez vous familiariser.

Tableau 9.1 : Signaux IPC principaux

Signal	Signification	Action par défaut	Option de gestion	Touches
`SIGHUP`	Demande à un processus démon de relire son fichier de configuration	Terminer le processus	`nohup` ou gestionnaire personnalisé	N/A
`SIGINT`	Interruption de l'utilisateur faite depuis le clavier	Terminer le processus	Gestionnaire personnalisé	Ctrl+C
`SIGQUIT`	Demande de quitter de l'utilisateur depuis le clavier	Vidage mémoire *core dump* (`https://oreil.ly/jeuEo`) et fin du processus	Gestionnaire personnalisé	Ctrl+\
`SIGKILL`	Tuer le processus (Kill)	Terminer le processus	Ne peut être géré	N/A
`SIGSTOP`	Stopper le processus	Stopper le processus	Ne peut être géré	N/A
`SIGTSTP`	Stop provoqué par l'utilisateur depuis le clavier	Stopper le processus	Gestionnaire personnalisé	Ctrl+Z
`SIGTERM`	Arrêt gracieux	Terminer le processus	Gestionnaire personnalisé	N/A

Il existe enfin des signaux sans signification prédéfinie (`SIGUSR1` et `SIGUSR2`) que les processus peuvent utiliser pour dialoguer en s'envoyant des notifications, à condition que les deux parties soient d'accord sur leur signification.

Une façon typique d'envoyer un signal à un processus est la commande `kill`, dont le nom meurtrier peut sembler étrange. En fait, `kill` provoque la fin d'un processus, donc elle le tue :

```
$ while true ; do sleep 1 ; done &  ❶
[1] 17030                           ❷

$ ps                                ❸
  PID TTY          TIME CMD
16939 pts/2    00:00:00 bash
17030 pts/2    00:00:00 bash        ❹
17041 pts/2    00:00:00 sleep
17045 pts/2    00:00:00 ps

$ kill 17030                        ❺
[1]+  Terminated              while true; do
    sleep 1;
done
```

❶ Mise en place d'un programme très simple qui ne fait que dormir. Avec `&`, nous l'envoyons à l'arrière-plan.

❷ Le contrôleur de jobs du shell confirme que notre programme s'exécute comme job avec l'ID 1 en arrière-plan et indique son PID (*17030*).

❸ En utilisant `ps`, nous vérifions si le programme est toujours en cours d'exécution.

❹ Voici notre programme (regardez le numéro PID).

❺ Par défaut, `kill` envoie `SIGTERM` au processus et l'action par défaut est de terminer le processus gracieusement. Nous fournissons à `kill` le PID de notre processus (*17030*). Puisque nous n'avons pas déclaré de gestionnaire personnalisé, le processus est terminé.

Voyons maintenant comment gérer un signal avec `trap` (`https://oreil.ly/pp6O4`). Cela nous permet de définir un gestionnaire personnalisé dans un environnement shell (sur ligne de commande ou dans un script) :

```
$ trap "echo kthxbye" SIGINT ; while true ; do sleep 1 ; done ❶
^Ckthxbye ❷
```

❶ Avec `trap "echo kthxbye" SIGINT`, nous enregistrons un gestionnaire, et informons Linux que lorsque l'utilisateur frappe au clavier `Ctrl + C` (ce qui déclenche l'émission d'un signal `SIGINT` vers notre processus), Linux devrait exécuter *echo kthxbye* avant l'action par défaut (Terminer).

❷ Nous voyons l'interruption de l'utilisateur (`^C` signifie `Ctrl + C`). Notre gestionnaire personnalisé s'exécute et affiche *kthxbye* comme prévu.

Les signaux forment un mécanisme IPC simple mais puissant. Vous venez de découvrir les techniques pour envoyer et gérer des signaux sous Linux. Passons à deux mécanismes IPC plus élaborés et plus puissants : les pipes/tubes nommés et les sockets de domaine Unix.

Tubes nommés (named pipes)

Nous avons déjà parlé des *tubes* (avec l'opérateur `|`) dans le Chapitre 3. Ils permettent de transmettre des données d'un processus à un autre en connectant le flux `stdout` du premier au flux `stdin` de l'autre. Il s'agit dans ce cas de tubes simples, *non nommés*. En toute logique, un tube nommé [`https://oreil.ly/iHMrK`] est un tube auquel vous attribuez un nom.

Tout comme les tubes non nommés, les tubes nommés fonctionnent avec les opérations d'entrées/sorties classiques sur les fichiers (`open`, `write`, *etc.*) selon l'ordre de production premier entré, premier sorti *FIFO* (*First-In, First-Out*). Contrairement aux tubes simples, la durée de vie d'un tube nommé n'est pas limitée aux deux processus qu'il interconnecte. Techniquement, un tube nommé forme une enveloppe autour d'un tube en utilisant le pseudo-système de fichiers `pipefs`.

Voyons un tube nommé en action pour bien apprécier ce que vous pouvez en retirer. Nous créons un tube nommé *tubedemo* avec un processus producteur et un processus consommateur :

```
$ mkfifo tubedemo                                              ❶

$ ls -l tubedemo
prw-rw-r-- 1 mh9 mh9 0 Oct 2 14:04 tubedemo                    ❷

$ while true ; do echo "x" > tubedemo ; sleep 5 ; done &       ❸
[1] 19628

$ while true ; do cat < tubedemo ; sleep 5 ; done &            ❹
[2] 19636
x                                                              ❺
x
...
```

❶ Création du tube nommé *tubedemo*.

❷ L'affichage des attributs du tube avec `ls` révèle son type : la première lettre est un `p` qui confirme que c'est un tube nommé.

❸ Nous générons en boucle le caractère *x* dans notre tube. Notez que tant qu'un autre processus ne lit pas depuis *tubedemo*, le tube reste bloqué. Aucune autre écriture dans celui-ci n'est possible.

❹ Nous lançons un deuxième processus qui va lire en boucle dans le tube.

❺ Grâce à notre configuration, nous voyons apparaître un *x* sur le terminal, à peu près toutes les cinq secondes. En d'autres termes, une lettre apparaît chaque fois que le processus ayant le PID `19636` est réactivé pour lire depuis le tube nommé au moyen de `cat`.

Les tubes nommés sont faciles à utiliser. Leur conception leur donne l'apparence et les modalités d'usage de fichiers normaux. Néanmoins, ils sont limités car ils ne fonctionnent que dans un seul sens et avec un seul consommateur. Le prochain mécanisme IPC que nous examinons libère de ces limitations.

Sockets de domaine Unix

Nous avons déjà parlé des prises *sockets* dans le contexte des capacités réseau. Il existe d'autres types de sockets fonctionnant dans le contexte local d'une machine, et notamment le type socket de domaine Unix (`https://oreil.ly/nCd6r`). Ce mécanisme permet de créer des points de terminaison de communication bidirectionnels multicibles (ce qui signifie que vous pouvez servir plusieurs consommateurs).

Les sockets de domaine existent en trois variantes : orientées flux (`SOCK_STREAM`), orientées datagrammes (`SOCK_DGRAM`) et à paquets séquencés (`SOCK_SEQPACKET`). L'adressage se fonde sur les noms de chemin d'accès du système de fichiers en remplacement des adresses IP et des numéros de ports. Un simple nom de fichier qualifié devient suffisant. (`https://oreil.ly/AlVUf`)

Vous utiliserez principalement les sockets de domaine depuis le code source d'un programme (`https://oreil.ly/o8Ikj`). Il pourra néanmoins arriver que pour dépanner un système, vous ayez à utiliser l'outil sur ligne de commande `socat` (`https://oreil.ly/lWjrs`) qui permet d'interagir manuellement avec une prise socket de domaine.

Machines virtuelles

Cette section traite d'une technique répandue permettant d'animer par émulation plusieurs machines virtuelles VM sur une machine physique (votre ordinateur personnel ou un serveur d'un centre de données). Les VM procurent une solution souple et performante pour faire exécuter des charges de travail variées pour le compte de plusieurs demandeurs en respectant l'isolation et la confidentialité de chacun d'eux. Concentrons-nous sur la virtualisation dans le contexte des matériels en architecture x86.

La Figure 9.1 schématise le niveau conceptuel de l'architecture de virtualisation, avec les éléments suivants (de bas en haut) :

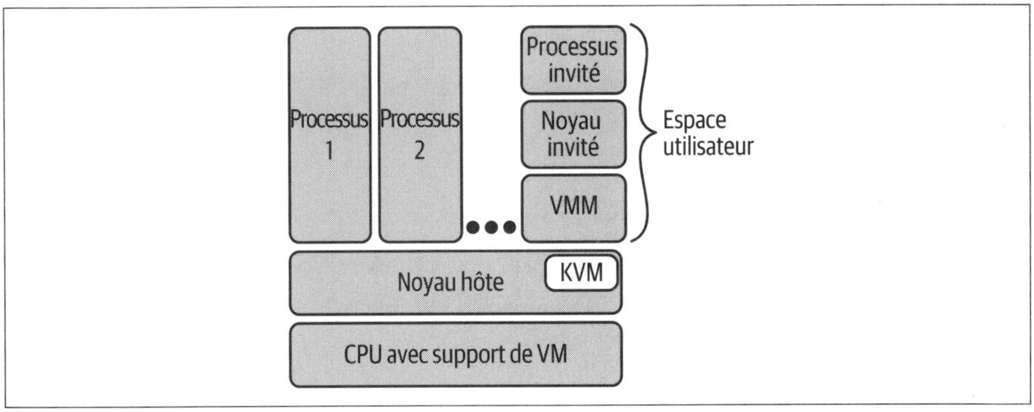

Figure 9.1 : Architecture de virtualisation.

- **Processeur CPU** : doit savoir traiter la virtualisation matérielle.
- **Machine virtuelle basée noyau** : interne au noyau Linux (nous y reviendrons un peu plus loin).
- **Composants dans l'espace utilisateur :** ces composants comprennent les éléments suivants :
  - **un moniteur de VM (VMM)**, qui gère les VM et émule les périphériques virtuels, tels que QEMU (`https://www.qemu.org`) et Firecracker. Il existe également la librairie `libvirt` (`https://libvirt.org`) qui donne accès à une API générique pour normaliser les moniteurs VMM. Vous l'utilisez dans vos programmes (elle n'est pas citée dans la figure et fait partie du bloc VMM) ;
  - **un noyau invité**, typiquement un noyau Linux mais cela pourrait aussi être un système Windows ;
  - **des processus invités** exécutés par le noyau invité.

Les processus qui s'exécutent nativement sur le noyau hébergeur (hôte) – les processus 1 et 2 dans la figure – sont totalement isolés par rapport aux processus invités. Cela signifie que le processeur physique et sa mémoire ne sont généralement pas impactés par les activités des invités. Par exemple, si une attaque est en cours dans une VM, le noyau et les processus de l'hôte ne sont pas affectés (tant que la VM ne dispose pas d'un accès spécial au système hôte). Notez qu'il peut y avoir des exceptions en pratique, comme c'est le cas des attaques par *martèlement mémoire* (*row hammer*) (`https://oreil.ly/L7qH9`) ou celles de Meltdown et Spectre (`https://oreil.ly/ZlgRE`).

Machines virtuelles basées noyau

Le modèle de machine virtuelle *KVM* (*Kernel-based Virtual Machine*) (`https://oreil.ly/vTINW`) est une solution de virtualisation native de Linux pour les matériels x86 prenant en charge les extensions de virtualisation telles que AMD-V (`https://oreil.ly/XXAM8`) et Intel VT (`https://oreil.ly/SAbNc`).

Deux sortes de modules constituent un noyau KVM : le module central (`kvm.ko`) et les modules spécifiques à l'architecture CPU (`kvm-intel.ko/kvm-amd.ko`). Avec KVM, le noyau Linux devient l'hyperviseur qui gère la plupart des tâches lourdes. Des pilotes existent, comme le pilote intégré Virtio (`https://oreil.ly/g37Qe`), pour permettre la virtualisation des entrées/sorties.

Les matériels actuels prennent généralement en charge la virtualisation et KVM est normalement disponible. Vous pouvez néanmoins réaliser la vérification suivante afin de voir si votre système est capable d'utiliser KVM (sortie abrégée) :

```
$ grep 'svm\|vmx' /proc/cpuinfo                                              ❶
flags : fpu vme de pse tsc msr pae mce cx8 apic sep mtrr pge mca cmov
pat pse36 clflush dts acpi mmx fxsr sse sse2 ss ht tm pbe syscall nx pdpe1gb
rdtscp lm constant_tsc art arch_perfmon pebs bts rep_good nopl xtopology
tsc_reliable nonstop_tsc cpuid aperfmperf tsc_known_freq pni pclmulqdq dtes64
ds_cpl vmx tm2 ssse3 sdbg cx16 xtpr pdcm sse4_1 sse4_2 x2apic movbe popcnt   ❷
tsc_deadline_timer aes xsave rdrand lahf_lm 3dnowprefetch cpuid_fault cat_l2
ibrs ibpb stibp tpr_shadow vnmi flexpriority ept vpid ept_ad fsgsbase tsc_adjust
smep erms mpx rdt_a rdseed smap clflushopt intel_pt sha_ni xsaveopt xsavec
xgetbv1 xsaves dtherm ida arat pln pts md_clear arch_capabilities
...

$ lsmod | grep kvm                                                           ❸

kvm_intel              253952  0                                             ❹
kvm                    659456  1 kvm_intel
```

❶ Recherche des termes `svm` ou `vmx` dans les informations CPU (le compte rendu est structuré par CPU ; si vous avez huit cœurs, vous verrez huit exemplaires de ce bloc `flags`).

❷ Le terme `vmx` est listé, donc nous sommes rassurés quant au support de la virtualisation par le matériel.

❸ Ici, nous testons si les modules du noyau KVM sont disponibles.

❹ La réponse indique que le module `kvm_intel` est chargé, donc tout est paré pour utiliser KVM.

Une solution moderne pour gérer des KVM est Firecracker.

Firecracker

Firecracker (`https://oreil.ly/UpNPK`) est un moniteur de VM capable de gérer des instances de KVM. Il est écrit en langage Rust et a été développé chez Amazon Web Services principalement pour les offres *serverless* telles que AWS Lambda et AWS Fargate.

Firecracker a été conçu (`https://oreil.ly/6D8Wk`) pour traiter en toute sécurité des charges de travail multiclients sur une même machine physique. Le moniteur Firecracker VMM gère ce que l'on appelle des *microVM* qui donnent accès à une API HTTP vers l'hôte, ce qui permet de lancer, d'interroger et d'exécuter des microVM. Il émule les interfaces réseau grâce à des périphériques TUN/TAP (`https://oreil.ly/ojWvm`) sur la machine hôte. Les périphériques bloc sont sauvegardés par des fichiers sur l'hôte, au moyen de périphériques Virtio.

Du point de vue de la sécurité, en plus de la virtualisation, Firecracker utilise par défaut des filtres `seccomp` (présentés à la fin du Chapitre 4) pour contrôler quels appels système de l'hôte il peut utiliser. Les cgroups peuvent également être mis à profit. Au niveau de l'observabilité, vous pouvez recueillir les journaux et les métriques de Firecracker *via* des tubes nommés.

Procédons maintenant à un tour d'horizon des distributions Linux modernes focalisées sur l'immuabilité et l'exploitation du mécanisme de conteneurs.

Distributions Linux modernes

Les distributions Linux traditionnelles les plus répandues sont les suivantes :

- la famille Red Hat (RHEL, Fedora et CentOS/Rocky) ;
- la famille basée sur Debian (Ubuntu, Mint, Kali, Parrot OS, Elementary OS, etc.) ;
- la famille SUSE (openSUSE et Enterprise) ;
- Gentoo ;
- Arch Linux.

Toutes sont d'excellente qualité. En fonction de vos besoins et de vos préférences, vous pouvez garder le contrôle total et vous occuper de tout vous-même (de l'installation aux correctifs) ou jouir d'une offre entièrement gérée où la distribution prend en charge la plupart des tâches.

Le rôle du système d'exploitation hôte a changé avec l'essor des conteneurs évoqués dans le Chapitre 6. Dans ce contexte, les gestionnaires de paquetages traditionnels jouent un rôle différent : la plupart des images de base des conteneurs ont tendance à être construites à partir de distributions Linux spécifiques ; les dépendances au sein des conteneurs sont satisfaites avec des paquetages au format `.deb` ou `.rpm`, tandis que les images de conteneurs regroupent au niveau supérieur toutes les dépendances de niveau application.

De plus, il n'est pas simple d'apporter des modifications progressives à un système, notamment à vaste échelle, comme lorsque vous devez traiter tout un parc de machines. C'est la raison pour laquelle, avec les distributions modernes, on privilégie de plus en plus l'immutabilité. L'idée est que toute modification de la configuration ou du code (un correctif de sécurité ou une nouvelle fonction) requiert la création d'un nouveau composant (image de conteneur à lancer) et non la modification du système en cours d'exécution.

Quand je parle de « distributions Linux modernes », je songe à ces distributions centrées sur les conteneurs et mettant l'accent sur l'immutabilité et la mise à niveau automatique (dont Chrome est le pionnier). Passons en revue quelques exemples de distributions modernes.

Red Hat Enterprise Linux CoreOS

En 2013, une jeune pousse nommée CoreOS a produit CoreOS Linux (`https://oreil.ly/XjqPV`) (rebaptisée depuis Container Linux). Ses principales caractéristiques comprennent une double partition pour les mises à jour système et l'absence de gestionnaire de paquetages, puisque toutes les applications s'exécutent nativement sous forme de conteneurs. L'écosystème comprend un certain nombre d'outils qui ont été développés et sont toujours utilisés (par exemple, `etcd` qui ressemble à une version distribuée de `/etc` pour les tâches de configuration).

Red Hat a ensuite acheté la société CoreOS et annoncé son intention de fusionner le Linux de CoreOS avec son projet Atomic (qui avait des objectifs similaires). Cette fusion a donné lieu à Red Hat Enterprise Linux CoreOS (RHCOS) (`https://oreil.ly/38kzX`) qui n'est pas prévu pour être utilisé seul, mais dans le contexte de la distribution Red Hat pour Kubernetes, nommée OpenShift Container Platform.

Flatcar Container Linux

Peu de temps après que Red Hat a dévoilé ses projets autour de Container Linux, la start-up allemande Kinvolk GmbH (qui fait maintenant partie de Microsoft) a annoncé qu'elle allait diverger (*fork*) pour continuer à faire évoluer Container Linux sous le nouveau nom de marque Flatcar Container Linux (`https://oreil.ly/rNJrt`).

Flatcar se présente comme un système d'exploitation léger, adapté dès le départ aux conteneurs et privilégiant l'emploi avec les orchestrateurs de conteneurs tels que Kubernetes, l'Internet des objets IoT et l'Edge Computing. Il reprend la tradition CoreOS de mises à jour automatiques (en option avec son propre gestionnaire de mises à jour, Nebraska (`https://oreil.ly/Qepv6`)) et possède un utilitaire de provisionnement puissant mais simple d'emploi appelé Ignition (`https://oreil.ly/4vEQv`) qui assure un contrôle précis sur les périphériques de démarrage (RHCOS l'utilise également dans ce but). De plus, il n'y a pas de gestionnaire de paquetages ; tout est exécuté dans des conteneurs. Vous gérez le cycle de vie des applications conteneurisées avec `systemctl` sur une machine unique ou, plus généralement, avec Kubernetes.

Bottlerocket

Bottlerocket (`https://oreil.ly/fIKrQ`) est un système d'exploitation basé Linux développé par Amazon AWS et destiné à l'hébergement de conteneurs (`https://oreil.ly/5Eaxd`). Écrit en Rust, il est utilisé dans un certain nombre de leurs offres, comme Amazon EKS et Amazon ECS.

À l'instar de Flatcar et CoreOS, Bottlerocket se passe de gestionnaire de paquetages et utilise un modèle basé sur l'image OCI pour les mises à niveau et les rétrogradations *rollback* des applications. Bottlerocket utilise pour l'essentiel un système de fichiers en lecture seule, à intégrité vérifiée, fondé sur `dm-verity` (`https://oreil.ly/xicaW`). Pour accéder et prendre le contrôle de Bottlerocket (*via* SSH, bien que cela soit déconseillé), il exécute un soi-disant *conteneur de contrôle* (`https://oreil.ly/KB6eX`) dans une instance `containerd` distincte.

RancherOS

Dans la distribution Linux nommée RancherOS (`https://oreil.ly/73UxM`), tout est un conteneur géré par Docker. Sponsorisée par la société Rancher (rachetée par SUSE), elle est optimisée pour les traitements à conteneurs comme dans leur distribution Kubernetes. Elle exécute deux instances Docker : le système Docker, qui s'exécute en tant que premier processus et l'utilisateur Docker, qui sert à créer des conteneurs applicatifs. RancherOS a un faible encombrement, ce qui le rend bien adapté aux contextes de systèmes embarqués et des prétraitements locaux de l'Edge Computing.

Aspects liés à la sécurité

Dans le Chapitre 4, nous avons étudié plusieurs mécanismes de contrôle d'accès. Nous avons discuté de l'authentification qui garantit l'identité d'un utilisateur et est une condition préalable à différentes autorisations. Évoquons brièvement deux outils d'authentification largement utilisés, Kerberos et PAM.

Kerberos

Kerberos (`https://kerberos.org`) est une suite d'authentification développée par le MIT (Massachusetts Institute of Technology) dans les années 1980. Aujourd'hui, elle est formellement spécifiée dans la RFC 4120 (`https://oreil.ly/7woDK`) et les documents IETF annexes. L'idée centrale de Kerberos est que nous utilisons en général des réseaux non sécurisés, mais avons besoin d'un moyen sûr pour les clients et les services de prouver leur identité les uns aux autres.

Conceptuellement, le processus d'authentification de Kerberos (voir Figure 9.2) fonctionne de la manière suivante :

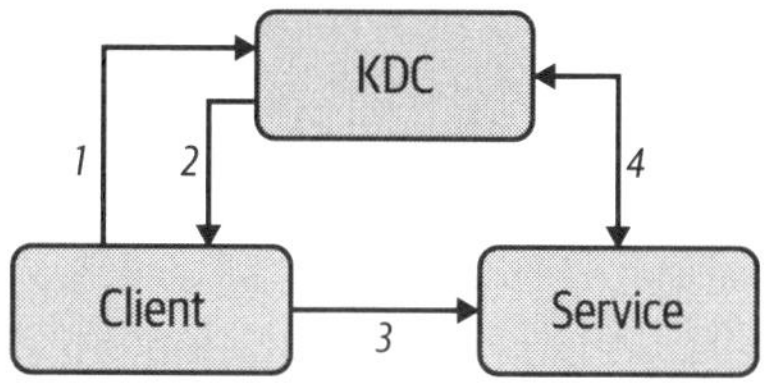

Figure 9.2 : Concept du protocole Kerberos.

❶ Un client (par exemple, un programme sur votre ordinateur portable) envoie une requête à un composant Kerberos appelé *centre de distribution de clés* (KDC) en lui demandant des informations d'identification pour un service précis tel que l'impression ou un annuaire.

❷ Le centre KDC répond avec les informations d'identification demandées, c'est-à-dire un ticket pour le service et une clé de chiffrement temporaire (clé de session).

❸ Le client transmet le ticket (qui contient l'identité du client et une copie de la clé de session) au service.

❹ La clé de session, partagée par le client et le service, est utilisée pour authentifier le client et peut éventuellement être utilisée pour authentifier le service.

Kerberos présente également des points faibles, et notamment le rôle centralisé du KDC (un point de défaillance unique) et des exigences strictes en matière de temps (il oblige à une synchronisation de l'horloge entre le client et le serveur *via* NTP). Dans l'ensemble, bien qu'il ne soit pas simple à exploiter et à administrer, Kerberos est largement utilisé et supporté en entreprise comme chez les fournisseurs de cloud.

Modules d'authentification enfichables

Au départ, les programmes géraient eux-mêmes le processus d'authentification des utilisateurs. Les *modules d'authentification enfichables* PAM (*pluggable authentication modules*) (`http://www.Linux-pam.org`) ont apporté à Linux un moyen flexible pour rendre les applications indépendantes de tout schéma d'authentification en particulier (PAM existe depuis la fin des années 1990 dans l'écosystème Unix plus large).

PAM se fonde sur une architecture modulaire, fournissant aux développeurs une puissante librairie API. Le mécanisme PAM permet en outre aux administrateurs système d'ajouter différents modules par enfichage, en particulier les suivants :

`pam_localuser` : (`https://oreil.ly/NCs0A`) rend obligatoire qu'un utilisateur soit mentionné dans `/etc/passwd`.

`pam_keyinit` (`https://oreil.ly/PkGt9`) : destiné aux trousseaux de clés de session.

`pam_krb5` (`https://oreil.ly/YinOv`) : pour les vérifications basées mots de passe Kerberos 5.

Tournons-nous pour conclure vers des éléments de prospection du futur.

Quelques pistes prometteuses

Dans cette ultime section, nous examinons quelques tendances Linux captivantes : les nouvelles façons de configurer Linux et de travailler avec Linux dans de nouveaux environnements. Dans le monde des serveurs (que ce soit un centre de traitement privatif ou un infonuage cloud public), Linux est déjà la norme de fait, étant présent sous le capot de nombreux équipements nomades.

Ce que les sujets de cette section ont en commun, c'est qu'à l'heure où nous écrivons ces lignes, aucun n'est encore implanté à vaste échelle. Lisez donc la suite si vous êtes curieux de savoir quels développements futurs ou domaines actuels vont assurer un fort potentiel de croissance pour Linux.

NixOS

NixOS (`https://nixos.org`) est une distribution Linux basée sur les sources qui a adopté une approche fonctionnelle de la gestion des paquetages et de la configuration système ainsi que des rétrogradations des mises à niveau. J'appelle cela une « approche fonctionnelle » car les composants produits se fondent sur le principe d'immutabilité.

Le gestionnaire de paquetages Nix (`https://oreil.ly/Km84W`) construit l'intégralité du système d'exploitation, depuis le noyau jusqu'aux paquetages système et aux applications. Nix offre une gestion de paquetages multi-utilisateurs. Il permet même d'installer et d'utiliser plusieurs versions du même paquetage.

Contrairement à la plupart des autres distributions Linux, NixOS ne suit pas la convention standard LSB de distribution des fichiers dans le système de fichiers tel que présenté dans le Chapitre 5 (programmes système situés dans `/usr/bin`, `/usr/lib` et ainsi de suite, et configuration généralement située dans `/etc`).

NixOS apporte un certain nombre d'idées intéressantes avec son écosystème, ce qui le rend particulièrement pertinent pour les pipelines de production à intégration continue CI. Même si vous ne voulez pas basculer entièrement vers NixOS, vous pouvez par exemple n'utiliser que le gestionnaire de paquets Nix (sans NixOS).

Linux sur le poste de travail de l'utilisateur

La viabilité de Linux pour les postes de travail individuels (« le desktop ») ne cesse de faire l'objet de discussions animées. Pourtant, le choix est vaste en matière de distributions conviviales et, donc, de logiciels gestionnaires d'environnement graphique piloté par événements (abrégé en « fenêtré »).

Dans la pure approche Unix, la partie d'interface utilisateur graphique (GUI) est découplée du reste du système d'exploitation. Habituellement, c'est un *gestionnaire de fenêtres* XWindow (sans « s » final) (`https://oreil.ly/bTcHy`) qui prend en charge les opérations de dialogue fonctionnel avec l'utilisateur (de la gestion des fenêtres au style et au rendu des affichages) avec l'aide d'un *gestionnaire d'affichage* (`https://oreil.ly/hl5gv`).

Au-dessus du gestionnaire de fenêtres qui incarne l'interface (avec des icônes, des composants de contrôle, des barres d'outils, *etc.*), se positionne l'environnement graphique, par exemple KDE ou MATE (`https://oreil.ly/y1VIr`).

Il existe de nos jours de nombreuses distributions de bureau Linux conviviales pour les débutants, permettant de migrer facilement de Windows ou de macOS. De même, un vaste choix d'applications open source est offert : suites bureautiques (rédaction traitement de texte, tableur, présentateur, telle que LibreOffice), logiciels de dessin et d'édition d'images (Gimp, Inkscape), navigateurs web, jeux, lecteurs multimédias, utilitaires et environnements de programmation.

L'adoption de Linux sur les postes de travail pourrait en fait être déclenché de façon plutôt inattendue : Windows 11 (`https://oreil.ly/tGgaf`) permet d'exécuter des applications graphiques Linux dès son installation. Le temps nous le dira.

Linux sur système embarqué

Linux sur système embarqué (`https://oreil.ly/mFKVR`) est un vaste domaine, avec une présence allant des véhicules routiers aux équipements réseau (tels que les routeurs) en passant par l'électro-ménager (par exemple, les réfrigérateurs), les équipements multimédias et les téléviseurs intelligents.

Une plateforme générique particulièrement intéressante et très bon marché est le Raspberry Pi (`https://www.raspberrypi.org`). Doté de sa propre distribution Linux nommée Raspberry Pi OS (basée sur Debian), le Raspberry Pi (RPI) permet de l'exploiter (ainsi que d'autres distributions Linux) simplement depuis une carte mémoire microSD. Le RPI dispose d'un certain nombre de connecteurs d'entrée/sortie à usage général (GPIO), ce qui permet de lui connecter facilement des capteurs et composants externes *via* une planche de prototypage. Vous pouvez expérimenter, apprendre l'électronique et programmer le matériel avec, par exemple, le langage Python.

Linux Cloud IDE

Ces dernières années, la viabilité des environnements de développement basés sur le nuage a fait d'énormes progrès. Il existe désormais des offres (commerciales) réunissant un environnement intégré IDE (généralement Visual Studio Code), l'outil Git et tout un choix de langages de programmation, le tout dans un environnement Linux. En tant que développeur, il ne vous faut qu'un navigateur web et un accès réseau ; vous pouvez créer, tester et exécuter du code « dans le nuage ».

Au moment de la rédaction de ce livre, on peut noter deux exemples notables d'IDE cloud :

- **Gitpod** (`https://www.gitpod.io`), disponible soit en offre gérée, soit en open source à héberger soi-même ;
- **Codespaces** (`https://oreil.ly/bWNDT`), qui est intimement intégré dans GitHub.

Conclusion

Ce chapitre a abordé différents sujets en vue d'enrichir encore vos connaissances des techniques et outils de base.

Lorsque vous avez besoin de profiter du mécanisme IPC, vous adoptez les signaux et les tubes nommés. Pour isoler des charges de travail, vous utilisez des machines virtuelles, notamment les variantes modernes telles que Firecracker. Si vous prévoyez d'exécuter des conteneurs (Docker), privilégiez les distributions centrées sur ces conteneurs et appliquant l'immutabilité.

Nous avons abordé quelques sujets liés à la sécurité (Kerberos et PAM) permettant une authentification à vaste échelle. Nous avons également étudié les distributions modernes de Linux. Enfin, nous avons passé en revue des solutions Linux non encore publiques telles que Linux sur poste individuel et sur système embarqué (comme le Raspberry Pi) pour l'expérimentation locale ou le développement.

Vous pouvez approfondir les sujets abordés dans ce chapitre grâce aux ressources suivantes :

IPC :

- Introduction à l'IPC Linux (`https://oreil.ly/C2iwX`)
- Communication interprocessus Linux : utilisation des tubes et files de messages (`https://oreil.ly/cbi1Z`)
- Implémentation des tubes et FIFO dans le noyau de Linux (`https://oreil.ly/FUvoo`)
- Socat Cheatsheet (`https://oreil.ly/IwiyP`)

Machines virtuelles VM :

- Qu'est-ce qu'une machine virtuelle ? *via* VMware (`https://oreil.ly/vJ9Uf`)
- Qu'est-ce qu'une machine virtuelle (VM) *via* Red Hat/IBM (`https://oreil.ly/wJEG1`)
- Comment créer et gérer des machines virtuelles KVM à partir du CLI (`https://oreil.ly/cTH8b`)
- KVM *via* le Wiki Debian (`https://oreil.ly/XLVwj`)

- Site web de l'émulateur et du virtualiseur de machine QEMU (https://oreil.ly/wDCrH)
- Site web de Firecracker (https://oreil.ly/yIOxz)

Distributions modernes :

- Conteneurs et clustering (https://oreil.ly/Z8ZNC)
- Immutabilité & couplage lâche (https://oreil.ly/T89ed)
- Tutoriel : Installer le conteneur Flatcar Linux sur des serveurs Bare Metal distants (https://oreil.ly/hZN1b)
- Liste des distributions Linux basées sur des images et de l'outillage associé (https://oreil.ly/gTav0)
- Caractéristiques de sécurité de Bottlerocket (https://oreil.ly/Bfj7l)
- RancherOS : un Linux plus simple pour les amateurs de Docker (https://oreil.ly/61t6G)

Sécurité :

- Kerberos : protocole d'authentification de réseau (https://oreil.ly/rSPKm)
- Didacticiel PAM (https://oreil.ly/Pn9fL)

Tendances :

- Comment fonctionnent les gestionnaires de fenêtres X, et comment en écrire un (https://oreil.ly/LryXW)
- Linux purement fonctionnel avec NixOS (https://oreil.ly/qY62s)
- NixOS : Gestion de la configuration du système purement fonctionnel (https://oreil.ly/8YALG)
- Qu'est-ce qu'un Raspberry Pi ? (https://oreil.ly/wnHxa)
- Kubernetes sur Raspberry Pi 4b avec système d'exploitation 64 bits à partir de zéro (https://oreil.ly/cnAsx)

Nous voici arrivés à la fin de ce livre. J'espère que cela marque le début de votre propre voyage dans l'univers Linux.

ANNEXE A

Recettes pratiques

J'ai réuni dans cette annexe une sélection de recettes pour résoudre des tâches courantes. Cette sélection s'est construite au fil du temps et englobe toutes les commandes que j'aime avoir à portée de main en référence. Il ne s'agit en aucun cas d'un inventaire complet de l'utilisation de Linux et de ses tâches d'administration. Pour une référence complète, je vous recommande vivement *Linux Cookbook* de Carla Schroder (O'Reilly, traduit en français en 2005 sous le titre *Linux en action*), qui couvre une longue série de recettes de manière très détaillée.

Collecte d'informations système

Pour connaître la version de la distribution, du noyau Linux et autres informations fondamentales :

```
cat /etc/*-release
cat /proc/version
uname -a
```

Pour lister les principaux composants matériels (CPU, RAM, disques) :

```
cat /proc/cpuinfo
cat /proc/meminfo
cat /proc/diskstats
```

Pour d'autres détails à propos de la machine et du BIOS (le mot de passe peut être demandé) :

```
sudo dmidecode -t bios
```

Cette commande `dmidecode` accepte d'autres valeurs pour `-t` afin d'interroger le système et la mémoire.

Pour un bilan général de la quantité de mémoire RAM installée et libre et de l'espace de remisage *swap* :

```
free -ht
```

Pour connaître le nombre maximal de descripteurs de fichiers autorisé par processus :

```
ulimit -n
```

Gestion des utilisateurs et des processus

Pour obtenir la liste des utilisateurs actuellement connectés, vous disposez de `who` ou de `w` (qui donne plus de détails) :

```
$ w
 19:20:38 up 4 days, 23:18,  0 users,  load average: 0.01, 0.01, 0.00
USER     TTY      FROM             LOGIN@   IDLE   JCPU   PCPU WHAT
```

Pour connaître les métriques système (charge processeur, mémoire, *etc.*) pour un processus d'un utilisateur nommé NOMUTIL :

```
top -U NOMUTIL
```

Liste tous les processus de tous les utilisateurs dans un format arborescent détaillé :

```
ps faux
```

Recherche un processus en particulier (dans l'exemple, *python*) :

```
ps -e | grep python
```

Provoque la fin d'un processus dont on connaît l'identifiant PID (on ajoute `-9` en paramètre si le processus fait la sourde oreille et ignore le signal) :

```
kill PID
```

Enfin, la commande radicale `killall` supprime le ou les processus dont vous indiquez le nom.

Informations à propos des fichiers

Pour obtenir les détails au sujet d'un ou de plusieurs fichiers (y compris les inodes) :

```
stat nomfichier
```

Pour un rappel du type d'une commande (commande du shell, alias, exécutable) et de l'emplacement du fichier exécutable :

```
type une_commande
which un_prog
```

Gestion des fichiers et des répertoires

Pour voir le contenu d'un fichier (nous supposons qu'il contient du texte affichable) :

```
cat monfichier
```

Pour lister le contenu d'un répertoire et rediriger le résultat en entrée d'une autre commande, par exemple pour compter le nombre de fichiers trouvés :

```
ls -l /etc |  wc -l
```

Pour chercher un fichier d'après son nom ou son contenu :

```
find /etc -name "*.conf"                    ❶
find . -type f -exec grep -H NOM {} \;      ❷
```

❶ Trouve les fichiers dans le répertoire `/etc` dont le nom se termine par `.conf`.

❷ Trouve le ou les fichiers contenant *`NOM`* dans le répertoire courant avec l'outil `grep`.

Pour connaître les différences de contenu de deux fichiers :

```
diff -u  unfichier  unautre
```

Pour remplacer des caractères dans un fichier avec `tr` :

```
echo 'Com_Acme_Library' | tr '_A-Z' '.a-z'
```

L'outil `sed` permet de remplacer des segments de texte par d'autres (le délimiteur / n'est pas le seul utilisable, ce qui est précieux pour modifier des chemins d'accès ou des adresses URL) :

```
cat 'foo bar baz' | sed -e 's/foo/quux/'
```

Pour créer un fichier de test d'une longueur choisie avec la commande `dd` :

```
dd if=/dev/zero of=sortie.dat bs=1024 count=1000    ❶
```

❶ Produit un fichier pesant 1 Mo (1 000 blocs de 1 ko de zéros) nommé `sortie.dat`.

Redirections et tubes

Nous avons présenté les flux et les descripteurs de fichiers dans le Chapitre 3. Voici quelques recettes à leur propos.

Redirection d'entrées/sorties fichier :

```
commande 1> nomfic        ❶
commande 2> nomfic        ❷
commande &> nomfic        ❸
commande >nomfic 2>&1     ❹
```

```
commande > /dev/null        ❺
commande < nomfic           ❻
```

❶ Redirection de `stdout` de `commande` dans un fichier.

❷ Redirection des erreurs `stderr` de `commande` dans un fichier.

❸ Redirection de `stdout` et de `stderr` dans un fichier.

❹ Autre syntaxe pour le même résultat qu'en 3.

❺ Abandon des données de sortie de la commande (par renvoi vers les oubliettes `/dev/null`).

❻ Redirection de l'entrée `stdin` (la commande traite le contenu du fichier).

Connexion de la sortie `stdout` d'un processus à l'entrée `stdin` d'un autre avec l'opérateur de tube *pipe* | :

```
cmd1 | cmd2 | cmd3
```

Affichage du code de sortie de chaque commande d'une série dans un tube :

```
echo ${PIPESTATUS[@]}
```

Gestion des dates et heures

Pour afficher les paramètres d'heure (horodate locale et en temps universel UTC, statut de synchronisation, NTP) :

```
timedatectl status
```

Les principales opérations concernant les dates et heures sont l'interrogation de l'heure actuelle et la conversion d'un format d'horodate vers un autre.

Pour récupérer une date au format AAAA-MM-JJ, comme dans 2021-10-29 :

```
$ date +"%Y-%m-%d"
2023-01-08
```

Pour générer une horodate au format epoch d'Unix (par exemple, 1633787676) :

```
$ date +%s
1673218478
```

Pour générer une horodate conforme ISO 8601 UTC (dans le style 2023-10-29T13:55:47Z) :

```
$ date -u +"%Y-%m-%dT%H:%M:%SZ"
2023-01-08T22:54:54Z
```

Même format d'horodate ISO 8601 mais en temps local :

```
$ date +%FT%TZ
```

```
2023-01-08T23:54:58Z
```

N.d.T. : en guise d'instant culturel, observez la durée de ce mois :

```
$ cal september 1752
   September 1752
Su Mo Tu We Th Fr Sa
       1  2 14 15 16
17 18 19 20 21 22 23
24 25 26 27 28 29 30
```

Utilisation de Git

Pour cloner un référentiel Git (une copie locale) :

```
git clone https://github.com/exampleorg/examplerepo.git
```

Après ce clonage, le référentiel Git se trouve dans le sous-répertoire `examplerepo`. Vous émettrez ensuite vos commandes depuis cet endroit.

Pour coloriser les différences locales et montrer les lignes ajoutées et ôtées côte à côte :

```
git diff --color-moved
```

Pour connaître les changements locaux (fichiers modifiés, créés, supprimés) :

```
git status
```

Pour ajouter toutes les retouches locales et les confirmer par commit :

```
git add --all && git commit -m "adds a super cool feature"
```

Pour connaître l'ID de commit du commit courant :

```
git rev-parse HEAD
```

Pour marquer par tag le commit ayant l'ID HASH avec le tag ATAG :

```
git tag ATAG HASH
```

Pour pousser les changements locaux vers un référentiel distant (*upstream*) avec le tag ATAG :

```
git push origin ATAG
```

Pour afficher l'historique des commits avec `git log`. En particulier pour une synthèse, procédez ainsi :

```
git log (git describe --tags --abbrev=0)..HEAD --oneline
```

Performances du système

Vous aurez parfois besoin de vérifier les performances d'un périphérique ou la tenue de votre système Linux sous la charge. Voyons quelques techniques pour générer artificiellement de la charge de traitement.

Pour simuler une forte occupation d'espace mémoire (en consommant au passage quelques cycles CPU) :

```
yes | tr \\n x | head -c 450m | grep z
```

Dans le tube précédent, `yes` génère un flux sans fin de caractères *y*, chacun sur une ligne, puis la commande `tr` le convertit en un flux continu de couples *yx* que la commande `head` découpe à 450 millions d'octets (environ 450 Mo). Enfin, nous laissons `grep` consommer le bloc *yx* résultant pour quelque chose qui n'existe pas (*z*) ; nous ne voyons de ce fait rien en sortie, mais la commande génère toujours de la charge.

Bilan détaillé de l'occupation disque d'un répertoire :

```
du -h /home
```

Affichage de l'espace disque libre (ici, l'espace global) :

```
df -h
```

Test de charge d'un disque avec mesure du débit d'entrées/sorties :

```
dd if=/dev/zero of=/home/some/file bs=1G count=1 oflag=direct
```

ANNEXE B

Outils Linux modernes

Dans cette annexe, nous nous concentrons sur quelques outils et commandes Linux modernes. Certaines commandes remplacent des commandes existantes, d'autres sont nouvelles. La plupart des outils répertoriés cherchent à améliorer l'expérience utilisateur (UX), notamment en simplifiant l'utilisation et en faisant usage de couleurs dans les affichages, ce qui rend les sessions plus efficaces.

Le Tableau B.1 regroupe les opportunités de remplacement ou d'enrichissement possibles.

Tableau B.1 : Outils et commandes Linux modernes

Commande	Licence	Fonctions	Peut remplacer ou enrichir
`bat`	MIT License et Apache 2.0	Affichage par page, coloration syntaxique	`cat`
`envsubst`	MIT License	Variables d'envir. selon modèle	N/A
`exa`	MIT License	Sorties colorées, implicites sensés	`ls`
`dog`	Licence publique UE v1.2	Recherches DNS simples et puissantes	`dig`
`fx`	MIT License	Traitements JSON	`jq`
`fzf`	MIT License	Recherches floues sur ligne de commande	`ls + find + grep`
`gping`	MIT License	Multicible, graphique	`ping`
`httpie`	BSD 3-"New" ou "Revised"	UX simplifié	`curl (voir aussi curlie)`
`jo`	GPL	Génération de données JSON	N/A
`jq`	MIT License	Processeur JSON natif	`sed, awk`
`rg`	MIT License	Implicites (par défaut) rapides et sensés	`find, grep`
`sysz`	The Unlicense	Interface util. `fzf` pour `systemctl`	`systemctl`
`tldr`	CC-BY (contenu) et MIT (scripts)	Exploite les exemples de commandes	`man`
`zoxide`	MIT License	Changement de répertoire rapide	`cd`

Pour en savoir plus sur l'utilisation de la plupart des outils listés ci-dessus, voyez :

- la liste actualisée des outils modernes proposée dans le référentiel GitHub "Modern UNIX" (`https://oreil.ly/LdtI2`) ;
- le podcast consacré aux outils Unix modernes dans la série "The Changelog: Software Development, Open Source" (`https://oreil.ly/9sfmW`).

Index

Symboles

A

B

C

D

E

F

G

H

I

M

N

O

P

T